GRAMMAIRE

GÉNÉRALE ET RAISONNEE

DE PORT-ROYAL.

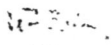

X

GRAMMAIRE
GÉNÉRALE ET RAISONNÉE

DE PORT-ROYAL,

Par ARNAULD et LANCELOT;

Précédée d'un Essai sur l'origine et les progrès de la Langue françoise,

Par M. PETITOT,

Et suivie du COMMENTAIRE de M. DUCLOS, auquel on a ajouté des Notes.

DE L'IMPRIMERIE DE MUNIER.

A PARIS,

Chez PERLET, rue de Tournon, n° 1133.

AN XI. — 1803.

AVIS PRÉLIMINAIRE.

Les progrès et la décadence d'une langue sont inséparables des progrès et de la décadence du goût. Pour s'assurer de l'état d'une langue, il faut examiner si, depuis sa fixation, l'on n'a point altéré son génie, en introduisant de mauvaises constructions, en inventant de nouveaux mots, en détournant l'acception des termes admis, en confondant les genres de style: voilà les signes auxquels on reconnoît la décadence des langues. La syntaxe est la même, quoique la langue ait changé. On trouvera dans Sénèque et dans Silius des morceaux aussi corrects, quant à la syntaxe, que les passages les plus admirés des Catilinaires et de l'Énéide; et cependant la langue de Sénèque et de Silius n'étoit plus celle de Cicéron et de Virgile. C'est sous ce rapport que j'ai considéré la langue française.

*

Obligé de parler d'une multitude d'auteurs, j'ai dû être avare de citations. Je les ai donc bornées à celles qui étoient absolument nécessaires pour marquer les changemens arrivés dans la langue. Quelquefois un grand écrivain ne m'en a fourni aucune, parce qu'il eût été impossible de rapporter un passage isolé. J'ai plusieurs fois cité des vers, moins souvent de la prose. A peu d'exceptions près, la prose perd à être offerte par fragmens; les beaux vers n'ont point ce désavantage.

La Grammaire générale de Port-Royal n'est point faite pour l'enfance. Les deux hommes célèbres qui l'ont composée, l'ont destinée à la jeunesse. Lorsque l'on possède les élémens des langues anciennes et de sa propre langue, on a besoin, pour se perfectionner, d'étudier les principes généraux de la Grammaire raisonnée.

L'Essai que j'ai osé joindre à ce chef-d'œuvre, est fait dans la même intention. Il a pour but d'indiquer le génie de la langue françoise, dont Arnault et Lancelot ont fixé les règles générales.

TABLE DES CHAPITRES

DE LA GRAMMAIRE GÉNÉRALE.

Des Lettres comme sons, et premièrement des Voyelles, pag. 249

Des Consonnes, 252

Des Syllabes, 257

Des Mots en tant que sons, où il est parlé de l'accent, 259

Des Lettres considérées comme caractères, 261

D'une Manière nouvelle pour apprendre à lire facilement en toutes sortes de langues, 266

Que la connoissance de ce qui se passe dans notre esprit est nécessaire pour comprendre les fondemens de la Grammaire, 269

Des Cas, 284

Des Articles, 292

Des Pronoms, 299

Du Pronom appelé *relatif*, 306

Examen d'une règle de la Langue françoise, qui est qu'on ne doit pas mettre le relatif après un mot sans article, 318

Des Prépositions,	325
Des Adverbes,	329
Des Verbes, et de ce qui leur est propre et essentiel,	331
De la diversité des Nombres et des Personnes dans les Verbes,	340
Des divers Temps des Verbes,	343
Des divers Modes ou Manières des Verbes,	347
De l'Infinitif,	351
Des Verbes qu'on peut appeler *adjectifs*, et de leurs diverses espèces, actifs, passifs, neutres,	354
Des Verbes impersonnels,	359
Des Participes,	363
Des Gérondifs et Supins,	366
Des Verbes auxiliaires des Langues vulgaires,	369
Des Conjonctions et Interjections,	382
De la Syntaxe, ou Construction des Mots ensemble,	385

FIN DE LA TABLE.

ESSAI

SUR

L'ORIGINE ET LA FORMATION

DE

LA LANGUE FRANÇOISE.

PLUSIEURS savans et quelques philosophes modernes ont fait des recherches sur l'origine des langues. Les premiers, soit en étudiant les hiéroglyphes égyptiens, et les monumens les plus anciens de l'Asie, soit en consultant les voyageurs sur les divers idiomes du Nouveau-Monde, ont marché d'analogie en analogie, et se sont flattés d'avoir trouvé les traces d'une langue primitive. Mais la diversité de leurs systèmes, le peu d'accord de leurs opinions, même dans les points où ils auroient pu se rapprocher davantage, prouvent que, si leurs travaux ont été de quelqu'utilité pour éclaircir des doutes sur les peuples anciens, ils n'ont presque fait faire aucun pas vers le but que l'on s'étoit proposé. Du moins leurs sentimens étoient fondés sur quelques traditions historiques ; on n'y trouvoit point cette incertitude vague où l'on tombe toujours lorsqu'on ne raisonne que par hypothèses. Les philosophes ne furent point aussi laborieux, et n'eurent pas le même scrupule. En supposant une époque où les hommes furent dans l'état naturel, vécurent isolés dans les déserts, il fut facile de composer en idée l'édifice de la société. On calcula, sans peine, l'influence que les besoins et les passions des hommes avoient pu avoir sur la formation de l'ordre social. L'homme livré à lui-même, cherchant sa nourriture dans les forêts, souvent exposé à en manquer, fuyant devant tous les objets nouveaux qui se présentent à ses regards, impitoyable avec les êtres plus faibles que lui surtout lorsque la faim le dévore, se fatigue enfin de cette vie errante. Quelques rapprochemens se font. L'esprit de famille s'introduit ; on se réunit pour la chasse. Bientôt on sent qu'il est plus avantageux d'élever des animaux, de les multiplier, que de les faire périr aussitôt que l'on s'en est rendu maître. Les peuples pasteurs se forment. Quelques hommes font des plantations ; des voisins jaloux s'emparent du fruit de leurs travaux ; ils s'unissent pour les défendre, ils tracent des limites, et la propriété est reconnue. Telle est la gradation que les philosophes ont imaginée, en se bornant à faire des conjectures sur les commencemens de la société, sans consulter les traditions religieuses, ni les traditions historiques. De-là, leur métaphysique, qui n'est fondée que sur des suppositions, leurs systèmes aussi faux en politique qu'en morale et en littérature, l'idée d'un contrat par lequel les hommes ont stipulé leurs droits en se mettant en société, et leurs erreurs sur l'origine des langues.

En partant de cette hypothèse, J. J. Rousseau a composé, d'après son imagination ardente, une théorie idéale des langues primitives. Après avoir fait passer les hommes à l'état de famille, il cherche comment ils ont pu attacher des idées à diverses modifications de sons. Selon lui, si les hommes n'avoient eu que des besoins, ils auroient bien pu ne parler jamais. Les soins de la famille, les détails domestiques, la culture des terres, la garde des troupeaux ; enfin les rapports nécessaires entre les individus, pouvoient s'effectuer sans le secours de la parole. Les gestes suffisoient. La société même pouvoit se former, et acquérir un certain degré de perfection, indépendamment de l'existence des langues; les arts pouvoient naître dans cette réunion d'hommes muets, et le commerce pouvoit s'établir entr'eux. Les passions seules, poursuit Rousseau, ont produit le langage des sons. Les besoins éloignent les hommes plus qu'ils ne les rapprochent; les passions les réunissent; et pour donner quelque probabilité à cette opinion, le philosophe de Genève met l'amour au premier rang des passions, car il eût été absurde de dire que la haine, la colère, l'envie pouvoient rapprocher les hommes.

Il est assez difficile de se former l'idée d'une société d'hommes sans passions, quand même on l'éloigneroit le moins possible de l'*état naturel* imaginé par les philosophes. Si l'on consent à la perfectionner assez pour que les arts et le commerce s'y introduisent, la difficulté augmente, car, sans passion, on ne peut supposer l'existence d'aucun art, et sans l'ardeur du gain, on ne peut concevoir la naissance du commerce. La première hypothèse de Rousseau est donc inadmissible. Pour prouver que les hommes peuvent, sans parler, exprimer par des gestes tout ce qu'ils sentent, s'entretenir ensemble, et pourvoir à leurs besoins, Rousseau cite l'exemple des sourds et muets élevés à Paris. Mais comment n'a-t-il pas remarqué que les sourds et muets ne doivent cette faculté qu'à leurs instituteurs, qui, eux-mêmes, ne tirent leur méthode d'enseigner que d'une langue déja formée ?

Les besoins des hommes, leur foiblesse à leur naissance et pendant les premières années de leur vie, la tendresse des pères et des mères pour leurs enfans, sont, avec la pitié que Dieu a gravée dans nos cœurs, les moyens dont la Providence s'est servie, pour réunir les humains, dès le moment de la création ; moyens qui prouvent assez à l'incrédulité la plus obstinée, que la destination des hommes fut d'être en société. Rousseau (1) pense au contraire que l'homme de la nature est sans commisération et sans bienveillance pour ses semblables, et qu'il est de son instinct, lorsqu'il veut pourvoir à ses besoins physiques, d'être dans l'isolement le plus absolu. C'est donner une bien mauvaise idée de l'*état naturel* que le philosophe sembloit regretter. Mais où n'entraînent pas l'esprit de système et l'abus des talens ?

L'amour seul a donc, si l'on en croit Rous-

---

(1) Rousseau n'a point parlé ainsi dans le *Discours sur l'inégalité*. On sait qu'il s'est souvent contredit.

seau, réuni les hommes et produit les langues primitives. Passons à l'application qu'il fait lui-même de cette théorie, et voyons si, malgré le charme dont il cherche à embellir son opinion, il ne tombe pas dans de nouvelles erreurs et dans des contradictions auxquelles il ne peut échapper.

Il fait une distinction entre la formation des langues méridionales et des langues du nord. Au midi, les familles éparses sur un vaste territoire où tous les fruits venoient sans culture, où la douceur du climat dispensoit les hommes de se vêtir, où rien n'obligeoit au travail, vivaient dans la plus douce sécurité, et dans l'ignorance de tous les maux. Ces mortels heureux n'avoient pas besoin du langage des sons pour exprimer des idées qu'ils ne se donnoient pas la peine de former. Il est inutile d'observer que, dans cet Eden imaginé par Rousseau, les hommes avoient à se garantir des attaques des bêtes féroces qui y abondent, et qu'un soleil brûlant les dévoroit une partie de l'année. Je laisse sa brillante imagination s'exercer sur des peintures riantes, et j'arrive à l'époque où les langues doivent leur origine à l'amour. Noverre auroit sûrement fait une scène de pantomime très-jolie sur ce sujet; mais je doute qu'il eût surpassé l'auteur du *Devin du Village*.

Les puits creusés dans ce pays un peu aride, étoient les points de réunion de la jeunesse. « Là, dit Rousseau, se formèrent les premiers
« rendez-vous des deux sexes. Les jeunes filles
« venoient chercher de l'eau pour le ménage;
« les jeunes hommes venoient abreuver leurs
« troupeaux. Là, des yeux accoutumés aux
« mêmes objets dès l'enfance, commencèrent à
« en voir de plus doux. Le cœur s'émut à ces
« nouveaux objets; un attrait inconnu le rendit
« moins sauvage; il sentit le plaisir de n'être
« pas seul. L'eau devint insensiblement plus né-
« cessaire, le bétail eut soif plus souvent; on
« arrivoit en hâte, et l'on partoit à regret. Dans
« cet âge heureux où rien ne marquoit les
« heures, où rien n'obligeoit à les compter, le
« temps n'avoit d'autre mesure que l'amusement
« et l'ennui. Sous de vieux chênes vainqueurs
« des ans, une ardente jeunesse oublioit par
« degrés sa férocité; on s'apprivoisoit peu à peu
« les uns les autres; en s'efforçant de se faire
« entendre, on apprit à s'expliquer. Là, se firent
« les premières fêtes, les pieds bondissoient de
« joie, le geste empressé ne suffisoit plus, la
« voix l'accompagnoit d'accens passionnés; le

« plaisir et le desir, confondus ensemble, se
« fesoient sentir à la fois. Là, fut enfin le vrai
« berceau des peuples; et du *pur cristal des*
« *fontaines* sortirent les *premiers feux* de l'a-
« mour. »

Il ne manqueroit rien à cette charmante idylle,
si les *feux* de l'amour qui sortent du *cristal* des
fontaines ne portoient pas l'empreinte de la recherche et de l'affectation qu'on reproche justement aux écrivains du dix-huitième siècle. Examinons plus sérieusement les faits supposés par
Rousseau, et n'oublions pas que ces jeunes gens
si délicats, ces jeunes filles si coquettes, ne savent point parler.

L'amour, tel que vient de le peindre Rousseau, ne peut naître que dans une société déja
perfectionnée. Il a besoin, pour se développer,
d'une décence de mœurs, sans laquelle on ne
peut le concevoir. La vie sédentaire, les occupa-
tions paisibles, les soins maternels qui s'éten-
dent jusqu'aux détails les plus minutieux, la modestie, la timidité, l'innocente coquetterie, qui
peut s'y joindre, tout cela est nécessaire pour
donner aux jeunes filles le charme qui inspire un
amour délicat. Quand on se rencontre on rou-
git; les yeux expriment ce que la parole ne peut
rendre; on cherche à se revoir; les entretiens

se prolongent; les rendez-vous se donnent sans qu'on s'en aperçoive; on aime, on est aimé, et l'hymen couronne enfin des feux si purs. C'est ainsi que, dans *la Genèse*, sont racontés avec une touchante simplicité les amours de Jacob et de Rachel, et l'entrevue du serviteur d'Abraham et de la jeune Rebecca, qui dut à un acte d'humanité le choix glorieux que l'on fit d'elle pour Isaac.

L'espèce de sauvages dont parle Rousseau, qui n'avoient pas même l'usage de la parole, pouvoit-elle éprouver et inspirer les sentimens que je viens de décrire ? A supposer qu'une pareille peuplade ait pu exister, les besoins physiques n'étoient-ils pas l'unique règle de ses liaisons grossières ?

Au lieu d'attribuer à l'amour l'origine des langues, Rousseau, puisqu'il vouloit à toute force faire un système, n'auroit-il pas dû dire que les premières paroles humaines furent produites par des adorations à l'Etre-Suprême, par la commisération gravée dans le cœur de l'homme et par le besoin que le faible put avoir du fort? Ces sentimens doivent précéder l'amour. Le système n'eût pas été plus juste, puisque, comme j'espère bientôt le démontrer, la faculté de parler nous a été donnée lors de la création ; mais, en adoptant cette dernière hypothèse, il eût été moins déraisonnable. Ce qui pourroit encore contribuer à prouver l'erreur dans laquelle est tombé Rousseau, c'est que la langue des amans ne peut être jamais une langue usuelle. Tout le monde sait combien elle est bornée. Quoique les romanciers aient cherché à l'étendre, il n'en est pas moins vrai qu'elle ne roule que sur un très-petit nombre d'idées, et qu'elle emploie les mêmes expressions jusqu'à la satiété. Ainsi les amans seuls auraient parlé, et le reste de la peuplade eût été muet. Il y auroit eu, comme en Egypte, un langage mystérieux qui n'auroit été compris que par les initiés, avec la seule différence que les jeunes garçons et les jeunes filles auraient été les docteurs, et les vieillards des ignorans. Je n'ai pas besoin de pousser plus loin les conséquences.

Mais, auroit-on pu dire à Rousseau, vous avez supposé un pays où les hommes n'avoient presqu'aucun besoin, puisque le climat étoit doux, et puisque la terre, sans être cultivée, leur donnoit une subsistance abondante. On pourroit, en adoptant la base de votre système, vous accorder que les hommes ont pu y vivre quelque tems sans parler. Comment appliquerez-vous votre théorie aux pays froids où la nature ne donne ses bienfaits qu'aux travaux obstinés des hommes réunis ? Rousseau a senti toute la force que pouvoit avoir cette objection, et il l'a prévenue, en convenant que, dans le nord, les langues ont pu être formées par les besoins. D'après cette idée, il pense que dans le midi, les premiers mots furent : *aimez-moi*, et dans le nord : *aidez-moi*. De-là, il conclut que les langues primitives du midi sont harmonieuses et poétiques, et celles du nord, dures et barbares. Il ajoute, en faveur des langues méridionales, qu'elles sont pleines de figures, et il s'exagère l'effet que devoit produire Mahomet, en annonçant l'Alcoran dans la langue arabe.

Sans m'arrêter à la contradiction du système général, posé d'abord par Rousseau, et à l'immense exception qu'il a cru devoir y faire, je me contenterai d'observer que les langues les plus anciennes du midi ne sont pas plus douces que celles du nord. L'arabe, que Rousseau regarde comme une langue éloquente et cadencée, est un des idiomes les plus rudes qui existent. Chaque mot radical est composé de trois consonnes, sur lesquelles on met des signes qui ne se rapportent qu'à trois de nos voyelles. On sent quelle harmonie doit avoir une langue où l'on compte vingt-neuf consonnes. Quant au style figuré que Rousseau admire dans les écrivains orientaux, et dont il se sert pour prouver que les langues du midi ont dû leur naissance aux passions, il me suffira de rappeler que les anciennes langues du nord étoient pleines d'images, et je ne citerai que les *Poëmes d'Ossian* qui sont connus de tout le monde.

Avant de discuter, avec soin, toutes les parties de ce système idéal, j'aurois pu facilement n'en point admettre la base. En effet, il est fondé sur l'opinion toujours soutenue par le philosophe de Genève, que l'homme n'est pas né pour être en société, qu'il a existé une époque où il vivoit dans l'isolement, et qu'en se rapprochant de ses semblables, en se donnant un gouvernement, il a fait un contract où il a conservé ce que Rousseau appelle ses *droits naturels;* hypothèse dangereuse en politique, susceptible des plus funestes interprétations, et qui peut donner lieu à d'horribles bouleversemens. Depuis long-tems les bons esprits ont rejeté cette supposition absurde, et se sont accordés à reconnoître que l'homme est un être sociable, et qu'il n'a jamais pu vivre qu'en société. Il m'auroit donc suffi de nier la probabilité de l'hypothèse; mais j'ai voulu prouver qu'en accordant, pour quelques instans à Rousseau, le principe d'où il tire ses conséquences, il étoit possible de les combattre, et de montrer, qu'avec l'imagination la plus vaste, le plus grand talent pour la dialectique, on ne peut s'empêcher de s'égarer lorsqu'on abandonne tous les sentiers battus, pour se précipiter dans le vague des théories.

Comme les ouvrages de Rousseau sont plus généralement lus que les livres moins bien écrits de Condorcet et de Condillac, j'ai cru devoir examiner son système, préférablement à ceux de ces deux philosophes. Condorcet et Condillac, employant la même supposition, il est inutile de discuter les opinions qu'ils en font dériver. Condorcet admet, comme Rousseau, l'*état de nature*, suivi d'un rapprochement qui a produit l'état de société. Condillac, plus circonspect, parce qu'il étoit chargé de l'éducation d'un prince catholique, semble croire aux traditions de l'Ecriture; mais il suppose que deux enfans ont été abandonnés, qu'ils ont vécu sans aucun secours; et c'est sur ces deux êtres imaginaires qu'il fait l'essai de sa théorie; c'est, en d'autres termes, admettre *l'état naturel* de l'homme. Il suffit, comme je l'ai dit, de nier cette supposition dénuée de preuves, pour en détruire les conséquences.

L'état de société et la faculté donnée à l'homme d'exprimer ses idées par des paroles, sont dépendans l'un de l'autre, et ne peuvent se séparer. En prouvant que l'homme a parlé dès qu'il a été créé, on prouvera donc, en même temps, qu'il a toujours été en société.

J'admettrai encore une fois *l'état de nature*, pour démontrer l'impossibilité de ses conséquences. Je suppose que quelques hommes qui ont toujours vécu dans l'isolement, se réunissent par leurs passions, comme le veut Rousseau, ou par leurs besoins, comme le soutiennent les autres philosophes modernes. Je consens qu'ils puissent donner un nom à l'arme dont ils se servent à la chasse, à l'arbre sous lequel ils dorment, à l'animal contre lequel ils combattent : voilà le substantif physique trouvé. Ils pourront même, après beaucoup de temps, qualifier ces trois objets, non point d'après une idée métaphysique, mais d'après les effets que ces objets produisent sur la vue, le toucher, l'ouie et l'odorat. Ainsi les adjectifs *grand*, *petit*, *dur*, *mou*, pourront exister.

Mais, comment les hommes imagineront-ils le verbe ? Le verbe *être*, lorsqu'il ne sert que de liaison au substantif et à l'adjectif, ne sera point à leur usage. Au lieu de dire *l'arbre est grand*, *la pierre est dure*, ils diront, *l'arbre grand*, *la pierre dure*.

Des milliers de siècles ne suffiront pas à des êtres si peu différens des animaux, et qui n'obéissent qu'à un aveugle instinct, pour exprimer, d'après les premières règles du verbe, l'*action*, soit de l'esprit, soit du corps, subdivisée en autant de parties qu'il y a de mouvemens dans l'homme. Pour rendre les mouvemens de *courir*, de *marcher*, de *toucher*, de *regarder*, par les verbes les plus aisés à trouver, puisque l'action se renouvelle sans cesse, il faut être parvenu à définir cette action. Or, quelles opérations de l'esprit ne faut-il pas pour définir? Il faut concevoir, juger, et raisonner (1). Combien de fois le verbe n'est-il pas employé dans ces trois opérations? Il est donc impossible à l'homme de faire aucune définition sans le secours du verbe (2). Ainsi, le verbe seroit absolument nécessaire à l'invention du verbe; on se-

---

(1) Le discours où le verbe est employé, est le discours d'un homme qui ne conçoit pas seulement les choses, mais qui en juge et qui les affirme. *Gram. gén.*

(2) L'objection des sourds-muets tombe d'elle-même, puisque, dès qu'ils sont avec des hommes qui parlent, ils apprennent intérieurement une langue complète.

roit forcé, pour arriver aux élémens de cette science, d'en connoître auparavant la théorie (1). Supposition inadmissible, qui prouve que les partisans de l'état naturel tombent sans cesse dans un cercle vicieux, dont ils ne peuvent sortir. Donc le don de parler nous a été fait, lors de la création, par Dieu, qui a voulu que l'homme fût un être pensant et sociable (2).

Je n'ai pas cité les plus grandes difficultés d'une langue ainsi formée. Des hommes, tous aussi brutes les uns que les autres, inventeront-ils ces combinaisons admirables des verbes, qui, sous le nom de conjugaisons et de temps, expriment le présent, le passé et l'avenir? Je le répète, cette faculté, dont jouit l'homme, d'exprimer ainsi les plus secrètes opérations de son esprit, ne peut être qu'un présent de la divinité.

---

(1) Dans le *Discours sur l'inégalité*, Rousseau, qui n'avoit pas encore fait le traité que je viens d'examiner, dit: *Que la parole paroît avoir été fort nécessaire pour établir la parole.*

(2) Buffon pense que l'homme a toujours parlé. «L'homme, « dit-il, rend par un signe extérieur ce qui se passe au-de-
« dans de lui; il communique sa pensée par la parole; ce
« signe est *commun* à toute l'espèce humaine; l'homme
« sauvage parle comme l'homme policé, et tous deux par-
« lent naturellement et parlent pour se faire entendre.»

Que dirai-je des substantifs qui expriment des objets métaphysiques, tels que *raison*, *jugement*, *bonté*, *vertu*, etc., et des verbes qui n'ont aucun rapport aux mouvemens de notre corps, tels que *juger*, *réfléchir*, *penser*, etc. ? Je n'ai pas besoin de multiplier les difficultés.

J'abandonne les hypothèses, et pour pousser plus loin la conviction, je ne m'en rapporte plus qu'aux objets qui existent, et qui frappent continuellement nos yeux. C'est en les observant sous ce nouveau point de vue, que je parviendrai à donner la preuve incontestable que les hommes ont toujours parlé.

Tout être existant dans l'univers, et doué du sentiment, a des organes plus ou moins perfectionnés. Tous ces organes ont leur usage, soit pour l'existence, soit pour la conservation, soit pour la destination ultérieure de l'individu. Si quelqu'un de ces êtres a quelque organe imparfait, ou en est privé, l'exception confirme la règle générale, puisque l'individu supplée à cet organe, ou perd, par cette privation, les avantages accordés à son espèce. (1)

---

(1) Quoiqu'un monstre tout seul, dit Mallebranche, soit un ouvrage imparfait, toutefois lorsqu'il est joint avec le reste des créatures, il ne rend point le monde imparfait ou indigne de la sagesse du Créateur.

B

Or personne ne peut révoquer en doute que l'homme ne reçoive en naissant l'organe de la parole. Cet organe lui a été donné pour penser et pour parler. L'inutilité de cet organe porteroit à croire que l'homme seroit sorti imparfait des mains du Créateur, et qu'il se seroit perfectionné de lui-même : cela contredit toute opinion raisonnable ; cela est démenti par tous les êtres vivans que nous voyons profiter de la totalité de leurs organes.

Ce qui a été accordé au plus vil insecte, eût été refusé à l'homme ! La proposition est par trop absurde.

L'homme, naissant avec le don de la parole, a donc toujours parlé. S'il a toujours parlé, il a toujours été en société. *L'état naturel* n'a donc jamais existé.

Les savans ont remarqué que dans les plus anciennes langues du nord, et principalement dans le celte, les substantifs usuels ne s'exprimoient que par un seul son. J'ai fait une observation de ce genre sur la langue arabe, qui, malgré son antiquité reculée, n'a aucune affinité avec le celte, sous le rapport que je viens d'indiquer. Presque tous les mots radicaux sont composés de trois consonnes, ce qui suppose trois sons. Mais une espèce de mots que je peux regarder comme inhérente à l'état social, puisqu'elle exprime la possession et la propriété, les pronoms possessifs ne sont figurés que par une seule lettre que l'on met à la fin du nom substantif. Ainsi, pour rendre ces idées : *Ma chambre, ta chambre, sa chambre*, on ajoute au mot بيت qui signifie chambre, les lettres ي, ك et ه, et l'on écrit بيتي, بيتك, et بيته. Il est à croire que les mots d'absolue nécessité ont été, dans leur origine, très-courts.

C'est aux savans à examiner comment les langues modernes se sont formées, à l'époque de la décadence de l'empire romain, lorsque les mêmes provinces voyoient se succéder une multitude de nations barbares, lorsque les peuples du nord et du midi se sont mêlés, au milieu des plus grands désastres que l'humanité ait éprouvés ; lorsqu'enfin tous ces hommes, étrangers l'un à l'autre par leur éducation, par leurs mœurs et par leurs goûts, ont confondu des idiomes barbares, avec les langues harmonieuses de la Grèce et de l'Italie.

Ils doivent sur-tout rechercher comment, du sein de ce désordre put naître une langue moderne, qui, par sa clarté, sa noble élégance, et par des chefs-d'œuvres, s'est répandue dans l'Europe, et fait encore les délices de tous ceux qui connoissent ou peuvent cultiver sa littérature.

Sans trop m'étendre sur cette recherche, plus curieuse que véritablement utile pour la majorité des lecteurs, je vais essayer de tracer rapidement l'origine et la formation de la langue françoise, ses progrès depuis le règne de François 1er, époque où elle commença à se dépouiller de ses formes barbares, jusqu'à Pascal et à Racine qui l'ont fixée ; j'indiquerai enfin les causes de sa décadence dans un temps où l'on confondit tous les genres, où plusieurs auteurs adoptèrent un *néologisme* inintelligible, où se répandirent sur la littérature, les mêmes erreurs et les mêmes sophismes que sur la politique.

Je serai obligé de parler en même temps des progrès de la langue italienne, parce qu'elle a la même origine que la nôtre, parce que, comme on va le voir, les deux langues se sont souvent rapprochées, parce qu'enfin les premiers auteurs françois ont pris pour modèles les auteurs italiens. La langue espagnole, quoique née aussi de la langue latine, n'a pas dû sa perfection aux mêmes causes. La littérature des Arabes, si célèbre dans le moyen âge, a inspiré les premiers auteurs espagnols, et nous n'avons commencé à les connoître et à les étudier qu'au temps d'Anne d'Autriche. Je m'abstiendrai donc de faire mention de leur langue, jusqu'au moment où elle a pu influer sur la langue françoise.

Lorsque les Romains eurent asservi les Gaules, la langue latine s'y introduisit. Autun, et quelques villes du midi devinrent le siége des bonnes études; et cette contrée, jusqu'alors barbare, produisit quelques écrivains estimés dans la langue romaine. Mais le latin ne tarda pas à s'y corrompre par son mélange avec l'ancien idiome gaulois. Les calamités que l'Europe éprouva lors de la chute de l'empire d'occident, accélérèrent cette décadence. A la même époque, l'Italie conquise par les Goths, perdit, en peu de temps, la pureté de son langage. En vain les ouvrages de Simmaque et de Boëce donnèrent quelque faible éclat au règne de Théodoric, la langue vulgaire s'altéra en adoptant plusieurs expressions et plusieurs tours étrangers. L'expédition de Bélisaire, qui rétablit pour quelque temps un vain fantôme d'empire romain, ne fut d'aucune utilité pour les lettres latines, puisque, dans ce siècle malheureux, l'Italie fut plus que jamais en proie aux invasions des Barbares.

Les Gaules conquises par les Francs ne conservèrent pas plus long-temps la langue qu'elle avoient reçue des Romains. Sous la première race de nos rois, sous Charlemagne et sous Louis le Débonnaire, le langage du peuple fut le *romanum rusticum*, c'est-à-dire un latin extrêmement altéré. Le tudesque, idiome des vainqueurs, fut parlé à la cour et par les grands. Sous Charles le Chauve, il commença à se former un langage composé de tudesque et de latin, qui fut appelé *langue romance*. C'est dans ce temps que les bénédictins placent l'origine des *romans*, c'est-à-dire des ouvrages écrits dans la langue nouvellement formée. Ce nom de roman a depuis été donné aux narrations d'événemens imaginés. Le plus ancien monument de la langue romance est un traité entre Charles le Chauve et Louis le Germanique, cité par le président Hénault.

Les peuples de la France et de l'Italie étoient alors plongés dans l'ignorance la plus profonde; aucune relation n'existoit entre les différentes provinces; les liens du commerce n'unissoient point les hommes; et les seuls ecclésiastiques, chargés de rédiger en latin les actes publics, avoient conservé quelques connoissances littéraires. Les croisades tirèrent l'Europe de cette apathie, et étendirent la sphère des connoissances de ses habitans. Ces expéditions lointaines, où les peuples purent remarquer des usages nouveaux pour eux, des inventions qui leur étoient inconnues, les sites délicieux de l'Asie mineure, un climat doux, l'aspect des monumens de l'antiquité, durent développer les facultés intellectuelles de ces conquérans, et leur inspirer du goût pour les arts agréables. On peut justement attribuer à cette impulsion les talens oratoires de saint Bernard qui, dans les plaines de Vézelay, harangua en françois des milliers d'auditeurs. Un siècle qui produisit des hommes tels que Pierre le Vénérable, Abeilard, une femme telle qu'Héloïse, n'étoit pas un siècle entièrement barbare.

Constantinople étoit l'unique séjour où les belles-lettres se fussent conservées. Au milieu des horreurs qui souillent si souvent les fastes de l'Empire, l'esprit de société n'avoit point été détruit. Les institutions des premiers empereurs chrétiens y subsistoient encore; et, malgré la corruption des mœurs, malgré les fréquentes révolutions du palais, le peuple de Bisance avoit gardé ce vernis d'élégance et d'urbanité qui distingue les nations policées. Ces mœurs étoient absolument étrangères aux peuples de l'occident. On cultivoit à Constantinople les arts d'agrément; la poésie et l'éloquence y étoient honorées; et la langue grecque, déja un peu corrompue, prêtoit toujours aux ouvrages d'esprit ses graces et son harmonie.

Lorsque Baudouin, comte de Flandre, aidé par les Génois et par les Vénitiens, monta sur le trône des Comnènes, les trois nations se familiarisèrent avec le peuple de Constantinople. Pendant l'empire latin qui dura un peu plus d'un demi-siècle, il est à croire qu'elles puisèrent au centre des arts et des belles-lettres, les germes du goût qu'elles développèrent dans la suite. Les liens que les François contractèrent avec les familles grecques, la préférence que les femmes accordoient à ces chevaliers dont elles aimoient à polir les manières un peu sauvages, la nécessité où ils étoient d'apprendre la langue des réunions brillantes où ils étaient admis, dûrent leur faire sentir la dureté et la barbarie de leur idiome ; et de ce mélange trop court d'un peuple guerrier, avec une nation livrée aux arts paisibles, dut naître, pour la France qui étoit alors la métropole de ces faibles débris de l'empire grec, un progrès rapide vers le perfectionnement de la société. Le commerce maritime que les Vénitiens établirent entr'eux et Constantinople qui se trouvoit l'entrepôt de tout le levant, contribua à enrichir l'Italie, à la rendre moins barbare ; et le midi de la France jouit des mêmes avantages.

Les livres d'Aristote avoient été retrouvés vers la fin du onzième siècle. Presque tous les auteurs attribuent à cette découverte l'introduction dans la langue romance, de plusieurs mots grecs que les Romains n'avoient pas adoptés. Je pense que le séjour des François dans la Grèce, influa beaucoup plus sur cette variation de leur langue. En effet, une révolution de ce genre, dans le langage d'un peuple, se fait plutôt par l'impulsion donnée à la multitude, que par les efforts des savans ; et ce qui sert à fonder cette conjecture, relativement au peuple dont je parle, c'est qu'à cette époque, les savans seuls étoient en état de lire Aristote, tandis que le peuple entier avoit des relations avec les vainqueurs des Grecs. D'ailleurs, on sait qu'alors les livres sérieux étoient écrits en latin, langue inconnue à la multitude. Les mots grecs ne purent donc se répandre par ce moyen dans la langue vulgaire.

L'époque des croisades nous offre les premiers monumens de la poésie françoise. Thibault, roi de Navarre, et le châtelain de Coucy chantèrent leur amour dans cette langue informe. L'un, égaré par une passion qui ne fut jamais partagée, composa pour la reine Blanche, mère de saint Louis, plusieurs chansons qui ont été conservées. L'autre, qui fit le malheur de la fameuse Gabrielle de Vergy, lui adressa aussi des vers. Leur idiome étoit bien peu propre à exprimer de tels sentimens. Tous les mots dont les terminaisons s'expriment aujourd'hui par la syllabe *ueil*, finissoient par le son dur de *oil*. Ainsi, au lieu de dire *orgueil*, *accueil*, *sommeil*, on disoit : *orgoil*, *accoil*, *sommoil*. Les mots en *eur* se terminoient en *our*; ainsi, au lieu de dire *douceur*, *douleur*, on disoit : *douçour*, *doulour* (1). On se permettoit de retrancher une partie des mots, ce qui rend ce jargon presque inintelligible ; enfin les verbes n'avoient pas de conjugaisons fixes, et chaque auteur se formoit des règles particulières.

Joinville écrivit en prose l'histoire de la guerre dans laquelle il s'étoit signalé. Son langage étoit si peu intelligible, même sous le règne de François 1er, qu'à cette époque on le traduisit. Nous ne lisons plus aujourd'hui que cette traduction. Le *Roman de la Rose*, attribué à Guillaume de Lorris, et à Jéhan de Mehun fut aussi

---

(1) Les sons *age*, *agne*, se prononçoient comme *aige*, *aigne*.

un monument littéraire de ce temps. Quoique le fonds de ce roman n'ait rien d'attachant, ni d'ingénieux, il est encore très-recherché par les amateurs du vieux langage.

La France ne comptoit encore que ces auteurs barbares, lorsque la langue italienne se formoit, devenoit harmonieuse, et se prêtoit à l'enthousiasme de la poésie. Au milieu des discordes des guelphes et des gibelins, parmi les dissentions d'une république qui ne trouva le repos qu'en recevant les lois des Médicis, le Dante, citoyen séditieux et poëte énergique, débrouilla le chaos de l'idiome grossier que les Goths avoient substitué à la langue romaine. Ses poëmes que les Italiens ont peine à comprendre aujourd'hui, parce qu'ils sont remplis d'allusions aux événemens dont il fut témoin et auxquels il prit part, firent les délices de son temps, produisirent une révolution favorable aux lettres, et doivent être considérés comme le premier monument de la langue toscane. Plusieurs mots employés par ce poëte, ont été bannis, lorsque l'idiome italien s'est perfectionné, et se retrouvent dans notre langue ; cela prouve qu'à cette époque le françois différoit peu du langage de l'Italie.

Les malheurs de la France, beaucoup plus

graves que ceux des Florentins, retardèrent les progrès de la littérature, et la formation de la langue françoise. Lorsqu'après les troubles civils qui suivirent la captivité du roi Jean, les peuples dûrent quelques années de repos à la sagesse et à la prudence de Charles v, les lettres furent sur le point de renaître. Ce prince, qui les aimoit, fit rassembler dans son palais les livres les plus estimés de son temps, et jeta les fondemens de la bibliothèque nationale, la plus complète, peut-être, qui existe. Sous son règne, Froissard se distingua comme poëte et comme historien. Les chroniques de cet auteur, qui ont été d'une si grande utilité aux historiens françois, deviennent plus intelligibles que les récits de Joinville. On y remarque que la langue a fait des progrès sensibles ; les règles grammaticales sont moins arbitraires, et l'on trouve même une sorte d'élégance.

Les poésies de Froissard, parmi lesquelles on distingue, sur-tout, les pastourelles, sont presque toutes galantes ; quelquefois elles sont trop libres. Ce fut lui qui réussit le premier dans la ballade. Pour faire connoître le langage de Froissard, je citerai quelques vers d'une pièce intitulée : *la Prison d'amour*. L'auteur y peint la mort cruelle de Gabrielle de Vergy.

La châtelaine de Vergy
Et le châtelain de Coucy,
Qui, outre mer, mourut de doël,
Tout pour la dame de Fayel.
. . . .
Après la mort du Baceler (1),
On ne le peut, ni doit céler,
Parce qu'on vouloit se vangier
Des vrais amans, on fit mangier
La dam' le cœur de son ami.

Gabrielle, instruite de cette horreur, dit :

« Jamais plus boire ne me faut,
« Car sur mortel (2) si précious,
« Si doux et si delicious,
« Nul boire ne pourrai prendre. »
On ne lui put puis faire entendre
Qu'elle voisist (3) manger, ni boire.
Cette matere (4) est touté voire (5).

On voit que la langue s'étoit un peu adoucie du temps de Froissard. Au lieu de doël, on aurait dit doil, sous le règne de saint Louis. Les verbes se conjuguent mieux, et la construction

---

(1) Bachelier.
(2) Morceau.
(3) Voulût.
(4) Matière.
(5) Vraie.

devient directe, ce qui est le caractère de la langue françoise.

Mais l'Italie avoit fait de plus grands pas vers la perfection du langage. Pétrarque y florissoit dans le quatorzième siècle. Il adoucit les expressions trop rudes dont s'étoit servi le Dante; il rendit les constructions plus claires, et il fixa la syntaxe. Heureux si, en donnant à la langue italienne l'élégance qui lui est particulière, il eût banni les licences que le Dante avoit introduites dans ses poëmes. Quelques auteurs modernes ont attribué à cette faculté que les Italiens se sont donnée de faire des élisions, de supprimer des syllabes entières, de sincoper les temps des verbes, de multiplier les mots parasites, la facilité qu'ils eurent de perfectionner de bonne heure leur langue. J'espère prouver au contraire, quand j'aurai occasion d'en parler, que l'absence des difficultés dans la poésie, est la principale cause d'une prompte décadence.

Après six siècles, on admire encore les poésies de Pétrarque. L'amour qui avoit été peint par Virgile, avec tant de sensibilité et d'énergie, prend, sous le pinceau de l'amant de Laure, un coloris chevaleresque, une retenue, et une décence absolument inconnus aux anciens. Si le goût qui s'est formé depuis, relève, dans Pétrarque, un retour trop fréquent des mêmes idées et des mêmes termes, un peu d'affectation, des sentimens forcés, et quelques traits de faux bel esprit, il ne peut manquer d'adopter ces odes charmantes qui ont été imitées dans toutes les langues, qui servent encore de modèles aux poésies amoureuses, et qui ont rendu si fameuse la fontaine de Vaucluse.

Pétrarque passa une partie de sa vie à la cour du pape Clément vi qui résidoit à Avignon. Le caractère des habitans du midi de la France avoit plus d'un rapport avec celui des peuples de l'Italie. Le succès que les poésies de Pétrarque obtinrent en Languedoc et en Provence, adoucit le langage de ces provinces, mais ne le fixa point. Ce patois s'enrichit de mots sonores, et seroit peut-être devenu la langue nationale, si quelque poëte célèbre lui eût assigné des règles, et l'eût épuré (1). Il s'est conservé jusqu'à présent, et n'a produit que quelques poésies amoureuses, agréables par leur naïveté, et par la vivacité des sentimens qui y dominent.

À cette époque, la langue françoise étoit par-

---

(1) On peut s'en former une idée en lisant les poésies de Goudouli.

tagée en deux dialectes; l'un se parloit dans le nord de la France jusqu'à la Loire, l'autre dans le midi au-delà de cette rivière. Le premier avoit toutes les terminaisons barbares que les Francs avoient ajoutées aux mots latins. Il étoit rempli de sons désagréables à l'oreille, tels que *oi*, *oin*, *ouil*, *oil*. Plusieurs de ces sons furent adoucis lorsque la langue se forma; ceux qui furent conservés, ayant été placés convenablement, ont jeté dans le langage une variété que n'a pas la langue italienne. Le dialecte du midi étoit beaucoup plus doux, sur-tout depuis que l'italien s'y étoit mêlé; mais il ne portoit pas ce caractère particulier sans lequel une langue ne peut ni s'établir, ni se répandre. Adoptant toutes les licences de la langue toscane, y joignant celles qu'il avoit déja, il ne put jamais acquérir ni cette noblesse qui convient aux ouvrages sérieux, ni cette élégance qui doit parer les ouvrages d'agrément, ni cette correction scrupuleuse, nécessaire dans le genre didactique. L'idiome du nord, par des causes différentes, parvint à se former, et devint propre, par la suite, à exprimer tous les sentimens, à rendre toutes les pensées, à peindre tous les tableaux, à se plier enfin à tous les tons. Nos premiers auteurs furent obligés de lutter péniblement contre la

dureté

dureté de la langue ; et de cette lutte résulta un travail qui fut utile au perfectionnement du langage. A force de tourmenter cet idiome barbare, on parvint à l'adoucir ; les efforts que l'on faisoit pour écrire avec une sorte d'élégance, contribuoient à rendre les pensées plus nettes, à les faire exprimer avec plus de clarté. On admit plusieurs mots et plusieurs tournures de la langue italienne; mais on ne les substitua pas, ainsi que dans le midi, aux mots et aux tournures de la langue nationale. On les adapta, comme on put, au génie de la langue françoise ; on les modifia pour leur faire perdre les traces de leur origine; et l'on conserva, sur-tout, les terminaisons qui, seules, suffisent pour donner à un langage un caractère particulier. Le séjour continuel de la cour dans les lieux où l'on parloit cette langue, servit aussi à la répandre et à la fixer. Tout ceci explique pourquoi la langue du nord a prévalu sur la langue du midi. Les observations que j'ai faites me semblent suffire pour répondre à ceux qui ont semblé regretter que le *languedocien* ne l'ait pas emporté sur le *picard*. Peut-on s'élever en effet contre la dureté d'une langue, dans laquelle furent écrits nos chefs-d'œuvres, et qui surpasse toutes les autres langues modernes, par la clarté, le nombre et l'harmonie que les grands écrivains du siècle de Louis xiv ont su lui donner ?

Les efforts lents et pénibles que les auteurs françois furent obligés de faire pour former leur style, retardèrent donc un succès qui, s'il eût été prématuré, n'auroit pas été aussi durable. Tandis qu'en poésie et en prose nous n'avions que les pastourelles et les chroniques de Froissard, la langue italienne, rendue poétique par Pétrarque, acquéroit dans la prose de Bocace une pureté et une harmonie qui jusqu'alors lui avoient manqué. Les ouvrages de cet auteur, fruits d'une imagination riante, et quelquefois trop libre, sont écrits d'un style facile et correct. Ses périodes, souvent trop longues, présentent quelques obscurités, mais en général la grace et l'élégance sont ses caractères distinctifs. On auroit ignoré le talent de Bocace pour peindre des tableaux sérieux, et pour exprimer des sentimens nobles, si, dans l'Introduction à ses Nouvelles, il n'avoit fait le récit des effets de la peste du quatorzième siècle qui fit le tour de l'Europe, la dévasta, et dont fut victime la fameuse Laure qui avoit inspiré Pétrarque. Ce morceau historique est de la plus grande beauté. Il peut être comparé à tout ce que les anciens ont de plus parfait dans ce genre. Le style est rapide et serré, les descriptions pleines de vérité ; et les désastres de la contagion sont tracés avec tant d'art que, sans jamais faire naître le dégoût, ils excitent toujours le plus vif intérêt. C'est donc à Bocace que les Italiens ont dû la formation de leur prose.

Les lumières se propageoient en Italie, par la protection que les princes commençoient à leur accorder. En France, les dissentions politiques qui troublèrent le règne de Charles vi, et les conquêtes des Anglois qui rendirent si orageux celui de Charles vii, retardèrent les progrès qu'avoient faits les belles-lettres sous le règne trop court de Charles v. Alain Chartier fut presque le seul qui les cultiva avec quelque succès. Prosateur et poëte, ainsi que Froissard, il se distingua dans l'un et l'autre genre, et fut successivement le secrétaire de deux rois. De son temps, on le regardoit comme le père de l'éloquence françoise; maintenant il n'est lu que par ceux qui font des recherches sur notre ancien langage. Celui de ses ouvrages qui réussit le plus, est un *Traité sur l'Espérance.* Dans un temps où les malheurs publics étoient parvenus à leur comble, le sujet seul de cet ouvrage devoit en assurer le succès. Les poésies d'Alain Chartier, comme toutes celles de ces temps reculés, n'ont pour objet que d'exprimer les passions de l'auteur. Presque toutes sont en rimes redoublées ; ce qui prouve que Chapelle n'a point inventé ce genre, qui ne convient qu'aux pièces légères. En général, on remarque dans les ouvrages d'Alain Chartier, que la langue acquiert de l'harmonie, que les constructions deviennent régulières, et que la syntaxe se rapproche de celle que nous avons adoptée depuis. Philippe de Commines, qui vécut sous le règne suivant, parvint aux premières dignités à la cour d'un roi qui avoit assez de pénétration pour distinguer le mérite, mais dont le caractère sombre et cruel rendoit souvent cette distinction dangereuse pour ceux qui en étoient l'objet. Sans m'occuper à chercher si cet écrivain s'étoit vendu au duc de Bourgogne, et avoit mérité, par cette trahison, le traitement affreux que lui fit subir le fils de Louis xi, je me bornerai à faire quelques remarques sur ses mémoires.

C'est le seul ouvrage françois de ce temps-là qu'on lise encore avec plaisir. La diction est claire et intelligible ; elle a même une sorte d'élégance inconnue aux auteurs contemporains. Philippe de Commines avoit été long-temps dans l'intimité du roi ; il avoit pu quelquefois pénétrer dans les replis de cette ame sombre et dissimulée ; enfin il avoit eu part à l'administration publique et à des négociations importantes. Il rapporte donc des faits dont lui seul a pu être instruit. Son langage porte toujours le caractère de la vérité. Les récits intéressans qu'il offre aux lecteurs paroissent faits sans art ; il y règne une grace et un ton facile qui ne peuvent se trouver que dans un homme de la cour. Ses mémoires servent encore de guides à tous ceux qui veulent s'instruire à fond des particularités du règne de Louis XI. On y remarque une réserve et une retenue qui prouvent que, quoique l'auteur ait écrit la plus grande partie de son ouvrage après la mort de ce monarque, il étoit cependant arrêté involontairement par la crainte à laquelle il avoit été habitué. Cette contrainte lui a fait chercher le moyen de s'exprimer en termes détournés, lorsqu'il craignoit d'attaquer ou des hommes puissans, ou des opinions reçues. C'est lui qui, le premier, a connu l'art de parler des choses les plus délicates, de manière à ne pas se compromettre. Il a introduit dans son style cette *mesure* dont nos bons auteurs se sont servi depuis avec tant d'avantage, qui, poussée trop loin dans le dix-huitième siècle, a dégénéré en subtilité et en finesse recherchée ; ce qui, avec beaucoup d'autres causes, a contribué à la décadence du langage.

Villon, comme l'a dit Boileau, dans ces siècles grossiers,

Débrouilla l'art confus de nos vieux romanciers.

Ses poésies sont beaucoup moins lues que les mémoires de Philippe de Commines, parce que leur objet ne présente aucun intérêt. Malgré l'espèce d'éloge que notre grand critique paroît donner à Villon, il y a peu de différence entre ses ouvrages et ceux d'Alain Chartier. C'est à-peu-près à la même époque que l'on place la première comédie où nous nous soyons rapprochés du genre d'Aristophane et de Plaute. Cette pièce, qui a été rajeunie par l'abbé Brueys, est restée à notre théâtre sous le nom de l'*Avocat Patelin*. (1)

On commençoit à s'occuper sérieusement de la Grammaire; on fixoit les règles encore incer-

---

(1) Cette pièce est d'un nommé Blanchet. Elle est intitulée : *Ruses et subtilités de maitre Patelain, avocat.* Elle est écrite en petits vers. Quelques auteurs la placent sous le règne de Charles vi.

taines de la langue françoise, et l'on cherchoit à inventer des méthodes faciles pour enseigner la langue latine ; on raisonnoit sur les différentes acceptions des mots ; on analysoit les propositions ; on définissoit les termes dont on se servoit ; on donnoit aux parties du discours les dénominations qui pouvoient leur convenir. Despautère, notre plus ancien grammairien, fit alors sa *Grammaire royale*, qui fut conservée, pour l'instruction de la jeunesse, jusqu'au siècle de Louis xiv, et dont le plan est si bien combiné, qu'en la perfectionnant par la suite, on n'osa presque rien changer aux bases principales de l'ouvrage. (1)

Une découverte qui eut une grande influence sur les institutions politiques de l'Europe, rendit la science familière à un plus grand nombre d'hommes, répandit les ouvrages des anciens, dont les copies étoient très-rares ; et, par son introduction en France, contribua, d'une manière puissante, au perfectionnement du lan-

---

(1) Scipion Dupleix donna plus de clarté à la *Grammatica regia* de Despautère ; on en fit paroître une édition pendant la minorité de Louis xiv. La première Grammaire françoise, faite d'après Despautère, parut en 1649.

gàge. L'art d'écrire en caractères mobiles, et de multiplier avec rapidité les exemplaires d'un livre, fut trouvé par un peuple dont la langue vulgaire n'étoit pas encore formée, et connu seulement en Europe par une érudition pédantesque que le goût n'avoit point épurée.

L'Italie conserva la gloire littéraire qu'elle avoit acquise du temps de Pétrarque et de Bocace. L'influence des Médicis se faisoit sentir à Florence, et de toute part on voyoit les arts se répandre et se perfectionner. Déja tous les savans de Constantinople, après la chute de l'empire grec, quittoient leur patrie pour se fixer dans la Toscane. Ils y apportoient des connoissances nouvelles pour les peuples de l'occident. Léonard Aretin écrivit l'histoire dans le goût des anciens. On regretta qu'il se fût trop peu exercé dans la langue vulgaire, et qu'il eût composé en latin la plus grande partie de ses ouvrages. Ange Politien justifia la faveur dont il jouissoit à la cour de Florence, par des poésies moins agréables que celles de Pétrarque, mais d'un langage plus clair et plus correct. Pic de la Mirandole qui mourut très-jeune, après avoir acquis cette multitude de connoissances que l'on ne peut posséder qu'à un âge avancé, et s'être exercé dans presque tous les genres, illustra aussi cette belle époque de la littérature italienne. Laurent de Médicis lui-même, ce pacificateur de l'Italie, ce bienfaiteur de la Toscane, cultiva les lettres, au milieu des grands travaux dont il étoit accablé. Ce prince, aussi aimable dans sa vie privée, que ferme et intègre dans sa vie publique, faisant les délices du peuple dont l'administration lui étoit confiée, joignant aux talens politiques de son aïeul, cette affabilité et cette douceur qui assurent des amis aux hommes puissans, ce prince consacra ses loisirs à l'étude des sciences et à la poésie. Ses ouvrages que l'on a conservés, annoncent une âme élevée, et ce penchant pour les femmes qui, lorsqu'il est réglé par la décence, donne aux mœurs une élégance et une politesse qui tiennent à la finesse du tact, et à la délicatesse du goût d'un sexe, dont l'influence, bien dirigée, fut toujours favorable aux progrès des arts. Les poésies de Laurent de Médicis, la protection dont il honora constamment les bons écrivains, lui valurent le titre de *père des lettres.*

La France alors profita plus que jamais des progrès que la littérature avoit faits à Rome et dans la Toscane. Les François qui suivirent Charles VIII en Italie, trouvèrent un peuple poli, dont le goût étoit formé, dont le langage étoit fixé, et qui étoit parvenu à un degré de civilisation dont le reste de l'Europe étoit encore très-éloigné. Dès-lors, une multitude de relations s'établit entre les deux peuples ; les gens de lettres lièrent des correspondances utiles ; il s'introduisit une espèce de rivalité où, long-temps encore, les François furent inférieurs à ceux qu'ils avoient pris pour modèles. Du temps de Pétrarque, la langue françoise avoit emprunté plusieurs mots et plusieurs constructions à la langue italienne. J'ai montré les effets du séjour de ce poëte célèbre dans les provinces méridionales. A l'époque de la conquête de Charles VIII, l'influence littéraire de l'Italie sur la France, fut beaucoup plus forte ; et les imitations que nos poëtes firent des poésies toscanes, frayèrent la route à Clément Marot et à Malherbe. Malgré l'harmonie et la douceur d'une langue qui devoient séduire un peuple dont le langage étoit encore barbare, lorsque nous adoptâmes de nouveaux mots, lorsque nous perfectionnâmes la tournure de nos phrases, nous gardâmes nos constructions directes, et nos terminaisons variées. Le caractère particulier de la langue françoise ne changea point. Un son qui dominoit alors, et que nous sommes parvenus à rendre plus doux, contribuoit à conserver à notre idiome sa dureté et sa rudesse. Dans les mots tels que *paroître*, *connoître*, *naître*, *maître*, nous prononcions le *oi*, comme dans *croître*. Toutes les terminaisons des imparfaits de nos verbes se prononçoient comme dans le mot *loi*. On sent qu'un son barbare qui revenoit si souvent, et que nous avons remplacé par celui d'un *è* ouvert, rendoit la langue peu propre à l'harmonie.

Une autre cause beaucoup plus importante avoit encore nui aux progrès de la langue françoise. Quoique nos auteurs eussent été à portée de connoître les chefs-d'œuvres de l'antiquité, et les heureux essais qui avoient été tentés par les Italiens, ils n'avoient pas su distinguer d'une manière précise les différens genres de style. On n'avoit pas fait un choix judicieux de mots nobles que l'on pût employer, soit à la poésie héroïque, soit à la haute éloquence. En confondant ainsi toutes les ressources de la langue, en faisant entrer les termes familiers dans les discours et les écrits les plus sérieux, nous étions parvenus à nous exprimer d'une manière naïve et souvent agréable; mais nous ignorions les moyens de donner à la diction ce ton majestueux et énergique qui convient aux grands sujets. Nous avions obtenu des succès dans les poésies gaies et galantes, dans les mémoires dont la familiarité fait le charme; mais nous n'avions point de grands poëmes, point d'odes, point d'histoires. On convenoit assez généralement que la langue d'un peuple, aussi vif que brave, qui, comme le dit un historien italien (1), consoloit les vaincus, en dépensant avec eux l'argent qu'il leur avoit enlevé, devoit être propre à des chansons de table, à des poésies érotiques, aux traits d'une conversation folâtre; mais on pensoit qu'elle ne pouvoit se prêter au genre noble dans lequel le Dante et Pétrarque s'étoient exercés.

La prose italienne, à laquelle Bocace avoit donné tant de grace et d'élégance, acquit plus de force, et prit un caractère plus sévère, lorsqu'elle fut employée par Machiavel. Dans des traités de politique, et dans une histoire, cet écrivain la rendit propre à exprimer des idées énergiques et neuves. Il la plia aux règles du raisonnement, et quelquefois il lui donna la précision et la vigueur de Tacite. Il fit aussi quelques poésies qui furent estimées. Mais il étoit réservé à l'Arioste de porter cette langue à son plus haut

(1) Machiavel, *Ritratto della Francia.*

degré de perfection. Convaincu qu'il acquerroit plus de gloire, en écrivant son principal ouvrage dans la langue nationale, il rejeta la proposition qui lui fut faite par le cardinal Bembo, de composer le *Roland furieux* en vers latins. Par des comédies, par des satires, et par un poëme où se trouvent réunis, dans un ensemble peut-être trop peu régulier, tous les genres de beautés poétiques, il montra quel parti il étoit possible de tirer de la langue italienne. Elle fut alternativement douce, sonore, héroïque; elle rendit avec la même facilité les passions fortes les sensations gaies, les tableaux majestueux, et les portraits rians. Elle devint descriptive, lorsque le poëte vouloit peindre; passionnée, lorsqu'il vouloit émouvoir; vive et légère dans la comédie, piquante et ingénieuse dans la satire.

François 1er, dont le règne fut si brillant et si malheureux, protégea la littérature françoise, et la langue fit de plus grands pas vers sa perfection. C'est sous ce règne que se formèrent les semences des troubles qui ensanglantèrent les règnes suivans, et qui rendirent moins puissans les efforts du monarque pour faire renaître les belles-lettres. Ce prince, doué de toute la franchise d'un chevalier, n'opposa à un rival redoutable, et peu scrupuleux sur les moyens d'arriver à son but, que le courage et la loyauté ; et cette lutte inégale affoiblit pour long-temps la France, qui ne se releva avec éclat que sous le règne de Louis xiv. Dans les intervalles trop courts de repos dont jouit François 1er, les fêtes somptueuses qu'il donna, les réunions brillantes qu'il forma à sa cour, la galanterie noble qui s'y introduisit, l'influence des femmes dont l'éducation commençoit à être moins négligée, et que l'on ne confinoit plus dans des châteaux, firent contracter l'habitude de s'exprimer avec grace ; et la délicatesse se joignit à la naïveté simple des règnes précédens. L'esprit de société prit naissance. La culture des lettres n'appartint plus exclusivement aux savans qui ne pouvoient s'empêcher d'y mêler du pédantisme. On s'en occupa dans les cercles ; on se permit d'en juger ; le goût et la langue dûrent beaucoup à cette heureuse innovation.

François 1er ne borna pas ses soins à l'impulsion qu'il avoit donnée aux personnes de sa cour. Il fonda le collége royal qui s'est conservé jusqu'à nos jours. Cet établissement fut consacré, dès son origine, à perfectionner l'enseignement littéraire que l'on recevoit dans les colléges de l'université. L'étude du grec qui avoit été négligée, fut cultivée dans ce collége, et l'on y embrassa toutes les parties des sciences et de la belle littérature.

Nos relations avec l'Italie continuèrent sous ce règne, et la langue françoise s'enrichit encore des trésors littéraires dûs à la protection éclairée des Médicis et de la maison d'Est. On commença à reconnoître, principalement dans les poésies légères, une différence marquée dans la manière de s'exprimer des deux peuples. Les poëtes érotiques de l'Italie cherchoient toujours à mettre de l'esprit dans leurs productions; leurs pensées avoient quelque chose de subtil qui en affoiblissoit l'effet; ils se plaisoient aux cliquetis de mots; ils se bornoient trop souvent à flatter l'oreille; leur délicatesse étoit recherchée; ils tomboient enfin dans le défaut reproché à Ovide, d'épuiser une idée, en la retournant dans tous les sens. Clément Marot, que nous pouvons regarder comme notre premier bon poëte, prit une autre route. Il sut badiner avec grace, et en évitant toute espèce d'affectation; une délicatesse fine et aimable domina dans ses vers, mais elle ne fut jamais poussée jusqu'à cette quintescence de sentiment qui en détruit le charme. Une sensibilité vive et naturelle échauffa seule son imagination, et l'on n'eut jamais à lui reprocher le défaut de ces poëtes qui s'exaltent à froid, et remplacent par de grands mots les expressions simples qui, plus que toutes les autres, conviennent aux passions.

Quelques vers de Marot suffiront pour donner une idée de ce style que l'on a imité quelquefois depuis que la langue s'est formée, et que nous aimons sur-tout dans les poésies de La Fontaine. Marot se plaint de l'indifférence de sa maîtresse, et rappelle le temps où il étoit aimé.

> Où sont ces yeux, lesquels me regardoyent
> Souvent en ris, souvent avecque larmes?
> Où sont les mots qui m'ont fait tant d'alarmes?
> Où est la bouche aussi qui m'appaisoit?
> Où est le cœur qu'irrévocablement
> M'avez donné? Où est semblablement
> La blanche main qui bien fort m'arrêtoyt
> Quand de partir de vous besoin m'étoyt?
> Hélas ! amans, hélas ! se peut-il faire
> Qu'amour si grand se puisse ainsi défaire?
> Je penseroy plutôt que les ruisseaux
> Feroyent aller en contremont leurs eaux,
> Considérant que de faict, ne pensée
> Ne l'ay encor, que je sache, offensée.

Ces vers, qui respirent la plus douce naïveté et la sensibilité la plus touchante, peuvent indiquer l'état dans lequel étoit notre poésie. On voit que les poëtes n'avoient point adopté le mélange

lange réglé des rimes féminines et masculines, et que les *hiatus* étoient permis. Nous avions besoin de ces nouvelles règles pour donner à la poésie l'harmonie que la langue semble lui refuser, et de ces difficultés qui, forçant le poëte à un travail plus long, le mettent dans la nécessité de mûrir ses idées et de polir son style.

On se tromperoit si l'on croyoit que toutes les poésies de Marot sont aussi agréables que l'élégie dont je viens de citer un fragment. Il s'égare presque toutes les fois qu'il veut quitter le ton tendre ou badin, pour prendre celui d'un genre plus élevé. Sa traduction des pseaumes ne dut quelque succès qu'à la circonstance dans laquelle ils furent composés. L'enthousiasme pour la réforme étoit alors dans toute sa force ; plusieurs seigneurs, et sur-tout plusieurs dames de la cour avoient embrassé la nouvelle secte. Un des principaux reproches que les novateurs intentoient à la religion catholique, portoit sur ce que l'Office divin se faisoit dans une langue inconnue au peuple. Marot, qui penchoit un peu vers les opinions des protestans, essaya de traduire quelques chants de l'Eglise en vers françois. La nouveauté, le nom très-connu de l'auteur, firent réussir cette tentative. Elle fit même naître parmi les femmes une sorte d'engoue-

D

ment. Il étoit piquant de voir le chantre des amours, l'homme le plus éloigné du rigorisme de la morale chrétienne, s'emparer tout-à-coup de la harpe des prophètes, et s'exercer dans un genre qui avoit si peu de rapport avec ses autres poëmes. Pendant un été, ce fut la mode d'aller tous les soirs dans la promenade du *Pré-aux-Clercs* (1), pour chanter en chœur les pseaumes de Marot. Les femmes de la première distinction se rendoient à ces réunions nocturnes; et il est probable que le prétexte de ces concerts, prétendus religieux, servit à couvrir quelques intrigues, ce qui ne manqua pas d'y augmenter la foule.

Lorsque les causes de ce succès furent passées, on fit beaucoup moins de cas des pseaumes de Marot. On remarqua que le poëte n'avoit ni l'énergie, ni le beau désordre, ni le coloris brillant qui conviennent au genre lyrique. Accoutumé à exprimer des sentimens délicats, tendres et naïfs, il ne put prendre le ton inspiré et prophétique que Racine et Jean-Baptiste Rousseau ont employé depuis avec tant de succès.

---

(1) Le *Pré-aux-Clercs* occupoit cette partie du bord de l'eau où l'on a bâti le quartier neuf du faubourg Saint-Germain.

Marot ne réussit pas plus dans les poëmes qui exigent un plan suivi et raisonné, une certaine élévation dans le langage. Son poëme d'*Héro et Léander* est de ce genre; et l'on y voit souvent que le poëte est au-dessous de lui-même. Il étoit incapable de faire un ouvrage de longue haleine. Un heureux badinage étoit son caractère, et il ne put s'en éloigner. Indépendamment de cette cause, la langue n'avoit point encore la noblesse et la dignité soutenues qu'elle acquit dans le siècle suivant.

Chez tous les peuples, la prose s'est formée plus tard que la poésie. Il semble que, pour bien posséder cette aisance, ce nombre, cette variété de tours qui caractérisent la bonne prose, il faut s'être rompu à la versification, et que les difficultés du langage mesuré sont nécessaires pour perfectionner le langage ordinaire. Aussi Rabelais, contemporain de Marot, ne mérita-t-il pas les mêmes éloges. Sous le voile d'une bouffonnerie grossière, il fit intervenir dans son ouvrage tous les grands personnages du siècle où il vécut. Il ne respecta ni les mœurs, ni la religion; et le ton grotesque qu'il avoit pris, put seul le soustraire aux persécutions qu'il se seroit attirées, s'il avoit eu l'air de parler sérieusement. En faisant continuellement des allusions malignes aux événemens et aux anecdotes qui n'ont été connues que des contemporains, il obtint ce genre de succès que les hommes accordent toujours à la malignité. Il est encore lu par quelques littérateurs qui se flattent de l'entendre, et qui, pour faire un petit nombre de rapprochemens curieux, ont la patience et le courage de supporter les turpitudes et les farces dégoûtantes dont l'ouvrage est rempli.

L'année de la mort de Marot vit naître le Tasse. C'étoit à lui qu'il étoit réservé de faire prendre à la langue italienne un essor qu'elle n'avoit pas encore eu. L'Arioste avoit montré l'étonnante variété de ses ressources ; le Trissin l'avoit employée sans succès dans un long poëme épique; le Tasse seul pouvoit l'élever et la soutenir au ton de l'épopée. Dans ce poëte, elle est presque comparable aux langues anciennes. Les légères traces de faux bel-esprit, que Boileau appeloit avec raison du *clinquant*, disparoissent près des beautés innombrables dont ce poëme étincelle. Expressions constamment justes et nobles, tournures élégantes, suite heureuse de pensées, descriptions pittoresques, allégories ingénieuses, on trouve dans cet ouvrage toutes ces richesses; et ce qui prouve jusqu'à quel point il mérite l'estime que tous les peuples lui ont accordée, c'est qu'il se fait lire dans les traductions, épreuve que l'Arioste n'a pu soutenir.

La langue italienne fut fixée à cette époque. Depuis ce temps elle a dégénéré. Guarini, en imitant, dans le *Pastor fido*, l'*Aminte* du Tasse, tomba dans les défauts que j'ai déja reprochés aux Italiens. Il mit de la finesse et des subtilités dans une pastorale; et sa versification élégante, en couvrant une partie de ces défauts, lui procura un grand nombre d'imitateurs. Marini, qui vint après, poussa beaucoup plus loin ce goût vicieux. La préférence accordée à l'opéra sur tous les autres genres de littérature, les improvisateurs qui abusoient de la facilité de faire des vers, contribuèrent aussi à la décadence de la langue italienne. On ne vit plus que quelques auteurs qui se distinguèrent de loin en loin. Parmi eux on peut placer Apostolo Zeno, Métastase, Maffei, et, de nos jours, Alfieri et Pignotti.

Après l'époque où *la Jérusalem délivrée* répandit tant d'éclat sur la littérature italienne, finissent les rapports que nos auteurs avoient eus pendant si long-temps avec les auteurs italiens. La langue françoise se sépare sans retour de celle qui avoit contribué à la former. Nous n'imitons plus des auteurs que nous parviendrons bientôt à surpasser dans presque tous les genres de littérature. Notre langue, marchant à grands pas vers sa fixation, et renforçant chajour son caractère distinctif, n'a plus besoin de s'appuyer sur une langue plus parfaite. Elle lui laisse son harmonie trop monotone, ses élisions, ses mots parasites, ses strophes, sa poésie sans rimes, ses inversions multipliées, pour adopter irrévocablement une harmonie qui lui est propre, des difficultés poétiques sans nombre, une construction toujours claire et directe. Je vais donc cesser de faire des rapprochemens entre les deux langues, pour ne plus m'occuper que des progrès de la langue françoise.

Avant que l'on ne pût conduire cette langue au degré de perfection où elle arriva, plusieurs obstacles retardèrent encore sa marche pendant quelque temps. J'ai dit que les disputes de religion avoient donné aux esprits une direction contraire au bon goût et au perfectionnement des belles-lettres. Plusieurs hommes, doués de grands talens, et qui auroient pu honorer la littérature, se consumèrent dans l'étude de la controverse, et contractèrent l'habitude d'un ton pédantesque et dogmatique. Une autre cause nuisit encore plus aux développemens heureux de la langue françoise. Ronsard avoit remarqué que la diction de Marot ne pouvoit se prêter aux sujets nobles ; et il en avoit conclu qu'au lieu de chercher à faire un choix d'expressions relevées, il falloit opérer une révolution dans la langue, en y introduisant les richesses de la langue grecque et de la langue latine (1). Les succès qu'il obtint, et qu'il dut plutôt à quelques beaux vers épars dans ses ouvrages, qu'aux innovations dangereuses qu'il avoit osé tenter, l'enivrèrent au point qu'il ne garda plus aucune mesure. Il hérissa ses écrits de mots nouveaux, et l'on vit la langue d'Homère et celle de Virgile, tronquées et défigurées dans un jargon barbare. Cet abus fut heureusement porté si loin que l'on n'entendit bientôt plus le poëte. Sa chute fut aussi prompte que son succès.

Ronsard jouit d'une grande faveur auprès de Charles ix, qui lui adressa souvent des vers. Il

―――

(1) On trouve la preuve des grands succès de Ronsard dans cette phrase de la Boëtie, auteur contemporain. « Notre « poésie françoise est maintenant, non-seulement accous- « trée, mais, comme il semble, faicte tout à neuf par notre « Ronsard, qui, en cela, avance bien tant notre lan- « gue, que j'ose espérer que bientôt les Grecs ni les Latins « n'auront guères, pour ce regard, devant nous, sinon pos- « sible que le droit d'aînesse. » *Disc. sur la Serv. volont.*

paroît que ce malheureux prince, entraîné à l'excès le plus affreux, par son inexpérience et par de perfides conseils, avoit un penchant décidé pour les belles-lettres, et que, sans les troubles qui ont désolé son règne, il eût, par une protection constante, secondé les efforts de François 1er. « Quand il faisoit mauvais temps ou
« pluie, ou d'un extrême chaud, dit Brantôme,
« il envoyoit quérir messieurs les poëtes, et là,
« passoit son temps avec eux. » Que n'auroit-on pas dû attendre d'un jeune prince qui préféroit ainsi à des amusemens frivoles la conversation des hommes instruits ? Ce goût pour la société des gens de lettres lui avoit été inspiré par Amiot, son précepteur, à qui nous devons une traduction de Plutarque. « Si n'est pas l'étude d'un roi,
« dit Amiot à Charles IX, de s'enfermer seul
« en un' étude, avecque force livres, comme
« feroit un homme privé, mais bien de tenir
« toujours auprès de lui gens de savoir et de
« vertu, prendre plaisir à en deviser et conférer
« rer souvent avec eux, mettre en avant des
« propos à sa table, et en ses privés passe-temps,
« en ouïr volontiers lire et discourir; l'accoustumance
« tumance lui en rend l'exercice peu à peu si
« agréable et si plaisant, qu'il trouve, puis après,
« tous les autres propos fades, bas, et indignes

« de son exaucement, et si fait qu'en peu d'an-
« nées, il devient sans peine bien savant et ins-
« truict ès choses dont il a plus à faire en son
« gouvernement. »

La traduction des *Hommes Illustres* et des œuvres morales de Plutarque, est le premier monument durable de notre prose, car les *Essais de Montaigne* ne parurent que quelque temps après. C'étoient peut-être les seuls ouvrages de l'antiquité qui pussent passer dans la langue françoise telle qu'elle étoit alors. Plutarque est toujours simple et naïf; ses récits portent le caractère d'une bonhomie agréable, unie avec la plus profonde raison; et ses traités de morale, pleins d'excellens principes sur la politique, sur la société, sur l'éducation, ressemblent à une conversation d'amis, où l'auteur cherche à instruire en amusant. Notre prose, qui ne pouvoit encore se prêter à un style élevé, et qui étoit propre à peindre naïvement les détails de la vie privée, convenoit très-bien pour rendre les écrits de Plutarque. C'est ce qui explique les causes de la préférence que nous donnons toujours à la traduction d'Amiot sur celle de Dacier. Ce grand travail fut achevé pour l'éducation de Charles ix, et avoit été entrepris par les ordres de François 1er, qui distingua les talens d'Amiot, et qui fut son protecteur. Ecoutons Amiot lui-même parler des motifs qui l'ont déterminé, nous pourrons nous former en même temps une idée de sa manière d'écrire. Il s'adresse toujours à Charles ix:

« Or, ayant eu ce grand heur que d'être ad-
« mis auprès de vous dès votre première en-
« fance, que vous n'aviez guères que quatre
« ans, pour vous acheminer à la connoissance
« de Dieu et des lettres, je me mis à penser quels
« auteurs anciens seroient plus idoines et plus
« propres à votre estat, pour vous proposer à
« lire quand vous seriez venu en âge d'y pou-
« voir prendre quelque goust; et pour ce qu'il
« me semble qu'après les sainctes lettres, la plus
« belle et la plus digne lecture qu'on sauroit
« présenter à un jeune prince, étoit les *Vies*
« *de Plutarque*, je me mis à revoir ce que j'en
« avois commencé à traduire en notre langue,
« par le commandement de feu grand roi Fran-
« çois, mon premier bienfaiteur, que Dieu ab-
« solve, et parachevai l'œuvre entier étant à
« votre service, il y a environ douze ou treize
« ans. »

Catherine de Médicis, dont la fausse politique influa beaucoup sur les malheurs de ses enfans, protégea les lettres, et prouva son goût éclairé

pour ceux qui les cultivoient, en élevant aux premières dignités de l'état le fameux chancelier de l'Hôpital. Elle avoit puisé ce goût dans sa famille, dont les bienfaits firent renaître la littérature italienne, et elle avoit apporté de Florence cette politesse noble, cette élégance de mœurs qui rendirent la cour de France si brillante à cette époque. De toutes les parties du royaume, elle appelloit près d'elle les femmes les plus distinguées par leur naissance et par leur beauté. Elles les formoit au ton de la bonne compagnie, qui n'étoit encore connu qu'à la cour des Médicis; elle leur faisoit contracter l'habitude de s'exprimer avec ce choix de termes, et cette délicatesse dans la manière de les arranger, qui caractérisent le beau langage. Ce cortége aimable et séduisant ne la quittoit pas ; elle s'en faisoit suivre dans les fréquens voyages que les troubles de l'état la forçoient d'entreprendre dans toutes les provinces. Par-tout elle répandoit le goût d'une politesse et d'une galanterie décentes. « Elle avoit ordinairement, dit Bran-
« tôme, de fort belles et honorables filles, avec
« lesquelles, tous les jours, en son antichamy-
« bre, on conversoit, on discouroit, on devi-
« soit tant sagement et tant modestement, que
« l'on n'eût osé faire autrement. Car le gentil-

« homme qui failloit, en étoit banni et menacé « en crainte d'avoir pis, jusqu'à ce qu'elle lui « pardonnoit et faisoit grace, ainsi qu'elle y étoit « propre, en toute bonne de soi. » On voit que Catherine de Médicis, malgré ses soins pour maintenir la décence dans sa cour, ne poussoit pas la sévérité trop loin, et que, sous le rapport de la galanterie, elle avoit pour les autres, l'indulgence dont elle avoit peut-être besoin pour elle-même.

Je n'examinerai point si elle n'avoit réuni autour d'elle, un si grand nombre de femmes charmantes, que pour attirer dans son parti, par des séductions adroites, les chefs des factions qu'elle vouloit dissoudre ; il me suffit de faire observer que l'étiquette de sa cour, la politesse qu'elle y introduisit, contribuèrent à épurer la langue françoise.

Pendant les troubles des règnes de François ii et de Charles ix, au milieu des guerres civiles et des fureurs de la Ligue, on ne vit pas sans étonnement s'élever un homme qui, par la profondeur de ses pensées, par les formes heureuses dont il sut les revêtir, donna un nouvel éclat à la prose françoise. On ne trouvera point extraordinaire qu'en parlant de Montaigne, je fasse mention des circonstances qui influèrent sur son caractère, si bien développé dans ses *Essais*. J'ai pensé, comme on a dû souvent le remarquer, qu'il étoit utile de ne point séparer les progrès de la langue françoise, des causes politiques qui lui ont fait éprouver des variations. Or il n'est pas douteux que les événemens qui se passèrent du temps de Montaigne, et auxquels il prit part, n'aient contribué à lui donner la hardiesse d'expressions que nous admirons encore dans son ouvrage.

Montaigne, en parlant toujours de lui-même, pénètre dans les plus secrets replis du cœur humain; il n'emploie aucun art, ne met aucun ordre dans la distribution de ses idées, et il passe alternativement d'un sujet à un autre. Souvent l'objet de ses chapitres ne répond point au titre qu'il leur a donné. Malgré ce désordre, il plaît encore généralement. Son style fait oublier la longueur de ses digressions. Ne quittant point le ton naïf du siècle, il est souvent familier, mais quelquefois il devient fort. Il exprime d'une manière originale des idées neuves; il est pittoresque dans les descriptions, et quelques mots vieillis qui expriment énergiquement des pensées que nous rendons aujourd'hui par des périphrases, ajoutent encore au charme que l'on éprouve en le lisant. Montaigne avoit été habitué dès l'enfance, à parler en même temps latin et françois ; de-là viennent plusieurs tournures latines que l'on remarque dans ses ouvrages. Les philosophes du dix-huitième siècle se sont souvent appuyés du témoignage de Montaigne ; plusieurs même, et principalement J. J. Rousseau, se sont appropriés ses idées, avec la seule précaution de rajeunir son style. Une considération qui n'a pas encore été présentée, suffira pour l'excuser d'avoir servi de modèle à ces écrivains dangereux. On a remarqué que, pendant les grandes calamités qui ont désolé les nations à certaines époques, l'athéisme s'étoit répandu, et que les hommes s'étoient ainsi privés de la seule consolation qui reste dans le malheur. A l'époque désastreuse où vivoit Montaigne, tous les liens de la société étoient rompus ; les grands du royaume sacrifioient l'état à leur ambition, le peuple étoit divisé en deux factions irréconciliables, les campagnes étoient dévastées, l'industrie étoit éteinte ; et la guerre civile n'étoit interrompue, pendant quelques instants, que par des trèves sanglantes. D'un côté, une secte orgueilleuse vouloit établir une république au sein de l'état ; de l'autre, une ligue puissante et hypocrite cherchoit à changer la dynastie régnante. Au milieu de ces fléaux, une insensibilité produite par le désespoir, s'empara de quelques hommes, et les conduisit jusqu'à méconnoître un Dieu qui permettoit tant de crimes. Le même effet, né de la même cause, avoit été remarqué à la décadence de l'empire romain. Montaigne n'alla pas si loin. Doué d'un caractère doux et tranquille, il se reposa sur l'*oreiller du doute*; il discuta alternativement le pour et le contre, sans se permettre de tirer une conclusion. Les philosophes du dix-huitième siècle, en adoptant isolément quelques-unes de ses idées, outrèrent les conséquences; ils s'enorgueillirent adroitement d'être les disciples d'un homme dont le nom étoit justement respecté.

L'ami de Montaigne, la Boëtie, qui mourut jeune, et dont l'auteur des *Essais* parle d'une manière attendrissante, laissa un ouvrage fort dangereux (1). Son *Traité de la Servitude volontaire* est écrit avec plus de noblesse et plus de force que n'en avoit la prose de ce temps-là. On y voit un jeune homme qui cherche à répandre le feu séditieux dont il est consumé. Son style répond à la chaleur de son imagination; les mou-

---

(1) La Boëtie a aussi intitulé son ouvrage : *Le Contre un*, c'est-à-dire, le discours contre le gouvernement d'un seul.

vemens en sont rapides et variés ; et l'on remarque, dans ce petit ouvrage, les premières traces de l'éloquence vive et serrée qui ne se perfectionna que dans le siècle suivant. Le livre de la Boëtie a été réuni aux *Essais de Montaigne*. Dans les temps les plus malheureux de la révolution, les agitateurs du peuple ont rajeuni ses idées, et n'ont fait que trop souvent l'application de ses principes.

Charon fut l'élève de Montaigne. Il n'eut pas, dans le style la grace et l'abandon aimable de son maître. Mais, comme la Boëtie, il écrivit d'une manière plus forte et plus serrée. On lui reprocha de parler de la religion en philosophe sceptique ; quelques opinions hardies lui attirèrent des persécutions de la part des jésuites. Dans le siècle suivant, l'abbé de Saint-Cyran, grand janséniste, fit son apologie.

Avant de quitter l'époque funeste de nos guerres civiles, et d'arriver aux temps heureux où Henri IV rétablit la paix, je ne dois point oublier de faire mention d'une princesse, aussi belle qu'infortunée, qui cultiva avec succès les lettres françoises, Marie Stuard, reine de France, au milieu des factions les plus animées contre l'autorité royale, veuve à la fleur de son âge, montant ensuite sur le trône d'Écosse, ébranlé

depuis

depuis long-temps par une secte sombre et cruelle; trahie par tous ceux qui devoient lui être le plus attachés, précipitée de ce trône, et mourant sur l'échafaud, après une captivité de dix-huit ans, a mérité, par ses malheurs inouis l'intérêt de la postérité. Parmi les maux qu'elle éprouva, et les inquiétudes cruelles dont elle fut souvent tourmentée, il paroît qu'elle trouva dans la littérature une douce consolation. Son éducation en France avoit été perfectionnée; elle savoit les langues grecque et latine, et parloit plusieurs langues vivantes. Mais la langue françoise étoit celle qu'elle préféroit. Tout le monde connoît la chanson qu'elle composa sur le vaisseau qui la portoit en Ecosse, où elle devoit être si malheureuse, et les vœux qu'elle formoit pour qu'une tempête la rejetât sur les côtes de France. Je citerai de cette princesse une romance qui est moins répandue, et qu'elle fit après la mort de François II son premier mari.

En mon triste et doux chant,
D'un ton fort lamentable,
Je jette un œil touchant
De perte irréparable;
Et en soupirs cuisans
Je passe mes beaux ans.

E

Fut-il un tel malheur
De dure destinée,
Ni si triste douleur
De dame infortunée,
Qui mon cœur et mon œil
Voi en bière et cercueil ?

Qui en mon doux printemps
Et fleur de ma jeunesse,
Toutes les peines sens
D'une extrême tristesse ;
Et en rien n'ai plaisir
Qu'en regret et desir.

Si, en quelque séjour,
Soit en bois, ou en prés,
Soit à l'aube du jour,
Ou soit sur la vesprée,
Sans cesse mon cœur sent
Le regret d'un absent.

Si je suis en repos,
Sommeillant sur ma couche,
J'oy qu'il me tient propos,
Je le sens qui me touche.
En labeur, en recoy
Toujours est près de moi.

Mets, chanson, ici fin
A si triste complainte,
Dont sera le refrain :
Amour vraye et sans feinte.

J'ai cru devoir rapporter cette romance toute entière, parce qu'elle m'a paru propre à donner une idée assez juste de la langue poétique de ce temps-là. Vous n'y trouvez point l'élégance de Marot, mais vous remarquez que la versification s'est perfectionnée, et que les règles en sont devenues plus difficiles. Les hiatus sont plus rares, le rithme est plus harmonieux, les rimes masculines et les rimes féminines sont distribuées avec régularité. Cette romance, si touchante, soit par le fond des idées, soit par la situation de celle qui l'a composée, porte une teinte de mélancolie qui semble présager les malheurs dont cette reine étoit menacée.

Les expressions et les tours barbares que Ronsard avoit introduits dans la poésie françoise, furent bannis par Bertaux et Desportes. Ce dernier, dont on a retenu quelques beaux vers, prépara les grands succès de Malherbe.

Henri IV, vainqueur, rendit à la France la tranquillité qu'elle avoit perdue depuis si long-temps. L'époque trop courte de son règne présente deux poëtes que l'on peut regarder comme ceux qui, les premiers, ont donné à la langue françoise la force et la clarté qui la distinguent aujourd'hui. Regnier, doué de ce caractère âcre et caustique qui convient à la satire, s'exerça avec succès dans ce genre. Sa poésie est énergique et serrée ; ses descriptions, qui passent trop souvent les bornes de la décence, offrent des traits frappans que jusqu'à lui la langue françoise n'avoit pu rendre. L'art du dialogue, dont Boileau s'est souvent servi dans ses satires, est employé heureusement par Regnier ; et l'on trouve dans ce poëte les premières traces de nos bonnes scènes comiques. Trop enthousiaste de Juvénal, il eut rarement la grace et l'aimable philosophie d'Horace. Dans ses élégies et ses poésies amoureuses, il imita souvent Ovide ; mais son esprit sage et sévère resserra les pensées trop abondantes du poëte latin. En évitant cet écueil, Regnier tomba dans un défaut opposé ; quelquefois il rendit séchement les idées tendres et voluptueuses d'Ovide. Malherbe prit un vol plus élevé. Il s'exerça principalement dans le genre lyrique, et donna à la langue françoise l'harmonie, la majesté et la magnificence d'expression qui conviennent à l'ode. On admira le tour heureux de ses phrases, la vérité de ses descriptions, la justesse et le choix de ses comparaisons. Boileau représente Malherbe comme le législateur du goût, et comme celui qui enseigna le pouvoir d'un mot mis à sa place. La postérité a confirmé ce jugement, et, après deux siècles, les poésies de Malherbe font encore les délices de tous les amateurs de la littérature françoise.

On sera plus à portée de juger la manière d'écrire de Regnier et de Malherbe, en rapprochant deux morceaux où ils ont traité le même sujet. Après que le feu des guerres civiles fut éteint, lorsque les factions furent anéanties, lorsqu'enfin la France respira sous un chef, aussi grand dans la guerre que dans la paix, les deux poëtes célébrèrent cette heureuse époque.

Regnier, en s'adressant à Henri IV, dit :

> Je ne veux point me taire
> Où tout le monde entier ne bruit que tes projets ;
> Où ta bonté discourt au bien de tes sujets,
> Où notre aise et la paix ta vaillance publie,
> Où le discord éteint, et la loi rétablie,
> Annoncent ta justice ; où le vice abattu
> Semble, en ses pleurs, chanter un hymne à ta vertu.

On voit que le poëte, habitué au genre satirique, s'élève, autant qu'il le peut, à la hauteur de son sujet, mais que ses expressions n'y répondent pas assez. Ecoutons Malherbe, et nous verrons un premier exemple de la poésie noble et éloquente. Le poëte fait une prière à Dieu :

> Conforme donc, Seigneur, ta grace à nos pensées;
> Ote-nous ces objets qui, des choses passées
> Ramènent à nos yeux le triste souvenir;
> Et, comme sa valeur maîtresse de l'orage,
> A nous donner la paix a montré son courage,
> Fais luire sa prudence à nous l'entretenir.
> La terreur de son nom rendra nos villes fortes,
> On n'en gardera plus ni les murs, ni les portes;
> Les veilles cesseront au sommet de nos tours;
> Et le peuple, qui tremble aux fureurs de la guerre,
> Si ce n'est pour danser, n'aura plus de tambours.
> . . . .
> Nous ne reverrons plus ces fâcheuses années
> Qui pour les plus heureux n'ont produit que des pleurs;
> Toute sorte de biens comblera nos familles;
> La moisson de nos champs lassera nos faucilles,
> Et les fruits passeront les promesses des fleurs.

On ne peut s'empêcher d'être frappé d'admiration, en pensant aux progrès que Malherbe fit faire à la langue françoise, et en se rappelant que ce grand poëte naquit neuf ans après la mort de Marot. Quelle différence entre les idiomes de ces deux poëtes! On penseroit qu'ils n'ont point écrit dans la même langue; et cependant ils ont vécu dans le même siècle; les mêmes personnes ont pu les voir. Les causes d'un changement si prompt doivent être attribuées à l'esprit de société qui continua de se perfectionner, et à la protection que les derniers Valois donnèrent aux lettres, quoique leurs malheurs, et les erreurs auxquelles ils furent entraînés, dussent étouffer en eux le goût des arts.

Un critique sévère pourroit relever dans le morceau de Malherbe que j'ai cité, la *valeur* qui montre son *courage* à donner la paix. Encore cette faute disparoît-elle par l'heureuse tournure du vers. Du reste, quelles images frappantes ! quel retour mélancolique vers les malheurs passés ! quel art dans les constructions ! quelle élégance dans les alliances de mots !

On sait que Henri IV avoit pour les femmes un penchant qu'il ne put vaincre, unique défaut de ce grand prince, qui troubla souvent sa vie domestique. L'objet de sa dernière passion, et, si l'on en croit les mémoires du temps, de la plus forte qu'il ait éprouvée, fut la princesse de Condé, qui lui fut enlevée au moment où il se flattoit d'avoir fait quelques progrès dans son cœur. Ce prince employoit souvent Regnier et Malherbe à faire des vers pour ses maîtresses ; il y prenoit le nom du grand Alcandre, et les deux poëtes s'efforçoient de rendre les idées galantes du monarque. Malherbe fut chargé de faire des stances sur le départ de la princesse de Condé. J'en citerai quelques-unes, et l'on verra que le poëte réussissoit moins dans le genre érotique que dans la poésie noble. C'est Henri IV qui parle :

>N'ai-je pas le cœur assez haut,
>Et pour oser tout ce qu'il faut,
>Un aussi grand desir de gloire
>Que j'avois, lorsque je couvri
>D'exploits d'éternelle mémoire
>Les plaines d'Arques et d'Ivri ?

>Mais quoi ! ces loix dont la rigueur
>Retient mes souhaits en langueur,
>Règnent avec un tel empire
>Que, si le ciel ne les dissout,
>Pour pouvoir ce que je desire,
>Ce n'est rien que de pouvoir tout.

>Ainsi, d'une mourante voix,
>Alcandre, au silence des bois,
>Témoignoit ses vives atteintes ;
>Et son visage, sans couleur,
>Faisoit connoître que ses plaintes
>Etoient moindres que sa douleur.

Cette dernière stance renferme un sentiment

touchant et profond. Les deux premières sont rendues péniblement. On voit que le poëte s'efforce d'exprimer des idées tendres, mais qu'il revient malgré lui au ton élevé de l'ode.

Regnier, lorsqu'il ne peignoit pas les turpitudes du libertinage auquel il n'étoit que trop enclin, réussissoit à exprimer avec grace les sentimens les plus délicats de l'amour. Les élégies qu'il composa pour Henri IV, sont en général écrites dans le style qui convient à ce genre. Si l'on veut en excepter quelques sentimens exagérés, quelques détails peu nobles, défauts qui tiennent au goût du temps, on pourra les regarder comme des poëmes érotiques très-agréables. Après avoir lu quelques stances amoureuses de Malherbe, on sera peut-être curieux de connoître la manière de Regnier dans le style élégiaque. On verra que ses vers, faits avec beaucoup de travail, ont cependant de la légéreté et de l'élégance; et que sur-tout le sentiment qu'ils renferment est plein de vérité. Regnier peint une veuve regrettant l'amour, et levant les scrupules d'une jeune fille qui craint d'aimer :

Licandre aima Lisis, Philisque aima Filene,
Et si l'âge esteignit leur vie et leurs soupirs,
Par ces plaines encore on en sent les zéphirs.

Même que penses-tu ? Berénice la belle,
Qui semble contre amour si fière et si cruelle,
Me dit tout franchement, en pleurant l'autre jour,
Qu'elle étoit sans amant, mais non pas sans amour.
Telle encore qu'on me voit, j'aime de telle sorte,
Que l'effet en est vif, si la cause en est morte.
Aux cendres d'Alexis, Amour nourrit les feux
Que jamais par mes pleurs esteindre je ne peux;
Mais, comme d'un seul trait notre ame fut blessée,
S'il n'avoit qu'un desir, je n'eus qu'une pensée.

Un goût épuré blâmera l'enflure des premiers vers, mais il ne pourra s'empêcher d'admirer la tournure noble et élégante de ceux qui suivent. On remarquera aussi, qu'à l'exception de l'inversion vicieuse du second hémistiche du onzième vers, ce morceau porte entièrement le caractère des poésies du siècle suivant.

On a vu quelle influence Regnier et Malherbe ont eue sur la formation de la langue françoise. Le dernier sur-tout affectoit un purisme rigoureux, et ne souffroit point qu'on blessât en sa présence les règles du langage. Admis quelquefois à la cour, il se permettoit de reprendre avec chaleur ceux qui s'exprimoient incorrectement. Le roi, élevé dans le midi de la France, avoit conservé quelques mots et quelques tournures du jargon méridional. Toutes les fois qu'il lui en échappoit devant Malherbe, le poëte les relevoit sans ménagement ; et ce bon prince, loin de s'en fâcher, reconnoissoit, sous le rapport du langage, l'autorité du premier écrivain de son temps. On peut attribuer à cette cause la pureté et l'élégance d'expression qui se sont conservées long-temps à la cour de France. On remarquoit dans les courtisans les moins spirituels et les moins instruits, une manière de parler noble et distinguée, qui frappoit au premier moment, et qui faisoit illusion sur la foiblesse de leurs moyens. Quelque temps avant la révolution de 1789, le langage de la cour s'étoit corrompu. La préférence donnée aux mots à double entente, la fausse sensibilité l'avoient fait dégénérer.

Racan, élève de Malherbe, ne réussit point dans le genre qui avoit fait la gloire de son maître. Le goût de la campagne, un caractère d'esprit qui le portoit à peindre des images douces, lui inspirèrent des pastorales où il évita l'exemple des Italiens, dont les poésies champêtres n'avoient pas la simplicité du genre. Racan s'appesantit peut-être un peu trop sur les détails minutieux de la vie rurale. Il ne chercha point assez à rendre ses peintures gracieuses; il employa quelquefois des expressions peu dignes de la poésie. Quand il voulut prendre un ton plus élevé, il échoua. Tout le monde connoît les vers où il parle, ainsi que Malherbe, de la mort, qui n'épargne ni le pauvre, ni les rois. Le parallèle qui a été fait plusieurs fois de ces deux morceaux, a suffi pour faire sentir la différence des deux poëtes dans le genre noble.

La mort prématurée de Henri iv, les troubles que l'on redoutoit sous un roi foible, sembloient présager la décadence des lettres, lorsque Richelieu, en s'emparant du gouvernement, leur donna une impulsion plus forte, et prépara les succès du règne de Louis xiv.

Le goût exclusif du cardinal pour la poésie dramatique, fut la première cause de la supériorité de notre théâtre, et contribua peut-être, en bornant l'ambition des poëtes françois, aux succès de la scène, à rendre notre versification moins propre à l'épopée. Du moins, est-il à remarquer que, pendant le siècle de Louis xiv, aucun de nos bons poëtes n'essaya de faire un poëme épique. En adoptant, pour la poésie noble les alexandrins à rimes régulières, dont le dialogue dramatique rompt heureusement la monotonie, on nuisit aux narrations et aux descriptions épiques qui n'ont pas le même avantage. Avant le règne de Louis XIII, l'art du théâtre, quoique très-répandu, n'avoit produit aucun ouvrage avoué par le goût. Catherine de Médicis avoit protégé Saint-Gelais, et avoit fait représenter sa tragédie de Sophonisbe ; mais la cour de cette princesse préféroit les ballets aux tragédies ; et cette tentative n'eut aucune suite. Hardi, attaché à une troupe d'histrions, avoit composé jusqu'à deux cents pièces de théâtre, tant tragédies que comédies ; mais quoique, par de fréquentes imitations des poëtes grecs, il ait fait faire quelques pas à l'art dramatique, ses ouvrages ne méritent aucune estime sous le rapport du style. Il n'eut aucune idée de cet heureux choix d'expressions qui caractérise la grande poésie ; ses tragédies présentèrent un mélange confus de termes ampoulés et de mots bas. Enfin la rapidité avec laquelle il travailla, l'empêcha de donner quelque correction à ses ouvrages. Jodelle et Garnier, ses contemporains, quoique moins féconds, n'influèrent pas plus que lui sur les progrès de la langue françoise.

Richelieu, dans le même temps où il terrassoit le parti calviniste, et humilioit la haute noblesse, au milieu des soins les plus importans et les plus pénibles, se délassoit par la culture des lettres. Poussé plutôt par son penchant pour toute espèce de célébrité, que guidé par un goût éclairé, il rassembla autour de lui un certain nombre de poëtes qui travailloient avec lui aux ouvrages qu'il faisoit représenter sur un magnifique théâtre construit dans son palais. Ceux qui sont curieux d'examiner si, dans les productions du poëte, on trouve quelques germes du talent qu'a déployé le grand homme d'état, lisent encore la tragédie de *Mirame*, qui ne put obtenir aucun succès, quoique le cardinal n'eût négligé aucun moyen pour la faire réussir. On s'étonne, en lisant cette pièce, de n'y remarquer aucun trait de force, aucune grande pensée; jamais on n'y découvre les traces du caractère de l'auteur. La diction en est fade, incorrecte, et paroît dégénérée quand on la compare à celle de Malherbe. Dans cette société, composée d'hommes assez médiocres, mais dont la complaisance flattoit le ministre, le grand Corneille fut admis, sans que l'on pût se douter du talent qu'il déploieroit dans la suite. Il en fut exclu lorsqu'il donna le *Cid*.

La protection que Richelieu accordoit aux lettres, quoique peu éclairée, en répandit le goût dans presque toutes les classes de la société. Quelques hommes de lettres, voulant épurer et perfectionner la langue, s'assembloient alternativement chez l'un d'eux pour se communiquer leurs lumières et pour fixer leurs doutes. Le bruit des travaux de cette réunion parvint jusqu'au cardinal. Il sentit de quelle utilité pouvoit être une assemblée permanente des hommes les plus célèbres de la littérature, qui s'occuperoient constamment à étudier le génie de notre langue, à donner aux mots une juste acception, à prononcer sur les incertitudes d'une syntaxe, alors peu claire, à déterminer enfin les changemens ou les modifications que l'on pouvoit faire au langage. Comme aucun genre de gloire n'étoit indifférent à Richelieu, il changea en institution publique une réunion privée de quelques hommes instruits, et se déclara le fondateur de cette institution, à laquelle il donna le nom d'*Académie françoise* (1). L'exécution de cette idée, la plus juste peut-être que ce ministre ait eue sur les moyens de fixer la langue françoise, est sans contredit une des causes qui ont le plus influé sur son perfectionnement. Les travaux de cette compagnie eurent d'abord peu d'éclat. Elle recueilloit les matériaux de ce Dictionnaire célèbre, dont on a blâmé le plan, au-

---

(1) L'Académie françoise fut instituée par édit du mois de juillet 1637.

quel on a reproché plusieurs défauts, mais qui, malgré ses détracteurs, est un monument digne du beau siècle où il a été perfectionné.

Le premier ouvrage remarquable de l'académie fut fait à l'occasion d'une tragédie qui eut un succès jusqu'alors sans exemple. Corneille avoit donné le *Cid*; cette pièce, dont le sujet est peut-être le plus heureux de tous ceux qui ont été mis sur la scène, réunissoit tous les genres de beautés. Jamais les passions n'avoient été peintes avec autant de charme, de vérité et d'énergie; jamais l'intérêt n'avoit été porté à un aussi haut degré; jamais la langue françoise n'avoit eu un caractère aussi noble et aussi soutenu. Le cardinal de Richelieu et les poëtes qui lui étoient attachés, jaloux d'un triomphe auquel ils sentoient qu'il leur étoit impossible d'atteindre, ne négligèrent rien pour dénigrer notre premier chef-d'œuvre dramatique. L'académie eut ordre de l'examiner, et d'en faire une critique, sous le double rapport de l'art dramatique et du style. La compagnie, de qui l'on attendoit une satire amère, eut le courage de ne point servir les passions du ministre. Elle examina la pièce, mais loin de la déchirer, elle la jugea avec beaucoup de réserve et de modération. Elle donna le premier exemple de cette critique mesurée et décente

qui

qui a pour but d'éclairer, non de blesser, et qui se concilie très-bien avec l'estime que l'on a pour le talent dont on se permet de relever quelques fautes. Chapelain, qui fut le rédacteur des *Sentimens de l'Académie sur le Cid*, avoit un très-mauvais goût, ainsi que l'on en jugea depuis, lorsque, dans sa vieillesse, il publia son poëme de la *Pucelle* : mais il avoit de vastes connoissances en littérature, il écrivoit assez purement en prose, et possédoit sur-tout à un degré peu commun dans ce temps, le style de la discussion. Ses observations sur la manière dont Corneille a traité le sujet du *Cid*, sont toutes erronées; l'académicien n'avoit de connoissances sur l'art dramatique, que ce que l'on apprend dans les livres. Si Corneille avoit eu la foiblesse de se soumettre au critique, il auroit entièrement gâté sa pièce. Parmi les réflexions sur le style, quelques-unes ont de la justesse; mais, étant faites par un homme qui n'avoit qu'une fausse idée de l'art des vers, elles portent en général sur des expressions et sur des tournures hardies que le goût a consacrées depuis. Scudéry, d'autant plus irrité contre la gloire de Corneille, qu'il se sentoit moins de force pour lutter avec avantage contre lui, publia une critique beaucoup moins modérée de la tragédie du *Cid*. Ses observations grammaticales, faites avec aigreur, prouvent que non-seulement il étoit dépourvu de goût, mais qu'il n'avoit aucune notion juste sur une langue, dont ses ouvrages fades et incorrects retardèrent le perfectionnement.

Je ne m'arrêterai point sur les autres poëtes dramatiques rivaux et contemporains de Corneille. Maïret et Tristan débrouillèrent un peu l'art théâtral : Duryer composa quelques scènes énergiques dans ses tragédies de *Scévole et de Saül.* Mais aucun d'eux ne corrigea la langue. Rotrou, seul à cette époque, écrivit quelquefois purement et éloquemment. Un petit nombre de vers de son *Hercule* mourant et de son *Antigone*, deux scènes de *Venceslas* (1) sont restés dans la mémoire des amateurs de la bonne littérature. Je ne m'étendrai pas plus sur quelques poëtes de ce temps-là, tels que Théophile, Gombaud, Mainard, parce qu'ils furent très-inférieurs à Malherbe et à Regnier.

Il étoit réservé au grand Corneille de consommer la révolution que ces deux auteurs

---

(1) On doit remarquer que Venceslas ne fut composé qu'après la représentation des premiers chefs-d'œuvres de Corneille.

avoient faite dans la langue poétique. Il n'est point dans mon sujet de chercher à donner une idée des talens dramatiques de ce poëte. Je n'examinerai point l'étonnante variété de ses conceptions, la savante combinaison de ses plans, son aptitude à peindre différentes mœurs, et à donner aux hommes le caractère qui leur convient, suivant les époques et les pays où ils ont vécu. Je ne m'attacherai point à faire remarquer cet art dont il est le créateur, et qui consiste à lier les scènes, à les faire dépendre l'une de l'autre, à en former, pour ainsi dire, un tissu qui compose l'ensemble régulier d'une pièce de théâtre.

Ceux qui, dans le siècle dernier, ont voulu rabaisser Corneille, ont moins attaqué ses plans que son style, qu'ils ont trouvé souvent incorrect et barbare. Avant d'examiner jusqu'à quel point leurs critiques sont fondées, je crois devoir faire observer que ce grand homme a excellé dans tous les genres de style poétique. Les amateurs superficiels qui ne connoissent l'auteur de *Cinna* que d'après les témoignages de ses détracteurs, pensent en général que ce poëte, souvent déclamateur, n'a réussi que lorsqu'il a eu à peindre des sentimens qui approchent de l'exagération. Il me semble utile de les faire revenir de cette erreur, en leur indiquant les beautés nombreuses et variées que présente le style de Corneille.

Personne n'a encore révoqué en doute que l'amour, tel qu'il doit être, lorsque des obstacles qui semblent invincibles lui sont opposés, ne fût peint dans le *Cid* avec le style le plus touchant. Un ton chevaleresque augmente encore sa pureté et sa délicatesse. Le rôle de Chimène, le plus dramatique qui ait été tracé, est écrit avec autant de naturel que d'énergie, et jamais l'emphase ni les déclamations ne le refroidissent. Les modèles de la grande éloquence, de la discussion théâtrale, de la plus profonde logique, ne se trouvent-ils pas dans les *Horaces*, dans *Cinna* et dans *Pompée* ? Quel amateur des lettres n'a pas retenu les beaux vers dans lesquels le jeune Horace est aussi modeste que grand, les imprécations de Camille, le récit de Tite-Live, embelli par la plus noble diction ? Qui ne connoît les belles scènes de *Cinna* ? Qui n'admire encore le rôle de Cornélie ? L'amour du trône, les tourmens de l'ambition ne sont-ils pas tracés dans le rôle de Cléopâtre avec une force et une chaleur qu'aucun poëte n'a jamais surpassées ? La dignité et la noblesse de la diction ne répondent-elles pas à la hauteur du sujet ? Toutes les beautés poétiques de la religion chrétienne ne sont-elles pas employées dans *Polyeucte* ? Quelle variété de style ne falloit-il pas pour peindre un jeune homme qui ne balance point à se séparer d'une tendre épouse, qui, comblé de tous les dons de la fortune, se décide à partager la palme des martyrs; une femme vertueuse qui se trouve placée entre l'époux qu'elle aime par devoir, et l'amant qui eut ses premiers soupirs? Quelle modestie, quelle douceur dans le rôle de Pauline! quelle majesté dans celui de Sévère! quelle abnégation de soi-même dans le personnage de Polieucte! quel enthousiasme dans celui de Néarque! La langue françoise ne prend-elle pas, dans cet admirable ouvrage, toutes les diverses formes qui conviennent à tant de sentimens opposés ?

Corneille sembloit avoir épuisé tous les genres de style que l'on peut employer dans la tragédie. On devoit penser qu'après avoir su exprimer les passions tendres, les passions violentes, et les sentimens les plus sublimes, il ne lui restoit plus qu'à parcourir de nouveau la route qu'il avoit frayée. Cependant on ne le vit pas sans étonnement offrir à l'admiration du public, une pièce dont le principal personnage en butte à toutes les intrigues d'une cour perfide, n'oppose à ses adversaires qu'une ironie sanglante, qui a toute la dignité du style tragique. Le rôle de Nicomède donna l'exemple du parti que l'on peut tirer de la langue françoise pour exprimer noblement le mépris qu'inspirent de lâches ennemis, et pour faire rire de leurs attaques imprudentes, sans démentir la fierté d'un grand caractère.

On a vu que Corneille avoit été le créateur du style tragique, et qu'il lui avoit fait prendre plusieurs formes différentes. J'ai cru inutile de rappeler l'exposition d*Othon*, et la belle scène de *Sertorius*, où le poëte montre jusqu'à quel point on peut anoblir les raisonnemens politiques et les rendre dignes de la majesté de la tragédie.

Mais ce qui doit mettre le comble à l'étonnement de ceux qui étudient le génie de Corneille, c'est qu'après avoir créé l art de la tragédie, il ait encore fait la première comédie où l on trouve un comique décent et naturel, où l'on remarque cette aisance et cette légéreté qui doivent caractériser le genre, où l'on admire enfin cette gaîté soutenue dans le style et les situations, si éloignées des bouffonneries qui étoient alors en possession du théâtre. Le *Menteur* précéda les comédies de Molière. Dans cette pièce, qui est restée, le principal rôle est rempli de détails charmans; l'auteur y prend alternativement tous les tons; les narrations variées qu'il met dans la bouche du *Menteur*, réunissent toutes les sortes de beautés comiques, et le récit du pistolet sur-tout, est d'un naturel, d'une gaîté piquante que Molière lui-même n'a pas surpassés. Le rôle du valet crédule qui est toujours la dupe de son maître, quoiqu'il connoisse bien son caractère, contribue à faire ressortir le personnage du *Menteur*; et par des naïvetés exprimées dans un style toujours gai, jamais bouffon, augmente le comique de la situation.

Nous avons vu Corneille exceller dans la tragédie et dans la comédie. Qui croiroit qu'il mérita le même succès dans un genre dont l'on attribue généralement l'invention à Quinault ? Jusqu'à présent vous n'avez remarqué dans les œuvres de Corneille que les peintures terribles de l'amour tragique, l'expression des sentimens sublimes qui semblent élever l'homme au-dessus de lui-même, et le premier modèle du style de la comédie. Maintenant vous allez y voir le tableau de l'amour tendre et naïf; et vous pourrez observer que l'auteur de *Cinna* ne tombe point dans la fadeur que l'auteur de l'*Art poétique* reprochoit justement à Quinault. Corneille avoit soixante-sept ans, lorsqu'il fut invité à remplir un canevas d'opéra fait par Molière. Le poëte sembla rajeunir pour contribuer aux plaisirs de Louis XIV. Son style, toujours énergique et nerveux, parut se détendre, si je puis m'exprimer ainsi; et la plus douce élégance succéda aux traits vigoureux de ses autres ouvrages. On en pourra juger par la déclaration de Psyché à l'Amour :

> A peine je vous vois, que mes frayeurs cessées
> Laissent évanouir l'image du trépas,
> Et que je sens couler dans mes veines glacées
> Un je ne sais quel feu que je ne connois pas.
> J'ai senti de l'estime et de la complaisance,
>   De l'amitié, de la reconnoissance;
> De la compassion les chagrins innocens
>   M'en ont fait sentir la puissance.
> Mais je n'ai point encor senti ce que je sens.
> . . . .
>   Tout ce que j'ai senti n'agissoit pas de même,
>   Et je dirois que je vous aime,
> Seigneur, si je savois ce que c'est que d'aimer.

Peut-on reconnoître, dans l'auteur de ces vers doux et élégans, le poëte énergique et sévère qui traça le caractère *des Horaces*, celui de Cornélie, et le rôle de Cléopâtre dans *Rodogune ?* Les meilleurs opéras de Quinault présentent-ils une suite de vers aussi nourris d'idées, aussi naturels, et sur-tout purgés de lieux communs? Mais j'en vais citer qui sont encore plus délicats, et mieux tournés. Psyché parle de ses parens, l'Amour s'en irrite ; et la jeune fille lui demande s'il est jaloux des liens du sang. L'Amour répond :

> Je le suis, ma Psyché, de toute la nature,
> Les rayons du soleil vous frappent trop souvent.
> Vos cheveux souffrent trop les caresses du vent ;
> Dès qu'il les flatte, j'en murmure.
> L'air même que vous respirez
> Avec trop de plaisir passe par votre bouche,
> Votre habit de trop près vous touche ;
> Et sitôt que vous soupirez,
> Je ne sais quoi qui m'effarouche,
> Craint parmi vos soupirs des soupirs égarés.

Ces vers charmans peuvent servir à prouver que si Corneille, dans ses tragédies, n'a point fait parler l'Amour assez tendrement, on ne doit point attribuer cette manière de le peindre à un défaut de talent. Il paroît que ce grand poëte s'étoit formé sur l'Amour tragique, un système absolument opposé à celui de Racine. Il pensoit que les foiblesses et les caprices de cette passion étoient indignes de la tragédie.

Corneille fut encore celui qui, à cette époque,

se rapprocha le plus de Malherbe dans le genre lyrique. Plusieurs chapitres de la traduction de l'*Imitation de Jésus* peuvent être regardés comme des belles odes. Je ne citerai qu'une stance aussi belle par la pensée, que par le rithme et l'harmonie. Corneille parle des grands lorsqu'ils descendent au tombeau :

Tant qu'a duré leur vie, ils sembloient quelque chose;
Il semble, après leur mort, qu'ils n'ont jamais été.
Leur mémoire avec eux sous la tombe est enclose;
  Avec eux y repose
  Toute leur vanité.

Corneille, lorsqu'il eut vaincu la ligue puissante qui s'étoit formée contre le *Cid*, jouit pendant quelque temps de toute l'étendue de la réputation qu'il méritoit. Par un accord unanime, il étoit placé au premier rang des poëtes. Tous les livres du temps sont pleins des éloges dont on paroissoit vouloir l'accabler. Rotrou, que Corneille avoit la modestie d'appeler son maître, lui donna aussi un témoignage public d'admiration. La pièce dans laquelle on trouve cet éloge, est trop singulière pour que je n'en dise pas quelques mots. Saint Genest en est le principal personnage. L'auteur le représente au moment où il étoit comédien à la cour de l'empereur Dioclétien; sa conversion est le nœud de la tragédie; son martyr en est le dénouement. Genest se dispose à jouer devant l'empereur une tragédie d'Adrien. Une partie du premier acte et le second sont employés à préparer le théâtre et l'orchestre. Genest préside à ces travaux avec l'intelligence d'un bon directeur de comédie. Il donne des conseils au décorateur, il fait illuminer le théâtre; une actrice qui se plaint des importunités des jeunes seigneurs, répète son rôle devant lui. Enfin l'empereur arrive, et cause un moment avec le héros comédien. Il lui demande s'il y a de bons auteurs, ce qui ne suppose pas dans le prince une grande connoissance de l'art qu'il se pique de protéger. Genest lui répond que l'on peut en compter trois ou quatre, et faisant allusion à deux tragédies de Corneille, il ajoute :

Nos plus nouveaux sujets, nos plus dignes de Rome,
Et les plus grands efforts des veilles d'un grand homme,
A qui les rares fruits que la muse produit,
Ont acquis sur la scène un légitime bruit,
(Et de qui certes l'art comme l'estime est juste),
Portent les noms fameux de Pompée et d'Auguste;
Ces poëmes sans prix, où son illustre main
D'un pinceau sans pareil a peint l'esprit romain,
Rendront de leurs beautés votre oreille idolâtre,
Et sont aujourd'hui l'ame et l'amour du théâtre.

Ces vers sont écrits avec une certaine force; ils font honneur au poëte qui parloit ainsi d'un rival vainqueur; mais cette pièce, dont le sujet et le plan rappellent l'enfance de l'art, doit servir à faire estimer davantage Corneille, qui, à cette époque, avoit donné une grande partie de ses chefs-d'œuvres.

L'enthousiasme que ce poëte excita ne dura pas long-temps. On se lassa de l'admirer. Les dégoûts de toute espèce assiégèrent sa vieillesse; et les comédiens même qui lui devoient leur existence, refusèrent de jouer ses dernières pièces. Corneille ne daigna pas répondre à tant d'outrages. Dans des stances de l'*Imitation de Jésus*, il exprime avec la noblesse de son caractère le sentiment que les attaques de ses ennemis lui inspiroit :

>Les injures ne sont que du vent et du bruit,
>Et quiconque t'en charge, en a si peu de fruit,
>   Qu'il te nuit bien moins qu'à soi-même.
>Pour grand qu'il soit en terre, un Dieu voit ce qu'il fait
>   Et de son jugement suprême
>Il ne peut éviter l'irrévocable effet.
>. . . . .
>Quoi qu'on t'ose imputer, ne daigne y repartir,
>   Et dans un silence modeste,
>Trouve, sans t'indigner, l'art de tout démentir.

Après avoir cherché à prouver que tous les genres de beautés poétiques se trouvent dans les ouvrages du grand Corneille, je dois indiquer les défauts dont il n'a pu se garantir. On verra que ses fautes tiennent presque toutes au goût du temps où il écrivit, et que ses beautés ne sont qu'à lui seul.

A l'époque où Corneille entra dans la carrière des lettres, la littérature espagnole étoit très-répandue en France. Anne d'Autriche avoit introduit à la cour une langue sonore et majestueuse, dans laquelle avoient été composés plusieurs ouvrages qui avoient alors une grande réputation. Tous les poëtes dramatiques savoient cette langue, et cherchoient à faire passer sur notre théâtre des pièces que notre indigence dans cette partie de la littérature nous faisoit regarder comme des chefs-d'œuvres. Les auteurs espagnols, doués d'une imagination vaste et brillante, avoient fait quelques bonnes scènes théâtrales, mais plus jaloux d'inspirer la curiosité, que d'exciter cette sorte d'intérêt qui ne peut naître que d'un sujet simple, ils s'étoient étudiés à compliquer leurs canevas dramatiques ; et la représentation de leurs pièces exigeoit une attention scrupuleuse, qui, comme le dit Boileau, d'un divertissement faisoit une fatigue. Ils ne suivoient aucune règle dans leurs compositions informes, et les trois unités leur étoient absolument inconnues. Leur manière d'écrire étoit aussi vicieuse que leurs conceptions. Obligés de travailler pour un peuple dont la politesse étoit cérémonieuse et compassée, dont le goût avoit quelque chose d'exalté, et à qui la simplicité des anciens ne pouvoit plaire, ils avoient adopté un style souvent emphatique et boursoufflé; et lorsqu'ils avoient voulu peindre les passions, ils avoient substitué des raisonnemens froids aux mouvemens énergiques qu'elles doivent inspirer.

L'inconvénient d'imiter des modèles vicieux et d'exagérer leurs défauts se fit sentir sur-tout dans les commencemens de notre théâtre. *Le Grand Soliman* de Mairet, *Laure persécutée* de Rotrou, les Romans dialogués et mis en vers de Scudéry, sont des imitations des poëtes espagnols. Ces pièces, outre leur conduite extravagante, offrent tous les défauts du style dont j'ai cherché à donner une idée. L'héroïsme y est exagéré, l'amour y est analysé, et les grands mots y sont employés pour exprimer les pensées les plus communes.

Corneille ne put se préserver entièrement du mauvais goût qui étoit répandu dans les meilleures compagnies de son temps. Mais, dans le choix qu'il fit des auteurs espagnols dont il voulut embellir les ouvrages, on ne peut méconnoître un homme supérieur. Le sujet du *Cid*, qui, comme je l'ai dit, étoit un des plus heureux que l'on pût trouver, avoit été traité par deux poëtes espagnols. Corneille se l'appropria; il en fit un chef-d'œuvre. L'*Héraclius* de Calderone étoit un chaos où le mauvais goût et les fausses combinaisons étoient portés à un degré difficile à concevoir. Le poëte françois en fit une pièce régulière, où cependant il suivit un peu trop les traces de ses modèles. Dans la suite, il puisa encore chez les Espagnols le sujet de *Don Sanche d'Aragon*, qui, pour la conduite et pour le style, est inférieur à *Héraclius*. On ne doit pas oublier qu'il trouva aussi dans ce théâtre informe l'idée du *Menteur*. Mais, outre que la première pensée d'une comédie de caractère est peu importante, puisque tout dépend de l'exécution, on doit remarquer encore que la liaison des scènes, et sur-tout le style vraiment comique de cette pièce appartiennent entièrement à Corneille.

Quoique ce grand poëte ait embelli et perfectionné tout ce qu'il a emprunté aux Espagnols, on ne peut révoquer en doute qu'en général le style de presque toutes ses pièces ne porte quelque empreinte des défauts que l'on a reprochés aux Calderone et aux Lope de Vegas. On remarque quelquefois, dans les tragédies même de son bon temps, que les scènes d'amour y sont trop raisonnées, et que l'auteur y suit, d'une manière trop marquée, les formes un peu pédantesques de l'école. Émilie craint que quelques conjurés n'aient la lâcheté de trahir son amant. Cinna lui répond :

>S'il est, pour me trahir, des esprits assez bas,
>La vertu, pour le moins, ne me trahira pas.
>Vous la verrez brillante, au bord du précipice,
>Se couronner de gloire et braver le supplice;
>S'il faut enfin souffrir un destin rigoureux,
>Je mourrai tout ensemble heureux et malheureux:
>Heureux, pour vous servir, de perdre ainsi la vie,
>Malheureux, de mourir sans vous avoir servie.

On voit que la fin de cette période est péniblement travaillée, et que le développement de l'idée principale n'a rien de naturel. Ce défaut se montre principalement dans les scènes de *Rodogune*, entre Antiochus et Séleucus. Les deux frères parlent de l'amour et de l'amitié, plutôt en métaphysiciens qu'en héros de tragédie. Le goût que Corneille avoit pour les auteurs espagnols

gnols l'avoit aussi entraîné à employer de grands mots pour exprimer des idées simples, et à faire parler ses héros d'une manière un peu avantageuse. Cette dernière faute, qu'il avoit soigneusement évitée dans le caractère du jeune Horace, se fait apercevoir quelquefois dans le personnage de Cornélie, et dans celui de Nicomède. On reproche aussi avec raison à Corneille d'avoir mis un peu d'enflure dans le discours de *Ptolomée*, morceau imité de la *Pharsale*. Ce poëte, en faisant sa lecture habituelle des auteurs espagnols, avoit été porté naturellement à concevoir beaucoup d'estime pour Sénèque et pour Lucain, tous deux nés en Espagne, et qui sembloient avoir servi de modèles aux écrivains modernes de ce pays. C'est encore ce goût vicieux qui avoit influé sur le génie de Corneille, et qui avoit fait dire à Boileau, dans un moment d'humeur :

> Tel s'est fait par ses vers distinguer dans la ville,
> Qui jamais de Lucain n'a distingué Virgile.

Ces défauts ne se trouvent que très-rarement dans les bonnes pièces de Corneille, et ils disparoissent sous le grand nombre de beautés franches, hardies et sublimes. Mais, dans ses dernières pièces, lorsque le feu de la jeunesse se fut éteint, les beautés diminuèrent, et les fautes devinrent plus fréquentes. On admire encore cependant une scène d'*Attila*, où le poëte fait la peinture de l'empire romain qui s'écroule, et de la France qui s'élève.

> Un grand destin commence, un grand destin s'achève;
> L'empire est prêt à choir, et la France s'élève :
> L'une peut avec elle affermir son appui,
> Et l'autre en trébuchant l'ensevelir sous lui.
> . . . .
> L'empire, je l'avoue, est encor quelque chose,
> Mais nous ne sommes plus au temps de Théodose;
> Et, comme dans sa race, il ne revit pas bien,
> L'empire est quelque chose, et l'empereur n'est rien.

« Voilà, dit M. Palissot, des idées qui rap« pellent le souvenir de Corneille ». Le rôle de Suréna, et le dernier acte de la pièce qui porte ce nom doivent être distingués; ils renferment des beautés qui n'ont pas été assez senties.

On convient aujourd'hui assez généralement que le *Commentaire de Voltaire* sur les pièces du père de la scène françoise, est beaucoup trop sévère. Si l'on en croit les partisans du poëte moderne, cette sévérité ne lui fut point inspirée par la jalousie. On peut du moins penser que l'impatience et l'ennui que dut éprouver l'homme dont l'imagination étoit la plus vive et la plus mobile, en se livrant aux travaux pénibles et minutieux d'un commentateur, dûrent influer sur son jugement, et contribuèrent à donner de l'aigreur et de l'injustice à ses critiques. La plus grande partie des censures de Voltaire porte sur des mots et des tours de phrase qui étoient en usage du temps de Corneille, et qu'on ne peut lui reprocher. Il suffisoit d'avertir les étrangers que ces mots et ces tours de phrase avoient été bannis de la langue moderne.

M. Palissot relève un grand nombre de ces critiques, et prouve que Voltaire a souvent blâmé des expressions fortes et hardies que l'on peut considérer comme des beautés. Il fait aussi des observations très-justes sur les métaphores, et sur l'idée que Voltaire s'en étoit formée.

« Toute métaphore, dit Voltaire, qui ne forme
« point une image vraie et sensible, est mauvaise ;
« c'est une règle qui ne souffre point d'excep-
« tion. »

Et à l'occasion de ce vers de Corneille :

Ce dessein avec lui seroit tombé par terre.

Voltaire ajoute : « Quel peintre pourroit re-
« présenter un espoir qui tombe par terre ? »

Le commentateur veut donc que l'on puisse

peindre chaque métaphore ? « On ne revien
« pas d'étonnement, dit M. Palissot, qu'une
« idée aussi bizarre, aussi destructive de toute
« poésie, ait pu se former dans la tête d'un
« homme qui, non-seulement avoit cultivé
« toute sa vie l'art des vers, mais qui en avoit
« fait d'excellens. Rien ne prouve mieux com-
« bien le meilleur juge est sujet à s'égarer, lors-
« qu'il discute à froid, ce qui ne doit être senti
« qu'avec enthousiasme. Quelques exemples fe-
« ront mieux sentir ce que son système a d'é-
« trange, et combien il peut induire en er-
« reur les jeunes gens qui, sur la foi de son
« nom, croiroient ne pouvoir suivre un
« meilleur guide! Quel est le peintre qui ose-
« roit essayer, d'après le principe de Vol-
« taire, de faire voir dans un tableau des
« *mains avides de sang qui volent à des parri-*
« *cides,* un nom qui *chatouille la foiblesse d'un*
« *cœur,* des *pleurs unis dans une balance avec*
« *les lois d'un état,* des *yeux qu'on voit venir de*
« *toutes parts,* une *victoire qu'on irrite dans les*
« *bras du vainqueur,* des *murs qui vont prendre*
« *la parole,* des *portes qui n'obéissent qu'à un*
« *seul homme,* des *mains qui promettent,* un
« *Dieu* qui met un *frein* à la fureur des *flots ?* Il
« faudroit transcrire tout Racine et tout Boi-

« leau, si l'on vouloit épuiser toutes les méta-
« phores hardies dont leur poésie est animée,
« et que pourtant aucun peintre n'entrepren-
« droit de peindre. »

M. Palissot auroit pu ajouter que, dans la prose de nos grands orateurs, on trouve une multitude de ces belles métaphores que l'imagination adopte, et que le pinceau ne pourroit figurer aux yeux. Les *Oraisons funèbres* de Bossuet, son *Discours sur l'Histoire universelle*, en présentent un grand nombre. Cette sorte de figures dont Voltaire fut toujours trop avare dans ses tragédies, anime le style passionné, et lui donne une force et une persuasion auxquelles on ne peut résister. Je citerai un passage très-court de Massillon, où une métaphore de ce genre se trouve deux fois. Il est tiré du panégyrique de saint Louis. « Les œuvres les plus utiles seroient dé-
« laissées, et les larmes de tant d'infortunés qui
« y venoient chercher un asile, l'y chercheront
« en vain, et ne trouveront plus de main cha-
« ritable pour les essuyer ? Dieu vous jugera,
« mes frères, et, devant son tribunal terrible,
« vos richesses s'éleveront contre vous, et se
« plaindront que vous les avez fait servir à la
« vanité et à la volupté. » Comment pourroit-on peindre des *larmes* qui *cherchent* un asile

dans *des œuvres*, des *richesses* qui se *plaignent* à Dieu de l'usage que l'on a fait d'elles? Si l'on vouloit distraire des critiques de Voltaire toutes celles qui sont fondées, ou sur ce faux principe, ou sur des systèmes erronés, on en réduiroit considérablement le nombre. On doit cependant observer que, sur-tout dans le commencement du commentaire, l'auteur d'*Alzire* fait sentir des beautés que jusqu'alors on n'avoit pas assez remarquées. Mais on voit avec regret que les plus grands éloges portent presque toujours le caractère d'une justice péniblement rendue. En écartant toute idée de jalousie du côté de Voltaire, ne doit-on pas, comme je l'ai déja fait entendre, attribuer cette sévérité, souvent amère et injuste, à l'extrême différence du génie des deux poëtes, l'un soumettant tout aux règles du raisonnement, l'autre se livrant sans réserve à une imagination qui l'égare quelquefois.

J'ai cherché à donner une idée juste du talent de Corneille, et de l'influence qu'il a eue sur les premières années du siècle de Louis xiv. Je n'ai pas dissimulé ses défauts, mais j'ai cru devoir distinguer ceux dont il ne pouvoit se garantir, de ceux auxquels il a été entraîné par son goût pour des auteurs qu'il a surpassés.

Pendant que Corneille donnoit *Attila*, *Pul-*

chérie et *Suréna*, Racine faisoit représenter ses chefs-d'œuvres. Quoique Pascal ait fait paroître les *Lettres provinciales* avant les premières tragédies de Racine, je n'en parlerai que lorsque je m'occuperai des prosateurs, qui, autant que les poëtes, ont illustré le grand siècle de notre littérature. Il m'a semblé que je devois sacrifier ici l'ordre chronologique à la clarté et à la méthode ; et séparer, en conséquence, nos chefs-d'œuvres de poésie de nos chefs-d'œuvres en prose. Je vais donc commencer par passer en revue tous les grands poëtes qui ont fleuri sous le règne de Louis XIV.

Racine perfectionna la langue poétique, mais ce ne fut pas sans effort. On remarque que dans ses deux premières tragédies, il luttoit avec peine contre le vieux langage, et qu'il ne put s'empêcher d'employer quelques expressions et quelques tournures de phrase qu'il a ensuite cru devoir bannir de la langue. On n'a pas encore examiné et suivi la gradation qui l'a conduit insensiblement à l'élégance et à la pureté qu'il a portées à un aussi haut degré. Cet examen entre nécessairement dans mon sujet, et je vais essayer, en prenant pour objet de mes observations, la tragédie des *Frères ennemis*, d'indiquer un petit nombre de mots et de tours qui ont disparu de notre langue poétique. J'indiquerai aussi quelques-unes de ces beautés du premier ordre qui annonçoient l'auteur de *Phèdre* et d'*Athalie*.

Jocaste dit à Olympe :

Que l'on coure avertir et *hâter* la princesse.

Le mot *hâter* n'est plus admis dans cette acception; on dit : *je me hâte*, mais on ne peut dire : je *hâte* quelqu'un.

Antigone dit à Créon :

Et l'amour du pays nous cache une autre flamme
Je le sais, mais, Créon, *j'en abhorre le cours*.

J'abhorre le cours d'une flamme, est une tournure négligée ; elle se retrouve plusieurs fois dans cette tragédie.

Créon dit :

Le trône *fit* toujours mes *ardeurs* les plus chères.

Ardeur, au pluriel, n'est plus en usage : *faire mes ardeurs* est incorrect ; ce tour a été employé quelquefois par Corneille.

Etéocle dit en parlant de Polinice :

J'aurois même regret qu'il me *quittât* l'empire.

Quitter ne peut plus être employé pour *céder*. A l'époque où écrivoit Racine, *quitter*, dans cette acception, avoit plus de force que *céder*. Il exprimoit une cession faite avec regret.

Créon répond à Etéocle :

> Je serai le premier à reprendre les armes,
> Et si je demandois qu'on en *rompît le cours*,
> Je demande encor plus que vous régniez toujours.

J'ai déja relevé cette expression. Ici, la négligence est plus marquée. On pourroit, à toute force dire *le cours d'une flamme*, mais jamais *le cours des armes*.

Polynice dit à Jocaste :

> D'un éclat si honteux je rougirois *dans l'ame*.

Cette expression a été bannie de la tragédie par Racine, comme peu noble. Elle se retrouve dans le récit du combat des deux frères :

> Mon fils qui de douleur en soupiroit *dans l'ame*.

Racine n'avoit pas encore acquis le talent d'asservir la rime, et d'éloigner les mots parasites qui affoiblissent les vers.

On éprouve une contrainte pénible, lorsqu'on cherche à relever quelques fautes dans Racine, quoiqu'elles tiennent au temps où il écrivit les *Frères ennemis*, quoiqu'on ne hasarde la critique que sur son premier essai. Je me bornerai donc aux citations que je viens de faire. Elles me semblent suffire pour donner une idée de l'état où étoit la langue poétique à cette époque.

Il me reste à rappeler les morceaux où Racine donna des espérances qu'il justifia si bien par la suite. On croit voir un passage d'Andromaque, lorsqu'on lit les vers aussi tendres qu'élégans du rôle d'Antigone, quand elle parle de son amitié pour Polynice.

>Nous nous aimions tous deux dès la plus tendre enfance,
>Et j'avois sur son cœur une entière puissance.
>Je trouvois à lui plaire une extrême douceur,
>Et les chagrins du frère étoient ceux de la sœur.

La haine d'Etéocle pour son frère est peinte avec une force dont jusqu'alors on n'avoit vu des exemples que dans Corneille. Les vers ont une précision rigoureuse ; on n'y remarque aucune expression vieillie, aucun mot parasite.

>Je ne sais si mon cœur s'appaisera jamais,
>Ce n'est pas son orgueil, c'est lui seul que je hais.
>Nous avons l'un et l'autre une haine obstinée;
>Elle n'est pas, Créon, l'ouvrage d'une année ;
>Elle est née avec nous ; et sa noire fureur,
>Aussitôt que la vie, entra dans notre cœur:
>Nous étions ennemis dès la plus tendre enfance ;
>Que dis-je ? nous l'étions avant notre naissance;

Triste et fatal effet d'un sang incestueux !
Tandis qu'un même sein nous enfermoit tous deux,
Dans le flanc de ma mère, une guerre intestine
De nos divisions nous marqua l'origine.
Elles ont, tu le sais, paru dans le berceau,
Et nous suivront peut-être encor dans le tombeau.
On diroit que le ciel, par un arrêt funeste,
Voulut de nos parens punir ainsi l'inceste,
Et que de notre sang il voulut mettre au jour
Tout ce qu'ont de plus noir et la haine et l'amour.

« Une pièce, dit le fils du grand Racine, où
« la haine est représentée avec des couleurs si
« fortes et si vraies, annonçoit un peintre des
« passions. »

On pourroit offrir encore à l'admiration des lecteurs la scène des deux frères, en présence de Jocaste. Son étendue ne me permet pas de la citer. Le récit du combat, qui est regardé comme un des plus beaux morceaux de poésie descriptive, a été composé quelque temps après les premières représentations des *Frères ennemis*. Racine, par une modestie rare dans un jeune poëte, s'étoit servi d'un récit qui se trouve dans l'*Antigone* de Rotrou, et qui avoit alors une grande réputation. Le morceau que Racine substitua depuis aux vers de Rotrou, ne doit donc pas être examiné sous le même point de vue que le reste de la pièce.

On remarque des progrès dans *Alexandre*. Le rôle de Porus annonçoit un grand maître : mais Racine ne donna une idée juste de la perfection à laquelle il devoit arriver que dans *Andromaque*, qui eut le même succès que le *Cid*.

Rappellerai-je des vers qui sont gravés dans la mémoire de tous ceux qui ont quelque goût pour les lettres françoises ? Examinerai-je avec un soin minutieux des tragédies qui, depuis un siècle, ont épuisé l'admiration des lecteurs et des commentateurs ? « Racine a tout fait, disoit Vol-« taire, il n'y a qu'à écrire au bas de chaque « page : *Beau, pathétique, harmonieux, su-« blime !* »

En effet, il est impossible de faire sentir cette pureté soutenue dans le style, cette raison supérieure qui préside à toutes les pensées, cette convenance parfaite du langage de tous les personnages que peint le poëte, cet heureux choix de mots qui semblent réunis sans effort, cette harmonie continuelle et variée qui fait disparoître la monotonie de nos alexandrins, et qui produit sur toutes les oreilles délicates l'effet d'une musique enchanteresse. On doit lire Racine, si l'on veut se former une idée de son génie. Les observations littéraires ne sont utiles que lorsqu'un poëte présente des défauts mêlés à des beautés. Elles peuvent préserver les jeunes gens d'une admiration aveugle pour des idées fausses ou pour de mauvaises alliances de mots. Dans Racine, elles seroient superflues, et l'on peut tout admirer sans craindre de compromettre son goût.

Je crois devoir répondre à quelques critiques qui ont été faites dans le dix-huitième siècle par les admirateurs outrés de Voltaire. On a prétendu que Racine n'avoit su peindre que des Juifs, et que le coloris local manquoit à ses autres pièces. (1)

En commençant par *Andromaque*, je ferai observer que le personnage d'Oreste répond parfaitement à l'idée que les anciens nous en ont laissée. Malheureux dans tout ce qu'il entreprend, il paroît frappé de cette fatalité terrible qui l'entraîne malgré lui au crime. C'est lui qui porte à la cour d'Epire l'infortune qui le suit constamment. A son aspect, la paix est bannie,

---

(1) M. Saint-Lambert, dans la note de ce vers *des Saisons*, où il désigne ainsi Voltaire :

Vainqueur des deux rivaux qui régnoient sur la scène.

les passions les plus violentes sont excitées, et une catastrophe affreuse se prépare. Le rôle d'Andromaque renferme peut-être le tableau le plus pur des mœurs des anciens. Aucun ornement moderne ne dépare le caractère de la veuve d'Hector et de la mère d'Astianax. Hermione est telle que doit être la fille de Ménélas. Elle a toute la fierté de la famille des Atrides. On lui a reproché un peu de coquetterie, mais on n'a pas remarqué que les emportemens, les artifices, le dépit d'une femme outragée, ne tiennent ni aux temps, ni même aux mœurs. S'est-on jamais avisé de relever dans Homère la coquetterie d'Hélène? On a donc mal-à-propos critiqué, dans la tragédie d'*Andromaque*, un des caractères les plus vrais que Racine ait tracés.

Britannicus mérite-t-il le reproche de n'avoir point de coloris local? Il faut être de bien mauvaise foi, pour oublier que, dans cette tragédie admirable, Racine a su faire passer dans notre langue poétique les traits les plus frappans et les plus profonds de Tacite. Néron, entre le vice et la vertu, désignés par les caractères de Narcisse et de Burrhus; dégoûté d'une épouse dont la constance le fatigue; se familiarisant avec le crime par les exemples récens du règne de Claude; Agrippine, toujours dévorée d'ambition, voyant son crédit se perdre à la cour d'un fils pour lequel elle a tout sacrifié; Burrhus, cherchant à la calmer, défendant par une politique sage le prince dont dont il désapprouve en secret les actions, en s'exposant à une disgrace par les vertueuses remontrances qu'il ose faire à son empereur; Britannicus enfin, n'opposant que la franchise imprudente d'un jeune homme aux artifices d'une cour corrompue : toutes ces combinaisons dramatiques, rendues plus belles et plus frappantes par un style constamment assorti aux mœurs, aux caractères et aux situations, ne sont-elles pas des modèles où l'on remarque toutes les ressources que la tragédie peut puiser dans l'histoire ?

Tout le monde convient que, dans *Bajazet*, le rôle d'Acomat est un chef-d'œuvre. On n'a peut-être pas assez remarqué que ce rôle renferme tout le génie de l'empire turc. On y voit les abus du despotisme, on y distingue facilement que la mort d'Amurat et l'élévation de Bajazet ne changeront rien au gouvernement. Le sérail seul éprouvera une révolution. Il n'appartient qu'au génie de placer des vues si profondes dans un ouvrage dramatique. Il faudroit citer tout ce rôle, si l'on vouloit chercher jusqu'à quel point le style répond à la situation et aux projets du visir. On s'accorde moins sur le rôle de Roxane. Ce n'est point une princesse à qui l'éducation a donné la modestie et la décence qui conviennent à son sexe ; c'est une esclave élevée au rang de favorite, qui n'a aucune délicatesse, dont rien ne contient la passion furieuse, et qui consent à pardonner à son amant, s'il veut voir périr celle qu'il aime. La diction enchanteresse de Racine pouvoit seule faire réussir ce rôle, le plus difficile peut-être qu'un poëte dramatique pût tracer. Plusieurs critiques ont reproché de la foiblesse au personnage de Bajazet; mais ils n'ont pas fait réflexion que ce jeune prince, enfermé dans le sérail dès son enfance, partagé entre une princesse qu'il aime, et une femme dont son sort dépend, devoit nécessairement avoir quelques irrésolutions produites par son inexpérience, et par la situation difficile où il se trouve. Cependant le poëte ne laisse point échapper une occasion de montrer la générosité et l'élévation de son caractère. Bajazet dit au visir :

> La mort n'est pas pour moi le comble des disgraces,
> J'osai tout jeune encor la chercher sur vos traces,
> Et l'indigne prison où je suis enfermé
> A la voir de plus près m'a même accoutumé.

Lorsque

Lorsque Roxane lui offre sa grace à condition qu'il verra périr Attalide, Bajazet lui répond:

> Je ne la recevrois que pour vous en punir;
> Que pour faire éclater aux yeux de tout l'empire
> L'horreur et le mépris que cette offre m'inspire.

Ces exemples suffisent pour prouver que Bajazet n'a point la foiblesse qui lui a été si souvent reprochée. Il n'a aucune crainte de la mort, et montre toutes les dispositions à devenir un grand prince s'il est délivré de sa captivité.

La haine que les peuples de l'Orient avoient conçue pour les Romains, l'indignation qu'avoient dû leur inspirer ces conquérans, qui n'avoient aucun respect pour les droits des nations, et qui employoient leur politique à les asservir en les divisant, n'avoient été peintes que par Corneille dans *Nicomède*. Mais le principal personnage de cette dernière pièce n'avoit peut-être pas une réputation assez avouée par les historiens, pour produire tout l'effet qu'on pouvoit attendre de cette aversion implacable et invétérée. L'excellent goût de Racine, qui vouloit traiter cette situation vraiment théâtrale, le porta à choisir Mithridate, ce roi qui fit trembler les conquérans du monde, et qui ordonna la mort de cent mille Romains. Pour peu que l'on veuille examiner cette tragédie, on ne doutera plus qu'elle ne peigne avec la plus grande vérité, les mœurs du temps, et qu'elle ne rappelle parfaitement les historiens d'où elle est tirée. Mithridate n'a-t-il pas les vertus et les vices que lui attribuent toutes les traditions historiques? Racine le représente vaincu, mais son abaissement ne le rend-il pas plus terrible et plus théâtral? Les caractères de ses deux fils ne contribuent-ils pas à former le tableau dramatique le mieux composé? Pharnace ressemble à son père pour la fausseté; il l'atteint presque dans l'art d'entraîner ses ennemis dans le piége; mais il n'a aucune de ces grandes qualités qui balançoient les vices de Mithridate. Xipharès a les vertus brillantes de son père; il a pour les Romains la même haine; le même courage le rend invincible dans les combats; mais il n'est pas, comme Mithridate, traître et cruel. Son caractère est noble, généreux, et doit fixer tout l'intérêt. On voit que, par cette combinaison pleine de raison et de génie, les deux fils ressemblent à leur père d'une manière différente, et donnent lieu au contraste le plus heureusement calculé. Que dirai-je de Monime? de ce rôle si tendre, et en même temps si décent? Quelques critiques lui ont trouvé trop de politesse, et une couleur trop moderne. Il suffit de leur répondre que Monime n'est point née dans le royaume barbare du Pont. Elle a vu le jour sous le ciel heureux de la Grèce ; elle est fille de Philopemen, que l'on a appelé le dernier des Grecs ; elle a été élevée dans le pays le plus policé qu'il y eût alors. Racine devoit donc lui donner un langage et une politesse inconnus à la cour de Mithridate. En cela, il a donc parfaitement conservé le coloris local. Je n'ai point parlé des beaux développemens du caractère de Mithridate, et des moyens qu'il propose à ses enfans pour porter la guerre jusque sous les murs de Rome. Ces morceaux sublimes sont trop connus.

Il n'y a que les détracteurs les plus injustes et les plus outrés qui aient osé attaquer le coloris d'*Iphigénie*. Ce chef-d'œuvre a été examiné avec soin par Voltaire, qui en a fait ressortir les beautés avec une sorte d'enthousiasme. Je ne puis rien ajouter à ce qu'a dit l'auteur d'*Alzire*. Heureux s'il eût toujours été aussi juste envers Racine, et si, dans sa vieillesse, il n'eût pas dénigré avec autant d'indécence que d'acharnement, la tragédie d'*Athalie*.

Le rôle de Phèdre est le plus beau de notre théâtre. On ne se lasse point d'admirer l'art avec lequel Racine a su peindre les divers mouvemens d'une passion furieuse. D'abord Phèdre n'ose s'avouer son amour à elle-même ; une sombre mélancolie la dévore; enfin Œnone, par les sollicitations les plus vives, la force à lui faire cette horrible confidence. Les bruits qui courent sur la mort de Thésée, les discours d'Œnone, la rassurent, et lui donnent même une sorte d'espérance. Cette nouvelle disposition la porte à faire à Hippolyte cette fameuse déclaration qui ne pouvoit être mieux amenée. Le fils de Thésée repousse l'amour de sa belle-mère. Phèdre ne perd pas encore tout espoir ; elle ignore qu'elle a une rivale, et elle se figure qu'elle pourra un jour toucher le sauvage Hippolyte. C'est alors qu'elle apprend le retour de son époux. Œnone lui donne le conseil de dénoncer Hippolyte; elle s'abandonne à cette perfide confidente. Cependant l'amour l'emporte sur la honte dans le cœur de Phèdre ; et lorsqu'Œnone fait l'accusation, elle vient appaiser Thésée en faveur d'Hippolyte ; mais elle apprend de son époux même qu'elle a une rivale. La fureur s'empare d'elle ; tous les tourmens de l'amour et de la jalousie s'unissent pour la livrer au plus affreux désespoir ; Œnone revient, et l'on voit la plus belle scène de passion qui existe au théâtre. L'emportement de l'amour outragé fait bientôt place aux remords. Alors le poëte passe en revue les aïeux de Phèdre; elle voit Minos qui, à son aspect, laisse tomber l'urne fatale; elle n'a pas même un asile dans les Enfers. Tous les trésors de la mythologie grecque se développent dans ce passage magnifique, et le style tragique y est porté au plus haut degré de chaleur. Œnone veut rassurer Phèdre par les exemples des dieux qui ont cédé à des passions criminelles. Cette consolation augmente l'horreur que Phèdre a pour elle-même; ses remords deviennent plus violens; elle chasse sa coupable confidente, en lui reprochant ses perfides conseils; et elle s'emporte contre les flatteurs :

<blockquote>
présent le plus funeste
Que puisse faire aux rois la colère céleste !
</blockquote>

Cette reine malheureuse se punit ensuite en se donnant la mort; et le poëte pousse le soin de conserver le coloris local, jusqu'à faire dire à Phèdre qu'elle meurt

<blockquote>
D'un poison que Médée apporta dans Athènes..
</blockquote>

Toutes ces observations me semblent prouver que jamais poëte dramatique ne poussa plus loin que Racine la fidélité pour le coloris local. Voltaire lui-même a étudié avec beaucoup moins de succès cette partie de l'art théâtral, quoiqu'il ait toujours affiché beaucoup de prétention à peindre différens usages et différentes mœurs.

Cette digression sur le coloris qui convient aux diverses tragédies pourroit, au premier coup-d'œil, paroître sortir de mon sujet; mais je ferai observer que, sans le style, il n'y a point de coloris dans la poésie. En effet, Racine n'a dû qu'à sa diction toujours variée, toujours pure, toujours élégante, cette aptitude à peindre les hommes de tous les lieux et de tous les temps.

Si l'on peut lui reprocher d'avoir quelquefois sacrifié au goût de son temps, on ne trouve jamais des exemples de cette faute dans les principaux personnages de ses pièces. Ils ne pourroient, à la rigueur, se faire remarquer que dans quelques vers des rôles de Pyrrhus, de Junie, d'Atalide, et d'Aricie. Je ne parlerai point d'*Athalie ;* les détracteurs de Racine ont avoué qu'il avoit su peindre les Juifs. Je terminerai ce que j'ai à dire sur ce grand poëte, par quelques observations relatives au commentaire de *Bérénice* par Voltaire, et par un examen d'*Esther*, tragédie trop peu estimée, où Racine a cependant déployé autant d'art et de talent que dans ses autres chefs-d'œuvres.

Voltaire dans ses réflexions sur *Bérénice*, commence par attaquer le personnage d'Antiochus, qu'il trouve fade et sans couleur. L'épreuve de la représentation, toujours décisive, lorsqu'il ne s'agit que de juger la conception d'un rôle, est manifestement contraire à cette opinion. Si l'on veut en décider par la simple lecture, on ne pourra s'empêcher d'admirer ce personnage, qui éprouve tous les tourmens d'un amour sans espoir, qui est obligé de faire l'éloge de son rival, et qui, placé entre deux amans que l'honneur force à se séparer, se trouve en butte à leurs caprices. Voltaire avoue cependant que la douce harmonie des vers de Racine se fait principalement remarquer dans ce rôle. Bérénice, qui n'est pas encore instruite du sort dont elle est menacée, dit qu'elle va invoquer les dieux pour que le règne de son amant soit heureux, et elle ajoute :

> Aussitôt, sans l'attendre et sans être attendue,
> Je reviens le chercher ; et dans cette entrevue,
> Dire tout ce qu'aux cœurs, l'un de l'autre contens,
> Inspirent des transports retenus si long-temps.

Voici la remarque de Voltaire. « Ces vers ne

« sont que des vers d'églogue. La sortie de Bé-
« rénice, qui ne s'en va que pour revenir dire *tout*
« ce *que disent les cœurs contens*, est sans intérêt,
« sans art, sans dignité. Rien ne ressemble
« moins à une tragédie. » On sentira facilement
l'inattention de Voltaire, qui ne relève ici que
la phrase incidente. En tournant ainsi la pensée
de Racine, non - seulement elle est indigne
de la tragédie, mais elle est ridicule. Bérénice
ne reviendra pas *dire* tout ce que *disent* les cœurs
contens, mais elle reviendra exprimer tout ce
qu'inspirent des transports si long-temps retenus. Cette pensée est juste, elle rentre bien dans
le sujet, puisque, depuis la mort de Vespasien,
Bérénice n'a point vu Titus.

« Presque toutes les héroïnes de Racine, dit
« Voltaire, étalent des sentimens de tendresse,
« de jalousie, de colère, de fureur, tantôt soumises, tantôt désespérées. C'est avec raison
« qu'on a nommé Racine *le poëte des femmes*.
« Ce n'est pas là du vrai tragique. » Ici, la réflexion devient générale; elle ne s'applique plus
seulement à Bérénice; elle s'applique à Hermione, à Roxane, à Ériphyle et à Phèdre. D'un
seul mot, Voltaire insinue que la plus grande
partie des tragédies de Racine n'ont pas *un vrai
tragique*. Sans doute l'amour n'est pas l'unique

ressort de la tragédie, Racine l'a prouvé dans *Iphigénie*, dans *Esther* et dans *Athalie*. Mais les situations et les sentimens que peuvent fournir la religion, l'amour maternel, la piété filiale et l'amitié fraternelle, sont très-bornés; au lieu que l'amour prend mille formes différentes; ses tourmens, ses erreurs, ses caprices même, sont une source inépuisable d'idées tragiques. Il est étonnant que Voltaire ait fait cette remarque, lui qui n'a banni l'amour que dans *Mérope*, *Oreste* et *César*.

Quelques pages plus loin, Voltaire donne plus de développement à cette idée; mais il tombe dans une contradiction. Il vient de dire expressément que Racine a étalé des sentimens de *jalousie*, de *fureur*, et il fait la réflexion suivante à l'occasion de ce vers si naturel et si touchant :

Vous ne comptez pour rien les pleurs de Bérénice.

« Tout cela me paroît petit, je le dis hardi-
« ment; et je suis en cela seul de l'opinion de
« Saint-Évremont, qui dit en plusieurs en-
« droits, que les sentimens, dans nos tragédies,
« ne sont pas assez profonds, que le déses-
« poir n'y est qu'une simple douleur, la fu-
« reur un peu de colère. »

Dans Phèdre, le désespoir n'est-il qu'une simple douleur? Dans Hermione et dans Roxane, la fureur n'est-elle qu'un peu de colère ? Cependant, à l'époque où Voltaire écrivoit, on se faisoit illusion au point de croire que le style enchanteur de Racine n'avoit été propre qu'à peindre des sentimens doux et élégiaques, plutôt que tragiques. M. de Saint-Lambert disoit: « On va frémir et fondre en larmes aux tra-« gédies de M. de Voltaire; et on revient dire par « habitude que rien ne peut égaler Corneille « et Racine. »

Je ne pousserai pas plus loin mes réflexions sur le commentaire de *Bérénice*. J'aurois à relever des fautes d'attention pareilles à celles que je viens d'indiquer.

Dans un temps où, par une espèce de mode, on se faisoit un mérite de trouver des fautes dans Racine, l'abbé d'Olivet, si peu digne de sentir les beautés de ce grand poète, fit aussi un petit commentaire, où, plus hardi que Voltaire, il examina le style de toutes les tragédies. Les réflexions du grammairien sont si minutieuses, si dépourvues de goût, que je ne m'y arrêterai point. Je n'en citerai que deux, qui servent à prouver combien la timide exactitude est inhabile à juger le génie.

Théramène dit, en parlant de Thésée :

> Par un indigne obstacle il n'est point retenu ;
> Et fixant de ses vœux l'inconstance fatale,
> Phèdre, depuis long-temps, ne craint plus de rivale.

« Pendant qu'on lit le second vers, observe
« d'Olivet, on se persuade, et avec raison,
« qu'il se rapporte au nominatif énoncé dans
« le premier. On n'est détrompé que par le
« troisième vers, qui prouve que tout ce qui
« est dit dans le second, se rapporte à Phèdre. »

Si, au lieu d'une virgule que l'abbé d'Olivet a mise après le premier vers, il y eût placé un point et virgule, il n'y eût point eu d'équivoque. Il est pénible de faire des remarques si minutieuses.

Pyrrhus dit, en parlant d'Astianax :

> Oui, les Grecs sur le fils persécutent le père.

« Rien de si clair que *persécuter quelqu'un*,
« dit l'abbé d'Olivet ; mais *persécuter* quel-
« qu'un *sur un autre*, ne seroit-ce pas de ces
« mots qui, comme on parle quelquefois en
« riant, doivent être bien étonnés de se trouver
« ensemble ? »

Jamais Voltaire ne se fût permis une plaisanterie aussi indécente sur notre plus grand poëte ;

d'Olivet cherchoit à égayer son lecteur. A cette époque, les grammairiens même vouloient avoir de l'esprit. Au fond, la remarque est celle d'un foible prosateur qui n'a aucune idée de la langue poétique. L'alliance de mots est très-hardie, à la vérité ; mais elle est claire, élégante, précise, et ne blesse point les règles de l'analogie.

Tous ceux qui ont cherché à déprimer Racine, se sont accordés à dire qu'*Esther* n'avoit dû son succès à Saint-Cyr, qu'aux allusions faites par les courtisans à la faveur de madame de Maintenon. Ils n'ont pu révoquer en doute que le style ne fût admirable ; mais ils ont prétendu qu'on ne pouvoit regarder cette pièce que comme une suite des beaux vers dont la représentation ne pouvoit intéresser. Examinons jusqu'à quel point ces reproches peuvent être fondés, et essayons de détruire un préjugé qui s'est conservé jusqu'à présent. Vous ne trouverez point dans cette pièce les passions violentes mises en jeu ; vous n'y verrez point de ces rivalités, de ces excès, de ces crimes, produits par un sentiment dont l'empire est si puissant sur les hommes, et qui sont un des principaux ressorts de nos tragédies. *Esther* est d'une espèce particulière. Jamais caractère plus pur n'a été mis sur la scène. La vertu la plus touchante, la piété la plus tendre, la plus douce sensibilité, le courage modeste qui convient à une femme, composent ce caractère, fait pour inspirer le plus vif intérêt. Il se déploie en partie dans la première scène. *Esther* raconte à une de ses amies, dont elle est séparée depuis long-temps, comment elle est parvenue au trône. L'Écriture-Sainte avoit pu donner au poëte une idée de la modestie simple et sans affectation de la nièce de Mardochée. « Le jour vint, lit-on dans le « chapitre premier du livre d'*Esther*, auquel « elle devoit être présentée au roi, en son rang. « Elle ne demanda rien pour se parer ; mais « l'eunuque Égée, qui avoit le soin de ces « vierges, lui donna pour cela tout ce qu'il « voulut ; car elle étoit parfaitement bien faite, « et son incroyable beauté la rendoit aimable « et agréable à tous ceux qui la voyoient. » Combien Raçine n'a-t-il pas embelli et fait ressortir les principales parties de ce tableau ?

> Peut-être on t'a conté la fameuse disgrace
> De l'altière Vasthi dont j'occupe la place,
> Lorsque le roi contre elle enflammé de dépit,
> La chassa de son trône ainsi que de son lit.
> Mais il ne put sitôt en perdre la pensée.
> Vasthi régna long-temps dans son ame offensée.

Dans ses nombreux états il fallut donc chercher
Quelque nouvel objet qui l'en pût détacher.
De l'Inde à l'Hellespont ses esclaves coururent ;
Les filles de l'Egypte à Suze comparurent ;
Celles même du Parthe et du Scythe indompté,
Y briguèrent le sceptre offert à la beauté.
On m'élevoit alors solitaire et cachée
Sous les yeux vigilans du sage Mardochée.
. . . .
Du triste état des Juifs jour et nuit agité,
Il me tira du sein de mon obscurité ;
Et sur mes foibles mains fondant leur délivrance,
Il me fit d'un empire accepter l'espérance.
A ses desseins secrets, tremblante, j'obéis ;
Je vins, mais je cachai ma race et mon pays.
Qui pourroit cependant t'exprimer les cabales
Que formoit en ces lieux un peuple de rivales,
Qui toutes disputant un si grand intérêt,
Des yeux d'Assuérus attendoient leur arrêt ?
Chacune avoit sa brigue et de puissans suffrages.
L'une d'un sang fameux vantoit les avantages,
L'autre, pour se parer de superbes atours,
Des plus adroites mains empruntoit le secours ;
Et moi, pour toute brigue, et pour tout sacrifice,
De mes larmes au ciel j'offrois le sacrifice.

Elle raconte ensuite, avec autant de modestie, comment elle a trouvé grace devant Assuérus. Mais un morceau de poésie qui l'emporte encore sur les vers que l'on vient de lire, c'est celui où elle dit qu'elle a réuni près d'elle plusieurs jeunes filles d'Israël qui l'aident à supporter le poids de sa grandeur. Jamais, j'ose le dire, les graces et la délicatesse de la langue françoise n'ont été portées plus loin par aucun poëte.

> Cependant mon amour pour notre nation
> A rempli ce palais de filles de Sion,
> Jeunes et tendres fleurs par le sort agitées,
> Sous un ciel étranger, comme moi transplantées.
> Dans un lieu séparé des profanes témoins,
> Je mets à les former mon étude et mes soins;
> Et c'est là que, fuyant l'orgueil du diadême,
> Lasse de vains honneurs, et me cherchant moi-même,
> Aux pieds de l'Eternel je viens m'humilier,
> Et goûter le plaisir de me faire oublier.

Quelle douceur! quelle harmonie! La métaphore des *jeunes fleurs* présente sur-tout une idée charmante. On a dit que cette peinture n'étoit qu'une allusion à l'établissement de Saint-Cyr, fondé par madame de Maintenon; mais on ne s'est pas rappelé que dans l'Ecriture, il est souvent parlé des *jeunes filles* israélites qu'Esther avoit auprès d'elle.

Mardochée vient annoncer à Esther la ruine prochaine des Israélites, et il lui explique la démarche que ses frères attendent d'elle. La craintive Esther balance d'abord : on punit de mort tous ceux qui osent entrer chez le roi sans avoir été appelés. Son épouse même n'est point exceptée de cette loi cruelle. Cependant, aux exhortations éloquentes de Mardochée, elle reprend courage, et se dévoue pour Israël. Sa timidité inspire autant d'intérêt, que son dévouement d'admiration. Mardochée la quitte, et elle adresse à Dieu cette prière, que l'on ne peut lire sans attendrissement :

O mon souverain roi,
Me voilà donc tremblante et seule devant toi !
Mon père mille fois m'a dit, dans mon enfance,
Qu'avec nous tu juras une sainte alliance,
Quand pour te faire un peuple agréable à tes yeux,
Il plut à ton amour de choisir nos ayeux;
Même tu leur promis de ta bouche sacrée
Une postérité d'éternelle durée.
Hélas! ce peuple ingrat a méprisé ta loi ;
La nation chérie a violé sa foi.
Elle a répudié son époux et son père,
Pour rendre à d'autres dieux un honneur adultère.
Maintenant elle sert sous un maître étranger,
Mais c'est peu d'être esclave, on la veut égorger.
Nos superbes vainqueurs, insultant à nos larmes,
Imputent à leurs dieux le bonheur de leurs armes,
Et veulent aujourd'hui qu'un même coup mortel
Abolisse ton nom, ton peuple et ton autel.

Quelle

Quelle ferveur dans cette prière! que l'aveu des crimes des Israélites est heureusement placé dans la bouche pure de la vertueuse Esther! La majesté des prophéties se trouve dans le commencement de cette oraison touchante; on y voit les grandes destinées promises au peuple d'Israël; la fin présente son abaissement et les calamités dont il est accablé :

Mais c'est peu d'être esclave, on le veut égorger.

Tout homme de goût n'aura pas manqué d'admirer l'extrême élégance de ce vers :

Il plut à ton amour de choisir nos ayeux.

Et l'alliance de mots, aussi hardie que sublime, présentée dans ces deux vers :

Elle a répudié son époux et son père
Pour rendre à d'autres dieux un honneur adultère.

Une nation qui *répudie* un Dieu dont elle est l'*épouse et la fille*, et qui rend aux idoles un *honneur adultère!* Aucun poëte présente-t-il un choix de mots et de pensée aussi éloquent et aussi poétique? Remarquez bien que cette idée est entièrement conforme aux opinions religieuses des Israélites, et qu'elle porte le caractère de l'Écriture. La principale scène du second acte est celle où Esther paroît devant Assuérus. Cette scène a tout l'effet que l'on peut attendre d'une situation aussi terrible. Le poëte a soin de retracer le caractère d'Esther. Il fait dire au roi :

> Je ne trouve qu'en vous, je ne sais quelle grace,
> Qui me charme toujours, et jamais ne me lasse ;
> De l'aimable vertu doux et puissans attraits !
> Tout respire en Esther l'innocence et la paix.

Etoit-il possible de rassembler plus d'intérêt sur cette reine aussi vertueuse que belle ? Il a fallu être bien égaré par l'esprit de parti pour méconnoître tant d'art et tant de beautés. Mais c'est dans le troisième acte, qu'Esther emploie toutes les ressources d'une éloquence douce et persuasive, pour obtenir la grace des Israélites. Elle commence par rappeler leur antique gloire :

> Ces Juifs dont vous voulez délivrer la nature,
> Que vous croyez, seigneur, le rebut des humains,
> D'une riche contrée autrefois souverains,
> Pendant qu'ils n'adoroient que le Dieu de leurs pères,
> Ont vu bénir le cours de leurs destins prospères.

Elle présente ensuite l'idée du Dieu d'Israël :

> Ce Dieu, maître absolu de la terre et des cieux,
> N'est point tel que l'erreur le figure à vos yeux ;

L'Eternel est son nom, le monde est son ouvrage;
Il entend les soupirs de l'humble qu'on outrage;
Juge tous les mortels avec d'égales lois,
Et du haut de son trône interroge les rois.

Elle peint la captivité de Babylone, la délivrance des Juifs par Cyrus; et elle fait adroitement l'éloge de son époux :

Dieu regarde en pitié son peuple malheureux,
Disions-nous, un roi règne, ami de l'innocence.

Elle finit par attendrir Assuérus, moyen si puissant dans les péroraisons.

Et que reproche aux Juifs sa haine envenimée ?
Quelle guerre intestine avons-nous allumée ?
Les a-t-on vus jamais parmi vos ennemis ?
Fut-il jamais au joug esclave plus soumis ?
Adorant dans leurs fers le Dieu qui les châtie,
Tandis que votre main, sur eux appesantie,
A leurs persécuteurs les livroit sans secours,
Ils conjuroient ce Dieu de veiller sur vos jours,
De rompre des méchans les trames criminelles,
De mettre votre trône à l'ombre de ses ailes.

Il me semble résulter de cette analyse du rôle d'Esther, que ce personnage, qui n'a jamais été imité au théâtre, et qui porte en conséquence tous les caractères de l'originalité, pourroit produire un grand effet à la représentation. Mais, disent les critiques, les autres rôles sont foibles.

Seroit-ce Mardochée? Ecoutons-le exhorter Esther à se sacrifier pour Israël :

> Quoi ! lorsque vous voyez périr votre patrie,
> Pour quelque chose, Esther, comptez-vous votre vie?
> Dieu parle; et d'un mortel vous craignez le courroux !
> Que dis-je? votre vie, Esther, est-elle à vous?
> N'est-elle pas au sang dont vous êtes issue?
> N'est-elle pas à Dieu dont vous l'avez reçue?
> Et qui sait, lorsqu'au trône il conduisoit vos pas,
> Si pour sauver ce peuple, il ne vous gardoit pas?
> Songez-y bien, ce Dieu ne vous a point choisie
> Pour être un vain spectacle aux peuples de l'Asie,
> Ni pour charmer les yeux des profanes humains.

Mardochée ajoute :

> Et quel besoin son bras a-t-il de nos secours?
> Que peuvent contre lui tous les rois de la terre ?
> En vain ils s'uniroient pour lui faire la guerre,
> Pour dissiper leur ligue, il n'a qu'à se montrer ;
> Il parle, et dans la poudre il les fait tous rentrer.
> Au seul son de sa voix, la mer fuit, le ciel tremble :
> Il voit comme un néant tout l'univers ensemble;
> Et les foibles mortels, vils jouets du trépas,
> Sont tous, devant ses yeux, comme s'ils n'étoient pas.

A-t-on jamais vu une telle profusion de beautés poétiques? cette éloquence ne doit-elle pas tout entraîner? Le personnage de Mardochée que, par une adresse extrême, Racine n'offre qu'un moment aux regards, a-t-il un rôle foible ?

Le rôle d'Aman est un des plus profonds que

Racine ait imaginés. Ce ministre cruel peint d'un seul trait sa situation et son caractère :

> J'ai su de mon destin corriger l'injustice.
> Dans les mains des Persans, jeune enfant apporté,
> Je gouverne l'empire où je fus acheté.

Ce trait rappelle tout de suite les usages de l'Orient. Un esclave gouverne l'empire où il fut acheté. Tous les vices de ces gouvernemens monstrueux se développent à l'instant au lecteur. Du sein de la fange, s'élèvent des hommes qui portent dans les emplois publics, les penchans honteux de la servitude. Rampans avec leurs maîtres, ils poussent à l'excès l'insolence avec leurs inférieurs. Tout autre qu'un esclave parvenu, auroit-il pu arrêter la mort d'un peuple entier, parce qu'il a été bravé par un individu de cette nation? On reconnoît dans cette combinaison la raison supérieure de Racine. Remarquez la suite de ce caractère, lorsqu'Aman se plaint d'Assuérus :

> Il sait qu'il me doit tout, et que, pour sa grandeur ;
> J'ai foulé sous les pieds remords, crainte, pudeur,
> Qu'avec un cœur d'airain, exerçant sa puissance,
> J'ai fait taire les lois, et gémir l'innocence.

Ce caractère soutenu par tout le talent de Racine, fait le plus heureux contraste avec la pureté et la douceur d'Esther.

Le rôle d'Assuérus est le moins théâtral; mais

tout le monde conviendra qu'il est bien supérieur au personnage du roi dans le *Cid*. On doit observer que, dans cette pièce, Racine a banni les confidens. Elise est une ancienne amie qu'Esther revoit après une longue absence; Hidaspe est un officier du palais qui n'a qu'un entretien avec Aman. Tharès est la femme de ce ministre; il est naturel qu'il s'explique avec elle sans déguisement.

Les chœurs d'*Esther* sont aussi beaux que ceux d'*Athalie*. On connoît le talent de Racine pour le genre lyrique. Je ne citerai qu'un morceau dont l'idée est prise dans le fameux Pseaume, *Super flumina Babylonis*.

>Déplorable Sion, qu'as-tu fait de ta gloire?
>Tout l'univers admiroit ta splendeur,
>Tu n'es plus que poussière; et de cette grandeur,
>Il ne nous reste plus que la triste mémoire.
>Sion, jusques au Ciel élevé autrefois,
>Jusqu'aux Enfers maintenant abaissée!
>Puissé-je demeurer sans voix,
>Si, dans mes chants, ta douleur retracée,
>Jusqu'au dernier soupir, n'occupe ma pensée.

Je n'ai pas besoin de faire admirer la pureté et l'harmonie de ce chant divin.

On a fait deux reproches principaux au plan général de la tragédie d'*Esther*. Voltaire a pensé qu'il étoit singulier qu'Assuérus ne connût point sa femme, et que la situation tirée d'une loi qui, sous peine de mort, défendoit à Esther même de paroître devant son époux, sans être appelée, étoit de la plus grande invraisemblance. Voltaire, qui avoit fait tant de recherches sur les mœurs des nations, pouvoit-il s'étonner de ce qu'un roi asiatique ignoroit l'origine de son épouse? Chez les Orientaux, la beauté étoit la seule qualité que l'on consultât dans le choix d'une femme. Les rois possédoient un grand nombre de concubines, et jamais ils n'avoient avec elles, ni avec leurs épouses, ces rapports d'estime et de confiance qui, dans les pays policés, honorent la liaison conjugale. Les femmes étoient enfermées et surveillées sévèrement par des eunuques. Quel besoin donc pouvoient avoir ces maîtres superbes, de connoître les parens de leurs femmes, puisqu'ils leur interdisoient tout commerce avec eux?

Racine qui, dans sa pièce, ne pouvoit s'empêcher de placer une scène entre Esther et Mardochée, avoit bien senti la difficulté de les faire trouver ensemble. Aussi Esther dit-elle en voyant un homme pénétrer dans son appartement :

Quel profane en ces lieux s'ose avancer vers nous?
Que vois-je, Mardochée! ô mon père, est ce vous?

Un ange du Seigneur, sur son aile sacrée,
A donc conduit vos pas, et caché votre entrée !

Cet étonnement d'Esther, cette espèce de miracle dans un sujet religieux, suffisent à la vraisemblance dramatique.

La loi que Voltaire trouve invraisemblable, est dans la *Bible*. Je vais la transcrire : « Tous « les serviteurs du roi, et toutes les personnes « de son empire savent que qui ce soit, homme « ou femme, qui entre dans la salle intérieure « du roi, sans y être appelé par son ordre, est « mis infailliblement à mort, à moins que le « roi n'étende vers lui son sceptre, et qu'il ne « lui sauve ainsi la vie. » *Esther*, chap. IV. Voltaire, en reprochant à Racine d'avoir fondé une scène de tragédie sur une loi existante, oublioit que lui-même avoit, dans deux tragédies, inventé des lois pour augmenter la force des situations. Nous allons voir si ces lois ont la même vraisemblance que celles dont Racine s'est servi. Dans *Alzire*, Zamore, cacique américain, a tué le gouverneur de la colonie espagnole. Alvarès, père de ce gouverneur, personnage plein d'humanité et de vertu, indique à l'Américain les moyens de se soustraire au supplice :

Ici, la loi pardonne à qui se rend chrétien ;

> Cette loi que naguère un saint zèle a dictée,
> Du ciel en ta faveur y semble être apportée.

On conviendra qu'il est peu vraisemblable que jamais les Espagnols aient fait une telle loi. Au milieu d'un peuple accablé de persécutions, tous les gouverneurs eussent été bientôt assassinés. Dans les *Scythes*, pièce d'imagination, un prince persan, amoureux d'Obeïde dont il est aimé, tue son époux. Voici la loi qu'a faite Voltaire, pour amener son dénouement :

> L'inviolable loi qui régit la patrie,
> Veut que de son époux une femme chérie
> Ait le suprême honneur de lui sacrifier,
> En présence des dieux, le sang d'un meurtrier.

Personne ne connoît les lois des Scythes, qui n'avoient que des usages (1). Toute singulière que puisse paroître la loi d'*Esther* à ceux qui ne connoissent ni l'Ecriture, ni les usages de l'Orient, il faut convenir qu'elle ne peut être comparée à la loi scythe. On doit d'ailleurs observer qu'à

---

(1) Dans la petite Tartarie, le plus proche parent d'un homme assassiné a le droit de tuer le meurtrier. C'est ce qui a pu donner à Voltaire l'idée de sa loi. Mais cette loi ne doit point son origine à un usage Scythe, c'est une loi mahométane tirée de l'Alcoran.

la rigueur, Racine pouvoit composer sa pièce sans se servir de ce moyen.

Je ne me suis étendu sur le plan d'*Esther*, que parce que je suis convaincu que le style de Racine se seroit ressenti des vices d'une combinaison fausse.

Racine réussit dans la comédie. Les vers des *Plaideurs* sont devenus proverbes ; l'examen de cette pièce seroit donc inutile. Personne, mieux que Racine,

Ne sut d'un trait piquant aiguiser l'épigramme.

Ses *Lettres aux solitaires de Port-Royal* ont été comparées aux *Provinciales*. C'est annoncer assez qu'il excella dans la prose.

Tout ce que je viens de dire sur ce grand poëte ne pourra donner qu'une opinion bien imparfaite des beautés dont ses tragédies étincellent. Je le répète, il faut le lire pour le bien connoître. A la représentation, il est impossible de saisir toutes les délicatesses du style. On sera étonné, toutes les fois qu'on reprendra ce poëte inimitable, d'y trouver des beautés nouvelles, et de ces aperçus profonds qui n'appartiennent qu'à l'homme de génie.

A cette époque, la langue poétique fut irrévocablement fixée. On sut quels mots devoient être admis dans la poésie, quels mots devoient en être rejetés. Racine augmenta la clarté de ce langage, en bannissant les inversions obscures de nos vieux poëtes. Il conserva celles qui s'accordoient avec le génie de notre langue ; et, pour la dédommager, si je puis m'exprimer ainsi, de la perte qu'il lui fit éprouver, il multiplia ces belles métaphores, ces heureuses alliances de mots, dont la hardiesse disparoît aux yeux du lecteur vulgaire, par la justesse et par le parfait accord des pensées.

Un poëte aussi pur que Racine, son ami et son censeur sévère, contribua presqu'autant que lui à épurer la langue poétique. Il donna des préceptes et des exemples. Le siècle de Louis xiv dut à Boileau la chute d'une multitude d'auteurs qui jouissoient d'une réputation usurpée, et dont les succès, s'ils avoient été prolongés, auroient déshonoré la plus belle époque de notre littérature. Tout plia devant Despréaux ; et, tant qu'il vécut, ses jugemens furent adoptés et confirmés par le public. Comme si ce nom eût encore inspiré le respect et la crainte, même après la mort de celui qui l'avoit porté, pendant longtemps personne ne s'éleva contre les ouvrages

de Boileau. La Motte, dans tous ses paradoxes sur l'épopée, sur la tragédie, et sur la poésie en général, ne cite Despréaux qu'avec respect. L'abbé Trublet qui, avec beaucoup moins d'esprit, poussa plus loin l'erreur des faux systèmes, osa le premier attaquer ce colosse littéraire. Boileau, dans la dernière édition qu'il donna de ses œuvres, avoit, pour ainsi dire, révélé son secret au public; il avoit indiqué les principes qui l'avoient guidé dans ses travaux, et les causes des succès qu'il avoit obtenus. Après avoir établi que les ouvrages d'esprit ne réussissent que s'ils ont un certain sel, et un certain agrément propres à piquer le goût général des hommes, Boileau ajoute : « Que si on me de-
« mande ce que c'est que cet agrément et ce sel,
« je répondrai que c'est un je ne sais quoi
« qu'on peut beaucoup mieux sentir que dire.
« A mon avis, néanmoins, il consiste principa-
« lement à ne jamais présenter au lecteur que
« des pensées vraies et des expressions justes.
« Qu'est-ce qu'une pensée neuve, brillante,
« extraordinaire? Ce n'est point, comme se le
« persuadent les ignorans, une pensée que per-
« sonne n'a jamais eue, ni dû avoir. C'est au
« contraire une pensée qui a dû venir à tout le
« monde, et que quelqu'un s'avise le premier

« d'exprimer. » Boileau cite pour exemple la fameuse réponse de Louis XII : « *Un roi de* « *France ne venge point les injures d'un duc* « *d'Orléans.* D'où vient, ajoute-t-il, que ce « mot frappe d'abord ? N'est-il pas aisé de voir « que c'est parce qu'il présente aux yeux une « vérité que tout le monde sent, et qu'il dit « mieux que tous les beaux discours de morale, « *qu'un grand prince, lorsqu'il est une fois* « *sur le trône, ne doit plus agir par des mou-* « *vemens particuliers, ni avoir d'autres vues* « *que la gloire et le bien général de son état.* »

Ces principes de Despréaux devroient être sans cesse présens à l'esprit de tous ceux qui écrivent, soit en prose, soit en vers. C'est en les suivant que l'auteur de l'*Art poétique* a su se préserver de l'emphase que l'on prend souvent pour de la force, de l'obscurité à qui l'on donne le nom de profondeur, et qu'il a toujours été plein de raison, de clarté et de naturel. L'abbé Trublet s'est efforcé de prouver que ces principes n'étoient pas justes, afin d'en prendre occasion de dénigrer tous les ouvrages de Boileau. Je n'entrerai point dans les détours de sa métaphysique, où l'esprit d'analyse ne sert qu'à donner plus de fausseté à ses raisonnemens. Je citerai seulement un exemple de sa manière de définir. Il explique ainsi l'effet que produit la réponse de Louis XII : « La duplicité « des personnes qu'elle suppose dans une seule, « cause à l'esprit une sorte de surprise qui le « rend plus attentif à la vérité qu'on lui pré- « sente. » Que l'on compare cette explication subtile et entortillée à celle que donne Despréaux, et l'on pourra juger lequel des deux auteurs a pour lui le goût et la raison. L'abbé Trublet veut prouver ensuite que, dans la poésie, les idées sont presque toujours fausses, parce qu'on les sacrifie à l'élégance des phrases. Il oublie que Boileau a commencé par dire que le secret des grands poëtes étoit de ne présenter que des pensées vraies et des expressions justes. « Ce défaut de vérité et de justesse, continue « l'abbé Trublet, dans la plupart de ces ou- « vrages, même les plus estimés, en a dégoûté « de tout temps plusieurs bons esprits. N'a-t-on « pas droit de conclure, ajoute-t-il, que la « poésie qui existe et qu'on connoît, n'est pas « fort estimable, si l'on en juge par le principe « que le plus grand mérite d'un ouvrage n'est « pas d'être bien écrit, mais bien pensé. » En parlant de Racine, j'ai déja fait sentir que la beauté du style étoit inséparable de la justesse des pensées. Que l'on relise Racine et Boileau, et l'on verra que leurs plus beaux morceaux sont ceux où règne la raison supérieure dont ces deux grands esprits étoient doués. Cette idée sera mieux sentie, si l'on remarque que les erreurs du dix-huitième siècle n'ont jamais été revêtues d'un style digne d'être admiré dans tous les temps, et que la vérité seule peut donner un éclat durable à la diction d'un écrivain.

Je ne me suis un peu étendu sur les paradoxes d'un auteur, presque oublié, que parce qu'ils ont été reproduits avec une sorte de succès. Le célèbre Buffon jugeoit ainsi la poésie. Marmontel avoit puisé dans Trublet ses invectives contre Boileau; et Voltaire même, qui avoit couvert cet abbé d'un juste ridicule, s'abaisse quelquefois jusqu'à répéter ses jugemens sur Despréaux.

Marmontel, dans son *Essai sur le goût*, soutient contre l'auteur de l'*Art poétique*, Lucain et Quinault; il appelle Boileau un *critique peu sensible*. On pourroit demander à quoi peut servir la sensibilité dans la satire. Mais à l'époque où Marmontel écrivoit, c'étoit la mode d'être sensible. On mettoit du sentiment dans tout. Une discussion politique, un ouvrage de science, le compte qu'un ministre rendoit de son administration n'auroient point été lus, s'ils n'avoient annoncé la *profonde sensibilité* de leur auteur. On pourroit s'étendre davantage sur cette mode singulière du dix-huitième siècle, qui de nos jours, a encore plusieurs partisans.

Dans ses *Élémens de littérature*, ouvrage qui devroit être un livre classique, Marmontel traite Boileau avec encore plus d'injustice. Il lui trouve moins de verve qu'à Regnier. Il lui reproche de n'avoir pas saisi le côté moral du siècle de Louis XIV, de n'avoir pas peint *l'avidité des enfans impatiens de succéder*, les *folles dépenses de deux époux*, les *fantaisies*, le *jeu vorace*, le *luxe ruineux*. Marmontel n'étoit pas de bonne foi, ou il avoit peu lu Boileau. En effet, l'avidité des héritiers n'est-elle pas peinte dans la cinquième épitre :

> Oh, que si cet hiver un rhume salutaire,
> Guérissant de tous maux mon avare beau-père,
> Pouvoit, bien confessé, l'étendre en un cercueil,
> Et remplir sa maison d'un agréable deuil;
> Que mon ame, en ce jour de joie et d'opulence,
> D'un superbe convoi plaindroit peu la dépense!
> Disoit, le mois passé, doux, honnête et soumis,
> L'héritier affamé de ce riche commis.

Quels tableaux plus complets des dépenses outrées,

outrées, des fantaisies, du jeu vorace, du luxe ruineux que ceux de la *Satire sur les Femmes*, où le poëte passe en revue toutes ces folies, en employant tour-à-tour le ridicule et la sévérité? Boileau ne s'étoit pas borné aux sujets moraux indiqués par Marmontel. Il a peint encore dans la *Satire cinquième* le ridicule de la noblesse qui n'est pas soutenue par la vertu; dans la huitième, l'inconstance et la folle vanité des hommes; dans la onzième, les faux préjugés sur l'honneur; dans l'*Épître à M. de Seignelai*, la sotte et basse flatterie. Ainsi, c'est sans doute par inadvertance que le célèbre abbé Delille a dit dans sa préface de *l'Homme des Champs*: « Tandis que nos voisins se glorifioient d'une « foule de poëmes étrangers au théâtre et à la « poésie légère, notre indigence en ce genre « étoit extrême; et quelques épîtres de Vol- « taire, sur des sujets de morale, ne nous avoient « pas suffisamment vengés. » L'observation de M. Delille est juste quant au fonds; mais pourquoi ne citer que les poésies morales de Voltaire, quand on a celles de Boileau?

Voltaire, jeune encore, avoit placé Boileau dans le temple du goût, et il avoit dit de lui:

Là, régnoit Despréaux, leur maître en l'art d'écrire,
Lui, qu'arma la raison des traits de la satire.

Dans sa vieillesse, lorsque son goût s'étoit altéré, il lui adressa une épître qui commence par ces vers :

Boileau, correct auteur de quelques bons écrits,
Zoïle de Quinault et flatteur de Louis.

On a déja relevé plusieurs fois cette épithète de Zoïle, que Voltaire donne à Boileau, et qui semble insinuer que Quinault est comparable à Homère. L'auteur d'*Armide* a été de nos jours mis à côté de Racine ; il est peut-être utile d'indiquer ici la cause de l'enthousiasme des littérateurs modernes pour ce poëte. Il ne leur étoit inspiré que par le desir d'abaisser Despréaux. Si Quinault soutenoit le parallèle avec Racine, il étoit évident que Boileau étoit un critique sans goût. C'étoit ce qu'il falloit prouver. On a essayé de remettre des opéras de Quinault. Deux ou trois seulement ont pu soutenir la représentation, encore a-t-il fallu les retoucher. On a dit qu'aucun auteur n'avoit mieux possédé que lui l'art de faire des vers propres à être mis en musique. Pourquoi donc les Gluck, les Piccini, ne se sont-ils pas emparés de tout son théâtre ? Boileau lui reprochoit avec raison de la mollesse dans le style, de la fadeur et de l'uniformité dans les pensées. Une tirade d'un de ses meilleurs opéras donnera une idée de ces défauts. On connoît ces vers d'*Atis* :

> Amans, qui vous plaignez, vous êtes trop heureux.
> Mon cœur de tous les cœurs est le plus amoureux,
> Et tout prêt d'expirer je suis réduit à feindre.
>   Que c'est un tourment douloureux,
>   De mourir d'amour, sans se plaindre !

Un style aussi froid et aussi langoureux peut-il être comparé à celui de Racine ? Boileau blâmoit sur-tout les chœurs de Quinault, qui roulent presque tous sur l'idée qu'il faut profiter de la jeunesse pour se livrer à tous les plaisirs. Cette morale facile est peut-être aussi une des causes du goût que les philosophes modernes ont témoigné pour les ouvrages de Quinault. Je ne dissimulerai pas cependant qu'il n'y ait de beaux morceaux dans quelques-uns de ses opéras. Aussi Boileau observoit que Quinault n'avoit point fait ces ouvrages lorsque les *Satires* parurent. Il faut, pour trouver ces morceaux, dévorer bien des scènes dépourvues d'idées, et bien des fadeurs exprimées en style foible et sans couleur.

Je ne m'étendrai point sur l'*Art poétique*, où Boileau a, comme je l'ai dit, toujours joint l'exemple au précepte. C'est dans ce poëme que l'on peut observer l'étonnante variété de son talent poétique. S'il parle de la tragédie et de l'épopée, son style prend de la noblesse et de la hauteur ; s'il parle de l'élégie, il devient tendre ; s'il parle de l'idylle, il devient simple ; s'il parle du sonnet, il devient serré et précis. Le *Lutrin* prouve que Despréaux n'étoit dépourvu ni de verve, ni de fécondité, comme le prétendoit Marmontel. Quelle ordonnance dans ce poëme ! quelle vérité dans les caractères ! quelle pureté, quelle élégance dans la diction ! Quelques critiques se sont plaints de ce que le *Lutrin* finissoit d'une manière triste ; mais ils n'ont pas remarqué que le respect que l'auteur devoit à la religion, lui prescrivoit de revenir à des idées sérieuses, après s'être permis un léger badinage sur une dispute ecclésiastique où il ne s'agissoit cependant que d'une vaine préséance.

Les heureuses alliances de mots, les métaphores hardies, sont presqu'aussi fréquentes dans Boileau que dans Racine. On a vu :

De timides mortels,
Trembler aux pieds d'un singe assis sur leurs autels ;
Et sur les bords du Nil, les peuples imbécilles,
L'encensoir à la main, chercher les crocodiles.

Quelle image, que ces peuples qui cherchent des crocodiles l'encensoir à la main !

Boileau parle d'un poëte qui

> S'en va mal à-propos, d'une voix insolente,
> Chanter du peuple hébreu la fuite triomphante.

Remarquez l'expression de *fuite triomphante*. Cette alliance de mots n'avoit point d'exemple. Elle ne pouvoit s'appliquer qu'à Moïse.

Tout le monde connoît le tableau de la Mollesse dans le *Lutrin*. Je ne ferai remarquer que ces vers :

> Les plaisirs nonchalans folâtrent à l'entour.
> L'un pétrit dans un coin l'embonpoint des chanoines ;
> L'autre broye en riant le vermillon des moines.

L'harmonie, la grace, peuvent-elles aller plus loin ?

Je deviendrois trop long, si je voulois rappeler toutes les beautés de ce genre, dont les poésies de Boileau sont remplies. Ses détracteurs ont prétendu qu'il n'avoit pas su peindre des images douces et agréables. Je ne citerai que l'exemple d'une description champêtre qui a sans doute servi d'exemple à l'élégant traducteur des *Géorgiques*. Le poëte, fatigué de la ville, va passer quelques jours dans une campagne. Son talent satirique paroît l'abandonner;

il ne sait plus exprimer que le charme des objets dont ses yeux sont frappés :

> C'est un petit village, ou plutôt un hameau,
> Bâti sur le penchant d'un long rang de collines,
> D'où l'œil s'égare au loin dans les plaines voisines.

La Seine coule au bas de ces coteaux ; l'auteur peint les habitations des villageois creusées dans le roc :

> La maison du Seigneur, seule un peu plus ornée,
> Se présente au dehors de murs environnée.
> Le soleil, en naissant, la regarde d'abord,
> Et le mont la défend des outrages du nord.

Ici, ajoute le poëte :

> Dans un vallon, bornant tous mes desirs,
> J'achète à peu de frais de solides plaisirs.

Il fait ensuite le tableau des amusemens de la campagne :

> Quelquefois, aux appâts d'un hameçon perfide,
> J'amorce, en badinant, le poisson trop avide,
> Ou d'un plomb qui suit l'œil et part avec l'éclair,
> Je vais faire la guerre aux habitans de l'air.
> Une table, au retour, propre et non magnifique,
> Me présente un repas agréable et rustique.

Boileau termine enfin ce charmant tableau

par une imitation d'Horace : *O rus quando ego te aspiciam.*

> O fortuné séjour! ô champs aimés des cieux!
> Que pour jamais, foulant vos prés delicieux,
> Ne puis-je ici fixer ma course vagabonde,
> Et, connu de vous seuls, oublier tout le monde!

Une plus douce philosophie peut-elle être exprimée par des vers plus élégans? On doit examiner avec soin la peinture de la pêche et de la chasse, qui est un modèle de poésie descriptive.

La langue poétique étoit formée; mais elle n'auroit pas eu une influence assez forte sur la langue de la conversation. Celle-ci, au commencement du siècle de Louis XIV, étoit, dans la meilleure compagnie, pleine d'affectation et de recherche. Les lettres et les poésies de Voiture avoient fait une espèce de révolution dans le langage familier. On avoit outré les défauts de cet auteur, à qui l'on avoit accordé une trop grande réputation. On ne savoit rien exprimer d'une manière naturelle; on avoit banni une multitude de mots qui servent à exprimer nos idées habituelles; et l'on y avoit substitué des termes pompeux qui contrastoient, d'une manière singulière, avec les objets dont on vouloit parler. Dans la galanterie, le langage étoit encore plus vicieux. Les romans de mademoiselle Scudéri, qui avoient alors un grand succès, avoient entièrement gâté ce langage, auquel nous avons donné depuis tant de grace et de délicatesse. La naïveté de Marot eût été préférable à ce jargon inintelligible. Il falloit, pour détruire cet abus du bel esprit, qu'il parût un homme dont le génie acquît assez d'empire sur son siècle pour livrer à un ridicule ineffaçable ces vaines recherches d'expressions, et ces subtilités métaphysiques qui avoient tant de partisans. Molière opéra ce changement en donnant les *Précieuses ridicules*. Pour avoir une idée de la difficulté qu'il dut éprouver, il faut se souvenir qu'à cette époque, le nom de *précieuse* étoit un titre honorable pour une femme, et que madame de Sévigné et madame de la Fayette, dont l'esprit étoit si naturel et si éloigné de toute affectation, avoient été citées avec éloge dans un Dictionnaire des Précieuses. Aussi Molière eut-il soin d'appeler sa comédie *les Précieuses ridicules*, et proteste-t-il, dans sa préface, qu'il n'a pas voulu attaquer les *véritables précieuses*. Cette pièce fit tomber absolument le faux bel-esprit de l'hôtel de Rambouillet. Ménage lui-même s'avoua vaincu. On doit remarquer. que la comédie qui débarrassa la langue françoise du fatras pédantesque dont elle étoit surchargée, fut un des premiers essais de Molière. Quel espoir ne promettoit pas un tel ouvrage ! Dans plusieurs de ses autres pièces, il suivit toujours le même projet de corriger la langue et d'épurer le goût. Il fit abandonner aux médecins l'habitude du langage scientifique qui n'étoit pas à la portée de leurs malades ; il contribua à former cette manière noble et simple de s'exprimer qui convient aux hommes de la cour ; enfin il fit perdre à la bourgeoisie une certaine grossièreté qu'elle avoit conservée, malgré les prodiges de tous les arts offerts à ses yeux, et une crédulité aveugle qui la livroit à tous les fourbes qui cherchoient à la tromper. Dans une comédie-ballet, à laquelle il n'attachoit presqu'aucune importance, on le voit persister dans le même dessein. Le *Mariage forcé* offre deux philosophes, l'un sceptique, l'autre partisan d'Aristote, qui étalent tout le jargon des anciennes écoles, et qui en font sentir le ridicule. Le langage mystique est imité dans le *Tartuffe* avec une vérité qui étonne dans un homme qui devoit peu fréquenter les dévots. Mais c'est dans le premier acte de sa comédie du *Misantrope*, et dans les *Femmes savantes*, qu'il se montra encore plus le défenseur du bon goût. A la première représentation du *Misantrope*, le parterre fut un moment à balancer s'il trouveroit bon ou mauvais le sonnet d'Oronte. Cela prouve combien la majorité du public étoit encore séduite par le faux goût. L'excellent esprit de Molière se montre dans la critique qu'il fait faire par Alceste. Ce grand observateur avoit senti que toute pensée fausse ne pouvoit être bien exprimée :

> Ce style figuré, dont on fait vanité,
> Sort du bon naturel et de la vérité ;
> Ce n'est que jeu de mots, qu'affectation pure,
> Et ce n'est pas ainsi que parle la nature.

Je ne quitterai point cette admirable pièce, sans rappeler que jamais meilleur ton ne fut introduit sur le théâtre. Le ridicule y est noble, si je puis m'exprimer ainsi ; et c'est peut-être l'effort le plus extraordinaire qu'ait fait le créateur de la comédie françoise. Le fougueux Alceste, le prudent Philinte, la coquette Célimène, la douce Éliante, la prude Arsinoé, le pédant Oronte, les deux marquis, forment, par leurs caractères, les contrastes les plus piquans ; il résulte de leur rapprochement les scènes les plus comiques et les plus spirituelles ; enfin ils composent cet ensemble heureux et inimitable que l'on ne se lassera jamais d'admirer. Les *Femmes savantes* montrèrent le ridicule des bourgeoises qui veulent cultiver les lettres et les sciences, et qui sacrifient leurs devoirs et leur amabilité à un vain pédantisme. Les caractères d'Armande et d'Henriette développent parfaitement cette idée. Le public avoit fait trop de progrès dans le langage, depuis le *Misantrope*, pour que Molière se crût obligé de faire faire la critique des deux pièces de vers de Trissotin. Au contraire, les éloges dont on accable ce mauvais poëte, servent à faire apercevoir tous ses défauts. Il faut remarquer que, dans cette pièce, Molière fait intervenir un homme de la cour qui, par son langage élégant et simple, fait ressortir les phrases pédantesques de Trissotin et de Vadius.

Je ne ferai point observer les beautés théâtrales des pièces de Molière; je ne parlerai point du rôle inimitable d'Agnès, du personnage aussi passionné que comique d'Arnolphe, du second acte de l'*École des maris*, où toutes les ressources de la comédie sont déployées; je n'analyserai point le caractère de l'*Avare*, si supérieur à celui de Plaute, je ne ferai point remarquer que tous les personnages qui entourent Harpagon, et une multitude de circonstances telles qu'un jour de fête, des projets de mariage, un repas à donner, etc. contribuent à rendre plus forte et plus dramatique la situation de l'*Avare*; je ne m'étendrai pas sur le *Tartuffe*, où se trouve l'intrigue la plus savante que Molière ait conçue; je n'examinerai point le *Bourgeois gentilhomme*, le *Malade imaginaire*, et cette foule de petites pièces où l'on trouve toujours ce profond talent d'observation, et ce comique plein de force, qui n'ont jamais appartenu qu'à Molière.

Molière, obligé de multiplier ses pièces pour un théâtre dont il étoit directeur, négligea quelquefois son style. Quelques grands esprits de son temps, et principalement Boileau et Fénélon lui en firent le reproche. On trouve sur-tout dans ses premières pièces quelques mots vieillis, quelques phrases incorrectes; mais, en général, sa prose est élégante, naturelle, et sur-tout parfaitement assortie aux personnages qu'il fait parler; ses vers sont pleins d'énergie et de verve. On a remarqué qu'aucun poëte n'avoit senti, mieux que lui, l'harmonie des vers libres. Amphitryon peut être regardé comme un modèle dans ce genre.

Les habitudes adoptées dans le monde, la politesse que l'on voit régner, le soin que prennent les personnes bien élevées d'éviter les ridicules, l'absence, ou du moins la dissimulation de quelques vices difformes, sont l'ouvrage de Molière. La langue françoise ne lui doit pas moins. Ce grand homme mérita donc, sous tous les rapports, l'éloge du père Bouhours :

<blockquote>Tu réformas et la cour et la ville, etc.</blockquote>

Regnard, qui fut le successeur de Molière, l'égala quelquefois dans la gaîté du style. On remarque même dans cet auteur des alliances de mots comiques que l'auteur du *Misantrope* n'a pas connues. Mais quelle différence entre Molière et Regnard, pour la conception des pièces, pour les vues morales, et pour le fonds des idées ? Molière ne doit jamais ses plaisanteries à un bon mot isolé ; il les puise dans son sujet ; elles naissent de la situation, et leur effet est toujours sûr. Regnard, au contraire, s'abandonne à sa gaîté naturelle ; il place les mots plaisans sans faire une distinction toujours juste de leur convenance. Il fait rire, mais il ne satisfait point l'esprit autant que son maître. Le caractère des deux auteurs explique cette différence. Molière étoit profond observateur, et par conséquent triste dans le monde ; son tempérament étoit bilieux, son esprit irascible.

Regnard étoit épicurien; il ne voyoit que des plaisanteries à faire sur les travers de la société; il saisissoit plutôt le côté bouffon que le côté ridicule d'un personnage. De-là ses rôles un peu chargés, et le défaut absolu de cette énergie qu'avoit Molière.

Le style de Regnard est plein de facilité et de graces; mais on y relève quelques négligences échappées à la paresse de l'auteur. Malgré ces défauts, on lira toujours avec plaisir les vers du *Joueur*, du *Distrait*, et la prose comique et piquante du *Retour imprévu*. Dufréni, que les comédiens ont mal-à-propos banni du théâtre, n'a pas égalé Regnard; mais son style est spirituel et comique, quoiqu'un peu affecté.

Nous avons vu les grands poëtes du siècle de Louis XIV s'exercer dans la poésie noble, et dans celle qui a pour objet de peindre les ridicules et les travers des hommes. On auroit pu regretter le genre naïf des siècles précédens, si La Fontaine, digne contemporain des Corneille, des Racine et des Molière, n'avoit su faire entrer dans ses fables la manière perfectionnée de Marot, et le petit nombre de bonnes plaisanteries que l'on trouve dans Rabelais. La Fontaine jouit dans son temps des suffrages qu'il avoit mérités, quoique des raisons étrangères à la littérature l'aient privé des bienfaits de Louis xiv. Dans le dix-huitième siècle, on l'a élevé beaucoup plus haut. Quelques littérateurs ont prétendu qu'il étoit le génie le plus étonnant du grand siècle, et par une inconséquence assez ordinaire aux philosophes modernes, ils ont fait de lui un être impassible, et guidé par son seul instinct. Enfin, pour rendre cette idée, ils l'ont nommé *fablier* (1), c'est-à-dire un arbre qui porte des fables. Je dois indiquer les causes de cette double exagération.

Fontenelle appeloit La Fontaine une *bête* qui avoit un heureux instinct. Cet homme, peut-être le moins propre à apprécier La Fontaine, croyoit montrer beaucoup d'esprit en employant une expression grossière pour désigner le poëte le plus distingué par ses graces naïves, si éloignées du goût précieux de l'auteur *des Mondes*. Le desir de dénigrer Louis xiv, qui n'avoit pas récompensé La Fontaine, d'abaisser

---

(1) Madame de la Sablière lui avoit donné ce nom, qui ne fut jamais considéré par elle-même que comme une plaisanterie de société. Dans le dix-huitième siècle, on se souvint de cette anecdote, et on la prit au sérieux. Il est assez singulier de voir Chamfort dire sentencieusement à l'Académie françoise : *Le fablier devoit porter des fables.*

Boileau, qui n'en avoit pas fait mention dans l'*Art poétique*, suffisoit aux philosophes modernes pour accabler d'éloges le fabuliste. Mais, tout en lui prodigant des louanges, il étoit de leur politique de ne pas attaquer le jugement de Fontenelle, le patriarche de la philosophie. D'une bête, on fit un arbre. Je ne sais si La Fontaine gagna au change.

Cet auteur n'étoit point tel que quelques littérateurs modernes ont voulu nous le représenter. Comme tous les bons poëtes du siècle de Louis XIV, il travailloit beaucoup ses ouvrages. Ses distractions continuelles étoient produites par l'attention constante qu'il donnoit à ses poésies. Quand, pour aller à l'Académie, il disoit qu'il prenoit le chemin le plus long, c'étoit pour s'occuper seul de quelque idée qui le tourmentoit. Les anecdotes de sa vie privée, que l'on a beaucoup exagérées, ne prouvent rien contre la manière dont il faisoit ses ouvrages. « Je vous
« donnerai ces deux livres de La Fontaine,
« dit madame de Sévigné, et quand vous de-
« vriez vous mettre en colère, je vous dirai qu'il
« y a des endroits jolis et d'autres ennuyeux. On
« ne veut jamais se contenter d'avoir bien fait,
« et, en voulant mieux faire, on fait plus mal. »
Ce témoignage d'une femme qui fut la protec-
trice

trice de La Fontaine me paroît irrécusable. Il répond victorieusement à l'idée fausse que dans dans le dix-huitième siècle on s'est formée de ce poëte.

On a depuis long-temps fait sentir le charme des meilleures fables de La Fontaine. *Les Animaux malades de la peste*, *les Deux Pigeons*, etc. ont exercé plusieurs commentateurs qui en ont fait remarquer toutes les beautés. J'examinerai une fable dont la réputation est moins grande, et je m'efforcerai de faire connoître la manière de La Fontaine.

LE LOUP ET LES BREBIS.

Après mille ans et plus de guerre déclarée,
Les loups firent la paix avecque les brebis.
C'étoit apparemment le bien des deux partis ;
Car si les loups mangeoient mainte bête égarée,
Les bergers de leur peau se faisoient maints habits.
Jamais de liberté, ni pour les pâturages,
 Ni d'autre part pour les carnages.
Ils ne pouvoient jouir qu'en tremblant de leurs biens.
La paix se conclut donc, on donne des otages,
Les loups leurs louveteaux, et les brebis leurs chiens.
L'échange en étoit fait aux formes ordinaires,
 Et réglé par des commissaires.

Au bout de quelque temps, que messieurs les louvats
Se virent loups parfaits et friands de tuerie,
Ils vous prennent le temps que dans la bergerie
  Messieurs les bergers n'étoient pas,
Etranglent la moitié des agneaux les plus gras,
Les emportent aux dents, dans les bois se retirent.
Ils avoient averti leurs gens secrétement ;
Les chiens qui, sur leur foi, reposoient sûrement,
  Furent étranglés en dormant.
Cela fut sitôt fait qu'à peine ils le sentirent.
Tout fut mis en morceaux, un seul n'en échappa.
  Nous pouvons conclure de-là
Qu'il faut faire aux méchans guerre continuelle.
  La paix est fort bonne de soi,
  J'en conviens ; mais de quoi sert-elle
  Avec des ennemis sans foi ?

Cette fable est remarquable par sa moralité. Ordinairement La Fontaine ne prescrit que des vertus douces ; il montre le bonheur dans une sorte d'insouciance. Il paroît ici sortir de son caractère, en voulant qu'on fasse aux méchans une guerre continuelle.

Le style de cette fable est plein de charme et d'ingénuité : elle commence d'un ton pompeux ; c'est un moyen que La Fontaine employoit souvent, et qui donne aux sujets qu'il traite une importance comique très-agréable. C'est ainsi qu'il parle, dans d'autres fables, du *Blocus* de *Ratopolis*, de la *Guerre de Troye*, en peignant deux taureaux amoureux, de la propriété du premier occupant, à l'occasion d'un lapin et d'une belette : la paix étoit nécessaire aux deux partis:

> Car si les loups mangeoient mainte bête égarée,
> Les bergers de leur peau se faisoient maints habits.

Peut-on rendre, avec plus de raison et d'une manière plus précise, une idée qui sembloit demander des développemens ? Remarquez en outre que la tournure est pleine d'originalité et de comique.

La paix se conclut, on donne des otages, l'échange est fait, il est réglé par des commissaires. Voilà encore des exemples de cette importance donnée adroitement à de petits sujets. Messieurs les bergers, sur la foi des traités, n'étoient point dans la bergerie, les louveteaux devenus grands saisissent cette occasion pour emporter la moitié des agneaux les plus gras. Messieurs les chiens, encore plus confians que les bergers, sont étranglés en dormant.

> Cela fut sitôt fait qu'à peine ils le sentirent.

Ce récit est admirable. Quelle grace et quelle

simplicité dans le dernier vers! Je dois faire observer deux légères taches dans le style de cette fable.

Ni d'autre part pour les carnages.

Carnage ne se dit qu'au singulier. *Reposoient sûrement. Sûrement* n'est point le synonyme de *en sûreté.*

En général le style de La Fontaine présente quelques-unes de ces petites incorrections. Il a aussi pris dans Marot et dans Rabelais plusieurs mots qui ne sont plus d'usage. J'en citerai quelques-uns : *alléché* pour *attiré*, *hère* pour *décharné* ; ce mot est substantif, il ne se dit qu'avec une épithète : *un pauvre hère* ; *testonner* pour *ajouter une tête*, *biens prévenus* pour *biens anticipés par notre imagination*, *grègues* pour *chausses*, *gaster* pour *estomac*, *chère-lie* pour *grande chère*, etc.

Depuis long-temps on a l'habitude de faire apprendre aux enfans les fables de La Fontaine. Cette méthode, blâmée par J. J. Rousseau, a ses avantages et ses inconvéniens. Les enfans peuvent puiser dans une grande partie de ces fables, les premiers principes de la morale et de la societé ; ils peuvent aussi, comme le dit La Fontaine dans sa préface, y apprendre à connoître les propriétés des animaux et leurs divers caractères. Mais d'un autre côté, n'est-il pas à craindre qu'ils n'y puisent des connoissances dangereuses pour leur âge ? Dans la fable du Jardinier et de son Seigneur, doit-on offrir aux regards de l'enfance le tableau de ce seigneur qui se permet des libertés indécentes avec la fille du paysan. Il me semble donc que l'on devroit faire pour l'éducation, un choix judicieux des fables de La Fontaine. On auroit soin aussi de faire remarquer aux enfans les mots vieillis, afin qu'ils ne les adoptent pas, et que jamais ils ne les emploient, ni quand ils parlent, ni quand ils écrivent.

Les contes de La Fontaine ont quelques-unes des beautés des fables, mais les défauts y sont en plus grand nombre. Sans parler des tableaux licencieux, et presque tous uniformes, dont ils sont remplis, j'observerai que l'incorrection et les mauvaises tournures de phrase en rendent la lecture difficile pour ceux qui ont du goût, et dangereuse pour ceux qui n'en ont point. Les poésies diverses de La Fontaine sont foibles : on n'y remarque que son élégie sur la disgrace de Fouquet, qui est un modèle dans ce genre. Son roman de Psyché a le mérite du naturel et de l'invention. Sa comédie du Florentin est restée, non à cause du plan qui est vicieux, mais à cause des détails de style.

Chaulieu donna le premier l'idée de l'aisance et de la légéreté qui doivent caractériser les pièces fugitives. Les progrès du goût avoient fait oublier celles de Voiture, parmi lesquelles on ne trouve qu'une épître qui ait de la grace et du naturel; ce sont des vers au grand Condé, qui finissent ainsi :

> Croyez-moi, c'est bien peu de chose
> Qu'un demi-dieu quand il est mort.

La Fare, dans sa vieillesse, avoit excellé dans ce genre. On connoît sa Déclaration d'amour. Chapelle avoit mêlé heureusement les vers à la prose dans son Voyage avec Bacheaumont. La Description du château de Notre-Dame-de-la-Garde, dont Scudéry étoit gouverneur, est pleine de gaîté. J'ai déja dit que Chapelle n'étoit pas l'inventeur des poésies à rimes redoublées. Madame Deshoulière acquit beaucoup de réputation par ses poésies amoureuses, et sur-tout par ses idylles. Celle des moutons a été si souvent citée et analysée, que je ne la rapporterai pas ici. Pour donner une idée de son talent poétique, je me bornerai à transcrire un madrigal, où la délicatesse du sentiment me paroît unie à l'élégance de l'expression.

> Le cœur tout dévoré par un secret martyre,
> Je ne demande point, Amour,
> Que sous ton tyrannique empire,
> L'insensible Tircis s'engage quelque jour.
> Pour punir son ame orgueilleuse,
> De l'immortel affront qu'il fait à mes attraits,
> N'arme point contre lui ta main victorieuse.
> Sa tendresse pour moi seroit plus dangereuse
> Que tous les maux que tu me fais.

Parmi les poëtes qui, sans s'être distingués par des chefs-d'œuvres, ont fait des ouvrages très-estimables, on doit distinguer Thomas Corneille. Ses tragédies d'*Ariadne* et du *Comte d'Essex* se sont soutenues malgré les critiques de Voltaire. On trouve le bon style de la comédie dans le *Festin de Pierre*, le *Baron d'Albikrak* et la *Comtesse d'Orgueil*. Plusieurs personnes ignorent que Thomas Corneille fit des ouvrages en prose très-utiles et très-estimés de son temps. On lui doit des notes judicieuses sur un ouvrage grammatical de Vaugelas, un Dictionnaire universel Géographique et Historique, et un Dictionnaire des Arts, dont les encyclopédistes ont profité pour la partie de leur ouvrage qui concerne les métiers.

Je n'ai point parlé de l'*Alaric* de Scudéry, du *Moyse Sauvé*, de la *Pucelle*, tous ces poëmes épiques que Boileau a si justement anéantis. On trouve cependant, ainsi que l'observe lui-même notre grand critique, quelques passages de la Pucelle qui ont de la force et de la précision. J'en citerai un dans lequel on verra la manière de Chapelain, lorsqu'il s'élève au-dessus de lui-même. Malgré la dureté et la mauvaise tournure des vers, on remarquera des images rendues avec assez de vérité. Le poëte peint la Terreur.

>Entre le haut des cieux, et le bas de la terre,
>Dans la plaine étendue où règne le tonnerre,
>Habite la Terreur qui, par cent froides mains,
>Serre et glace le cœur des malheureux humains.

Chapelain fait avec beaucoup de soin la description de cette divinité terrible.

>D'un mouvement rapide, elle vole et revole
>Du levant au couchant, de l'un à l'autre pôle,
>S'accommode sans peine aux changemens du sort,
>Et se range toujours du côté du plus fort.

La Terreur va près de Betfort, général anglais: elle l'intimide, en lui offrant les plus affreuses images.

> A ses regards douteux, elle peint et figure
> Chacun des assaillans, immense de structure;
> Les présente chacun de deux masses armé,
> Envenimé de haine, et de sang affamé.
> Ainsi, dans sa fureur, par son crime excitée,
> Sur le mont Cythéron, le fabuleux Panthée
> Voyoit ou pensoit voir de ses farouches yeux,
> Et deux Thèbes en terre, et deux soleils aux cieux.

Ces vers sont difficiles à lire, quand on est habitué à l'harmonie de ceux de Racine; mais il étoit nécessaire de donner une idée du style de Chapelain, qui jouit long-temps d'une grande réputation. J'ai choisi un de ses plus beaux morceaux; il faut, pour en trouver de pareils, se condamner à une lecture qui peut être regardée comme un travail très-pénible.

Les gens de lettres doivent distinguer le Saint-Louis du père Le Moine, et la Pharsale de Brébœuf, où se trouvent quelques beaux vers; mais il faut les lire avec précaution.

Une dispute ecclésiastique fit naître le premier ouvrage où la prose françoise fut fixée et perfectionnée. On devine aisément que je veux parler des Provinciales de Pascal. Balzac avoit donné à son style de l'harmonie et une sorte de dignité ; mais cet auteur si vanté de son temps, n'avoit écrit que sur des sujets frivoles, avec emphase et affectation. Le style de Montagne, nourri d'idées et sans prétention, étoit bien supérieur aux phrases vides et sonores de Balzac.

Pour donner une idée juste des *Provinciales* et des autres ouvrages de Pascal, il est nécessaire que j'explique ce que c'étoit que cette fameuse réunion des solitaires de Port-Royal, quels furent les motifs de leur scission avec la plus grande partie de l'Eglise romaine, et des persécutions dont ils furent l'objet. L'ouvrage posthume d'un évêque d'Ypres, appelé *Jansenius*, fut imprimé à cette époque. Quoique très-obscur, il eut le succès qu'obtiennent toujours les livres où l'on espère trouver une nouvelle doctrine. Arnaud, docteur de Sorbonne, et plusieurs ecclésiastiques estimables, crurent trouver dans cet ouvrage les principes de Saint-Augustin développés d'une manière édifiante et orthodoxe. La Sorbonne, effrayée de cette espèce d'innovation, examina le livre ; cinq propositions en furent extraites et condamnées. Arnaud et ses partisans convinrent que les propositions étoient erronées, mais ils nièrent qu'elles existassent dans le livre de Jansénius. Cet aveu ne satisfit point leurs adversaires; et quoique dans la Sorbonne soixante docteurs se fussent rangés du côté d'Arnaud, il succomba. Les jésuites se déchaînèrent contre le docteur condamné. On trouvera peut-être peu important aujourd'hui de connoître à fond l'objet de cette dispute; je me bornerai à l'indiquer. Dans les propositions de Jansénius, on avoit cru remarquer que le prélat donnoit à la grace trop d'efficacité, et qu'il détruisoit ainsi la liberté de l'homme. On avoit pensé que cette doctrine tenoit un peu du manichéisme; et l'on comparoit la grace efficace au bon principe, et les passions humaines au mauvais. Les jansénistes s'appuyoient sur quelques passages de Saint-Augustin; mais leurs adversaires leur répondoient que ce père, ayant eu à combattre les pélagiens, qui accordoient tout à la raison de l'homme, n'avoit pu se dispenser de renforcer le pouvoir de la grace, et qu'il avoit rectifié dans ses rétractations les erreurs qui avoient pu leur échapper. Des raisons si sages auroient probablement ramené Arnaud, si la persécution ne l'eût fait chef de parti. Ce docteur, aussi savant que religieux et régulier dans sa conduite, se laissa entraîner à la vaine gloire de former, dans l'Eglise et dans l'Etat, une espèce d'opposition. Arnaud, fatigué des tracasseries qu'il éprouvoit à Paris, se retira avec quelques-uns de ses amis, dans une petite maison qui dépendoit du couvent des religieuses de Port-Royal-des-Champs, dont sa sœur, la fameuse mère Angélique, étoit supérieure. Ces solitaires, parmi lesquels se trouvèrent depuis l'éloquent avocat Lemaître, le célèbre de Saci son frère; Nicole, fameux par ses *Essais de Morale*; Lancelot et le duc de Chevreuse, ne se bornèrent point à défendre le parti qu'ils avoient adopté; ils s'occupèrent de la composition de plusieurs livres utiles à la jeunesse. On vit sortir de Port-Royal les *Méthodes latine et grecque*, la *Logique*, ouvrage fait pour le duc de Chevreuse, et la *Grammaire générale*, dont je donne ici une édition. Ce dernier ouvrage fut le fruit des conversations d'Arnaud et de Lancelot. De l'aveu de tous ceux qui travaillent à l'instruction de la jeunesse, ces livres élémentaires sont les meilleurs qui aient été faits. Ils réunissent la précision à la netteté; les principes développés avec méthode se gravent facilement dans l'esprit; les définitions sont claires, et donnent une idée parfaitement juste des objets que l'on y traite. Plusieurs doutes proposés par Vaugelas sont résolus dans la *Grammaire générale*, à laquelle ou n'a pu ajouter depuis que des développemens qui embarrassent le lecteur sans augmenter ses lumières. Le caractère principal des écrits de Port-Royal fut une logique serrée, et une élégance d'expression qu'on regardoit alors comme incompatible entre elles. C'est ce qui explique pourquoi Boileau et Racine, ces esprits si justes, penchoient pour le jansénisme. D'ailleurs il y avoit quelque gloire à défendre des opprimés ; et sous un règne comme celui de Louis XIV, où jamais l'autorité n'avoit été contrariée, on trouvoit de la satisfaction à être en quelque sorte opposé aux idées dominantes. Dangereuse erreur dont l'expérience des plus grands malheurs n'a jamais guéri les hommes! L'obstination d'Arnaud et de ses partisans entraîna par la suite la ruine de Port-Royal, et la dispersion des religieuses, qui n'avoient jamais rien entendu à ces disputes théologiques.

J'ai dit que les jésuites avoient attaqué vivement Arnaud : ses amis prirent la résolution de leur répondre ; et le choix qu'ils firent de celui qui devoit défendre leur cause, prouve leur discernement profond. Pascal, génie précoce, qui seroit peut-être devenu l'homme le plus étonnant de son siècle, si une mort prématurée ne l'eût enlevé à l'éloquence et à la religion, fut chargé d'écrire contre les jésuites. Ayant appris seul les premières parties des mathématiques, parvenu à onze ans, sans le secours d'aucun maître, jusqu'à la 32e proposition d'Euclide, géomètre fameux à dix-sept ans, il abandonna les sciences à trente, pour se livrer à l'éloquence religieuse. Ses *Lettres provinciales*, dont tout le monde parle, et que peu de personnes connoissent; ce livre, que Boileau, avec une exagération excusable par le dessein qu'il avoit de déconcerter un jésuite, mettoit au-dessus des chefs-d'œuvres de l'antiquité, fut lu dans la nouveauté avec cet intérêt et cette avidité que fait naître la perfection d'un style piquant et original, lorsqu'elle est jointe aux passions de l'esprit de parti. Dans le dernier siècle, on a comparé la gaîté et le sel des premières Lettres au comique de Molière, comme s'il y avoit quelque rapport entre un auteur dramatique, et un écrivain qui discute des questions de théologie. C'étoit la méthode des philosophes modernes, lorsqu'ils ne pouvoient refuser leur suffrage à un livre religieux. Ils le comparoient à un ouvrage profane, pour lui faire perdre son véritable caractère. C'est ainsi qu'ils ont fait des parallèles aussi peu raisonnables entre Bourdaloue et Corneille, entre Massillon et Racine.

Les premières Lettres provinciales ont pour objet de rappeler l'état de la question, et de défendre Arnaud contre ses adversaires : elles eurent un grand succès, mais elles ne produisirent aucun effet favorable à la cause du client de Pascal. L'auteur, irrité de cette espèce de défaite, crut porter un coup mortel aux jésuites, en dévoilant la morale de leurs casuistes. Quelques-uns de ces pères, et sur-tout des jésuites espagnols, avoient, dans leur solitude, imprudemment discuté les points de morale les plus importans. Le défaut d'usage du monde, le désir de ramener les grands à la religion, en leur rendant sa pratique facile, les avoient entraînés à quelques erreurs dont la publicité pouvoit être dangereuse. Cette faute n'étoit point celle des jésuites françois qui, sous Louis XIV, étoient des hommes aussi vertueux qu'instruits, parmi lesquels on comptoit Bourdaloue, Bouhours, Brumoy et Daniel. Pascal qui, dans la dispute, avoit sur-tout le talent de pousser les conséquences aussi loin qu'elles pouvoient aller, profita de l'avantage qu'il avoit sur les jésuites, les accabla avec les armes du ridicule et de la dialectique, et fut peut-être la

première cause de leur destruction dans le siècle suivant. Il est difficile de donner une idée juste du style de ces Lettres. Une matière qui, au premier coup-d'œil, paroît si aride, prend sous la plume de Pascal, une couleur agréable; jamais le langage pédantesque de l'école ne se fait appercevoir parmi des plaisanteries intarissables. L'auteur présente à son lecteur, à qui il ne suppose aucune connoissance du sujet de la dispute, les objets dans un ordre et sous un point de vue qui les lui fait concevoir aussitôt. Au milieu de ces discussions, on rencontre quelquefois des traits de la plus haute éloquence. Je ne citerai qu'un passage sur la vérité. L'auteur s'adresse aux jésuites. « Vous croyez avoir la force
« et l'impunité ; mais je crois avoir la vérité
« et l'innocence. C'est une étrange et longue
« guerre que celle où la violence essaye d'op-
« primer la vérité. Tous les efforts de la violence
« ne peuvent affoiblir la vérité, et ne servent
« qu'à la relever davantage. Toutes les lumières
« ne peuvent rien pour arrêter la violence, et
« ne font que l'irriter encore plus. Quand la
« force combat la force, la plus puissante dé-
« truit la moindre ; quand on oppose les dis-
« cours aux discours, ceux qui sont véritables
« et convaincans, confondent et dissipent ceux
« qui

« qui n'ont que la vanité et le mensonge. Mais
« la violence et la vérité ne peuvent rien l'une
« sur l'autre. Qu'on ne prétende pas de-là, néan-
« moins, que les choses soient égales; car il y a
« cette extrême différence, que la violence n'a
« qu'un cours borné par l'ordre de Dieu, qui en
« conduit les effets à la gloire de la vérité qu'elle
« attaque; au lieu que la vérité subsiste éternel-
« lement, et triomphe enfin de ses ennemis,
« parce qu'elle est éternelle et puissante comme
« Dieu même. »

Ce style serré, noble et soutenu, devoit étonner les lecteurs, lorsqu'ils ne connoissoient encore en prose éloquente que les Lettres et les Traités de Balzac. Les jésuites accusèrent Pascal d'avoir fait des citations fausses. Il se justifia par ses dernières lettres; et quoique, dans ces sortes de discussions, celui qui attaque ait presque toujours de l'avantage sur celui qui se défend, l'auteur conserva son immense supériorité.

Pascal, après avoir fait cet ouvrage où il avoit mis peut-être trop d'aigreur, n'entra plus dans aucune dispute. Quoiqu'à la fleur de l'âge, des travaux immenses, les efforts surnaturels d'une imagination ardente, et surtout les suites d'un accident terrible, avoient détruit sa santé, et altéré son humeur. Dé-

voré d'une mélancolie profonde, il abandonna toute société, il dépouilla tout esprit de parti; et, retiré dans une solitude, il employa ses talens sublimes à la défense de la religion. Pendant les quatre dernières années de sa vie, il s'occupa d'un ouvrage où il vouloit démontrer jusqu'à l'évidence, la vérité de la religion chrétienne. Il ne se servoit pas, pour prouver l'existence de Dieu, de l'harmonie admirable de l'univers; il se privoit de toutes les ressources de l'imagination; c'étoit par la raison seule qu'il vouloit convaincre l'homme. L'éditeur de ses œuvres a cherché à développer le plan général du grand ouvrage que Pascal avoit entrepris. Il me semble que ce plan est indiqué d'une manière plus lumineuse dans une des pensées chrétiennes de l'auteur des *Provinciales*. « A ceux, dit-il, qui
« ont de la répugnance pour la religion, il faut
« commencer par leur montrer qu'elle n'est
« point contraire à la raison ; ensuite qu'elle est
« vénérable, et en donner du respect; après
« la rendre aimable, et faire souhaiter qu'elle
« soit vraie ; et puis montrer par les preuves in-
« contestables qu'elle est vraie ; faire voir son
« antiquité et sa sainteté, par sa grandeur et son
« élévation ; et enfin qu'elle est aimable, parce
« qu'elle promet le vrai bien. » L'habitude de

Pascal, lorsqu'il travailloit à un ouvrage, étoit d'écrire toutes les pensées qui lui venoient sur cet objet; il les fondoit ensuite dans un ensemble régulier. La mort l'ayant surpris avant qu'il n'eût mis en ordre ce travail, qui auroit été une des plus étonnantes productions de l'esprit humain, il ne nous est resté qu'un petit nombre de pensées, que l'auteur regardoit comme des matériaux informes. Dans ces pensées, échappées à l'auteur sans qu'il ait pu prévoir qu'elles seroient publiées telles qu'il les avoit écrites, on découvre tout le génie de Pascal. Quelques obscurités, quelques légères incorrections, n'empêchent pas qu'on n'y admire l'éloquence jointe à la dialectique, la précision la plus rigoureuse, et les tournures les plus piquantes, les plus originales, sans aucun mélange de mauvais goût. Un des mystères les plus difficiles à approfondir, en se privant du secours de la révélation, est celui du péché originel. Pascal en a cherché l'explication dans l'homme lui-même; ce composé de grandeur et de bassesse, de vices et de vertus, de génie et d'absurdité, de force et de foiblesse, donne à l'auteur l'idée d'un être déchu de son ancienne perfection. « Car enfin, dit Pascal, si
« l'homme n'avoit jamais été corrompu, il jeui-
« roit avec assurance; et si l'homme n'avoit jamais

« été que corrompu, il n'auroit aucune idée ni
« de la vérité, ni de la béatitude. Mais, malheu-
« reux que nous sommes! et plus que s'il n'y
« avoit aucune grandeur dans notre condition,
« nous avons une idée du bonheur, et ne pou-
« vons y arriver ; nous sentons une image de
« la vérité, et ne possédons que le mensonge ;
« incapables d'ignorer absolument, et de sa-
« voir certainement : tant il est manifeste que
« nous avons été dans un degré de perfection
« dont nous sommes malheureusement tombés. »
Pascal fouille, pour ainsi dire, le cœur humain ; il pénètre dans ses replis les plus profonds ; il découvre des sentimens que l'homme
aveugle se cache toujours à lui-même.

Voltaire a commenté Pascal ; la haine du philosophe pour tout ce qui tenoit à la religion chrétienne, a dû influer sur ses jugemens. Je vais en
citer un exemple. Pascal, en parlant de l'homme,
avoit dit : « L'homme n'est qu'un roseau, mais
« c'est un roseau pensant. Il ne faut pas que l'u-
« nivers entier s'arme pour l'écraser ; une va-
« peur, une goutte d'eau suffit pour le tuer ; mais
« quand l'univers l'écraseroit, l'homme seroit
« encore plus noble que celui qui le tue, parce
« qu'il sait qu'il meurt, et l'avantage que l'uni-
« vers a sur lui, l'univers n'en sait rien. Ainsi

« toute notre dignité consiste dans la pensée ;
« c'est de là qu'il faut nous relever, non de l'es-
« pace et de la durée. Travaillons donc à bien
« penser ; voilà le principe de la morale. » Je
n'ai pas besoin de faire remarquer l'éloquence
avec laquelle cette pensée est exprimée. La vérité peut seule donner cette force et cette justesse dans la tournure et dans l'expression. Voici
l'observation de Voltaire : « Que veut dire ce
« mot *noble* ? Il est bien vrai que ma pensée
« est autre chose, par exemple, que le globe du
« soleil ; mais est-il bien prouvé qu'un animal,
« parce qu'il a quelques pensées, est plus noble
« que le soleil qui anime tout ce que nous con-
« noissons de la nature ? Est-ce à l'homme à en
« décider ? il est juge et partie. On dit qu'un ou-
« vrage est supérieur à un autre, quand il a
« coûté plus de peine à l'ouvrier, et qu'il est d'un
« usage plus utile. Mais en a-t-il moins coûté au
« Créateur de faire le soleil, que de pétrir un
« petit animal haut de cinq pieds, qui raisonne
« bien ou mal ? Qui des deux est le plus utile au
« monde, ou de cet animal, ou de l'astre qui
« éclaire tant de globes ? et en quoi quelques
« idées reçues dans un cerveau sont-elles pré-
« férables à l'univers matériel ? » Le lecteur a
déja remarqué la différence du style des deux

auteurs. Pascal, en observant la noblesse et la dignité de l'homme, qu'il appelle *un roseau pensant*, et en le mettant au-dessus de l'univers matériel, rend une idée sublime et vraie, avec toute la magnificence de l'expression. Voltaire, en s'abaissant lui-même au vil état des animaux, parle d'une manière basse et triviale. *Il est vrai*, dit-il, *que ma pensée est autre chose que le globe du soleil*. Ensuite il compare Dieu à un ouvrier qui eut plus de peine à faire le soleil que l'homme, comme si le grand Être avoit eu de *la peine* à créer quelques-uns de ses ouvrages. *En quoi*, ajoute-t-il, *quelques pensées sont-elles préférables à l'univers matériel?* Ainsi la fange, qui fait, comme le soleil, partie de l'univers matériel, est aussi noble que l'homme. Quel déplorable usage de l'esprit, lorsqu'on l'emploie à se ravaler jusqu'à se mettre au niveau des animaux et de la matière !

La *Recherche de la Vérité*, du père Mallebranche, peut être regardée comme un modèle du style que l'on doit employer dans la métaphysique. L'auteur a partagé les erreurs de Descartes ; il n'a pas assez réprimé les écarts d'une brillante imagination ; mais il a développé de grandes vérités morales, et n'est jamais tombé dans l'obscurité et dans la sécheresse des idéologistes modernes. Toutes les opinions de Mallebranche ont quelque chose de sublime : son système élève la nature humaine, et la sépare de ce que la matière a de vil et de grossier. Il pense que les rapports de nos esprits avec Dieu sont naturels, nécessaires, indispensables ; et que les rapports de nos esprits avec nos corps ne le sont point. Les foiblesses inévitables de l'homme sont attribuées à la dégénération d'un état plus parfait. En cela Mallebranche rentre dans les idées de Pascal sur le péché originel. Selon l'auteur de la *Recherche de la Vérité*, les sens ne sont donnés à l'homme que pour conserver son corps, et pour le garantir des dangers dont il est environné. Si l'homme se livre à leur impulsion, soit pour contenter sa curiosité, soit pour trouver des plaisirs, il ne peut que commettre des erreurs. De notre impuissance à lutter contre nos sens, résultent les égaremens et les crimes de l'humanité. Les preuves de ce système sont tirées des nombreuses erreurs de nos sens. Deux hommes ne sentent pas l'un comme l'autre ; il y a autant de différence dans les sensations que dans les formes des individus. Les sens nous trompent sur l'étendue, la figure et la nature des objets. Ils sont fidèles et exacts pour nous instruire des rapports que les corps

qui nous environnent ont avec le nôtre ; mais ils sont incapables de nous apprendre ce que ces corps sont en eux-mêmes. Il faut se servir des sens pour conserver sa santé et sa vie ; mais on ne peut trop les mépriser quand ils veulent s'élever jusqu'à soumettre l'esprit. On voit que cette philosophie ramène à toutes les idées morales qui assurent la durée et le bonheur des sociétés : elle apprend à vaincre les orages des sens, et à consulter une raison indépendante du plaisir et de la douleur. Il peut y avoir des erreurs dans l'ensemble de cette doctrine ; mais du moins ces erreurs ne peuvent être d'aucun danger. Le style de Mallebranche répond à la sublimité de ses idées ; remarquez avec quelle éloquence il peint l'incertitude de l'homme qui veut percer des mystères au-dessus de la raison humaine. « On appréhende avec sujet,
« dit-il, de vouloir pénétrer trop avant dans
« les ouvrages de Dieu : on n'y voit qu'infi-
« nité par-tout ; et non-seulement nos sens,
« notre imagination sont trop limités pour les
« comprendre ; mais l'esprit même, tout pur
« et tout dégagé qu'il est de la matière, est
« trop grossier et trop foible pour pénétrer le
« plus petit des ouvrages de Dieu. Il se perd,
« il se dissipe, il s'éblouit, il s'effraye à la vue

« de ce qu'on appelle un *atome*, selon le lan-
« gage des sens; mais toutefois l'esprit pur a
« cet avantage sur les sens et sur l'imagina-
« tion, qu'il reconnoît sa foiblesse et la gran-
« deur de Dieu, et qu'il apperçoit l'infini dans
« lequel il se perd; au lieu que nos sens ra-
« baissent les ouvrages de Dieu, et nous don-
« nent une sotte confiance qui nous précipite
« aveuglément dans l'erreur. » Cette modestie d'un esprit supérieur, cette clarté dans les
idées, cette éloquence dans la diction, ne sont-
elles pas bien au-dessus du style ordinaire de nos
Traités de matérialisme, où la présomption imprudente de l'homme est aussi repoussante que
l'obcurité et la sécheresse de ses pensées?

Le tableau complet des mœurs et des travers du siècle de Louis XIV fut fait par un
homme que l'on peut regarder comme le plus
grand observateur qui ait existé. Labruyère
composa ce recueil unique dans son genre,
des réflexions que les premières classes de la
société purent fournir à un esprit doué du tact
le plus délicat sur les nuances des devoirs de
l'homme, et sur les convenances de mœurs.
On pourroit reprocher quelques erreurs de
goût à ses réflexions sur les ouvrages d'esprit.
L'ancienne réputation de Rabelais, de Ronsard

et de Théophile avoit pu l'égarer ; mais ce qu'il dit sur les hommes, sur les femmes, sur la cour, sur les usages, sur les jugemens, sur les esprits forts, est un modèle de raison et de justesse. Son style est vif et naturel ; le tour de ses phrases est varié et original, quoique l'auteur n'ait jamais cherché ces manières de s'exprimer pointilleuses auxquelles on a depuis donné le nom de *trait dans le style*. La Bruyère fut, comme tous les grands hommes de son siècle, le défenseur de la religion. Ses argumens contre les esprits forts ont quelque rapport avec ceux de Pascal. Il a fait un chapitre sur le *cœur*. Vous y chercheriez en vain cette sensibilité minutieuse qui a été si à la mode dans le dix-huitième siècle. La Bruyère, en parlant de l'amour, n'a pas cette emphase, ces expressions exagérées que nous avons données aux passions. Ses idées sont toujours simples et vraies : il ne s'aveugle point sur le bonheur que donne l'amour : « On veut faire, dit-il, tout le bonheur, « ou, si cela ne se peut ainsi, tout le malheur de « ce qu'on aime. » Son chapitre sur le souverain contient quelques idées qui nous auroient épargné bien des malheurs, si les novateurs les avoient méditées. Elles prouvent que les grandes pensées politiques n'étoient pas, comme on a voulu le faire croire, étrangères aux écrivains du siècle de Louis XIV. Les jeunes gens qui se destinent à la diplomatie, doivent lire avec attention la digression de la Bruyère sur les fonctions des ambassadeurs. Ils y trouveront développés, avec une sagacité étonnante, tous les moyens de réussir dans une négociation. Dans un temps où l'on a voulu soumettre tout à des principes généraux, où les écrivains politiques se sont plus occupés de systèmes sur l'humanité, que de projets utiles pour le bien de leur pays, on a dit que la Bruyère avoit eu de petites vues, parce que sa morale s'appliquoit aux François seulement, et non à tous les hommes. Molière, qui n'a peint que des courtisans, des bourgeois de Paris, et des provinciaux, avoit-il de petites vues ?

Les *Maximes du duc de la Rochefoucault* sont loin de pouvoir être comparées aux *Caractères*. Le style de cet ouvrage a beaucoup de rapport avec celui des écrivains du dix-huitième siècle : on y remarque sur-tout cette sorte de trait dont j'ai déja parlé. On peut reprocher avec justice à la Rochefoucault, d'ailleurs si estimable par ses mœurs privées, d'avoir détruit l'idée de toutes les vertus, d'avoir cherché à étouffer dans l'homme les nobles sentimens de l'amitié, du courage et de la générosité ; d'avoir enfin développé les premiers germes du système de l'intérêt personnel, dont Helvétius a tant abusé dans le siècle suivant.

Dans la revue des écrivains du grand siècle, on ne doit point oublier madame de Sévigné, qui devint auteur classique sans le savoir. Ce n'est pas dans un extrait que l'on pourroit faire connoître ce mélange d'aisance, d'abandon, de grandes idées, ce naturel dans les tableaux et dans les récits, cette variété charmante des objets dont s'occupe une femme qui nous fait partager, pour quelques momens, ses passions, ses goûts, ses souvenirs, et même ses préjugés. Le respectable abbé de Vauxcelles, que la mort vient d'enlever aux lettres, caractérise très-bien le style de madame de Sévigné. « Cette plume, « dit-il, devint la plus infatigable, la plus sou- « tenue, la plus simple, la plus brillante, la « plus variée, la plus semblable à elle-même, « dont on ait jamais recueilli les lettres. » On croit lire la lettre de madame de Sévigné sur le mariage de Mademoiselle. On a reproché à madame de Sévigné ses jugemens sur Racine; mais on n'a pas observé qu'elle n'avoit aucune prétention à être *femme de lettres*, et qu'elle ne jugeoit l'auteur de *Bajazet* que d'après des craintes excusables, quoique peu fondées, sur la conduite d'un fils chéri. Je ne quitterai point les moralistes, parmi lesquels j'ai cru devoir placer madame de Sévigné, sans faire mention de madame de Lafayette, qui, la première, abandonna les traces de la Calprenède et de mademoiselle Scudéri, pour donner au style du roman le naturel et les graces qui lui conviennent.

Le siècle de Louis XIV produisit quatre historiens célèbres, Mézerai, le Père Daniel, Vertot et Saint-Réal. Le premier mérita un grand succès, par de profondes connoissances politiques, et par un style précis et nerveux. Lié dans sa jeunesse avec Richelieu, lorsque celui-ci fut nommé orateur du clergé aux états de 1614, il fut à portée d'étudier nos usages, nos mœurs, nos lois, et notre ancienne constitution. Les ouvrages de Mézerai se ressentirent des études qu'il avoit faites. On n'avoit pas encore vu un tableau aussi fidèle et aussi complet des événemens qui composent notre histoire. Le style de cet auteur, qui écrivit dans le commencement du règne de Louis XIV, a un peu vieilli; cependant on le lit toujours avec intérêt; et la méthode scrupuleuse de l'historien dédommage de quelques détails minutieux et inutiles. Le Père Daniel chercha à se frayer une route nouvelle dans cette carrière difficile. Ses récits ont moins de sécheresse que ceux de son prédécesseur ; les faits y sont disposés d'une manière plus intéressante ; et le style du jésuite a une correction et une élégance inconnues à Mézerai. Les philosophes modernes ont reproché au Père Daniel une partialité marquée, sur-tout dans l'histoire des derniers règnes. Mais les bons esprits ont vu facilement que cette prétendue partialité ne lui étoit attribuée qu'à cause de son zèle pour la religion ; et ils ont rendu justice à sa manière adroite de fondre les événemens dans un ensemble toujours intéressant et toujours régulier. Vertot eut plus d'éloquence et de mouvement. Le choix qu'il fit des sujets qu'il traita, dut influer sur son talent. Les *Révolutions des Empires* offrent à la curiosité des lecteurs ces mouvemens politiques où les grands caractères se déploient, où les passions violentes se développent et se combattent, où les désastres inséparables du bouleversement des sociétés donnent à l'histoire un intérêt que ne peut avoir la peinture des époques plus heureuses et plus tranquilles. Les *Révolutions romaines*, celles de Suède, et la *Conjuration de Portugal,* assurent à l'abbé de Vertot une place distinguée parmi les bons historiens. L'*Histoire de Malte*, que l'auteur composa dans sa vieillesse, est très-inférieure aux ouvrages dont je viens de parler. Saint-Réal a été admiré dans le dix-huitième siècle, quoiqu'il ait été peu estimé tant qu'il a vécu. On ne peut attribuer cette faveur qu'à quelques idées hardies que l'auteur a introduites dans ses récits. On a reproché à Vertot de l'inexactitude, et l'on n'a pas remarqué que le *Don Carlos* de Saint-Réal, la *Conjuration de Venise*, n'étoient que des nouvelles bien écrites, et que le style seul distinguoit cet auteur du romancier Varillas. La *Vie d'Octavie*, puisée dans de bonnes sources, et écrite avec grace et élégance, est le meilleur ouvrage de Saint-Réal, et cependant celui dont on ait le moins parlé.

L'éloquence chrétienne est un des plus beaux titres que le siècle de Louis XIV ait à l'admiration des siècles futurs. Arrêtons-nous un moment sur les difficultés que dûrent éprouver les grands hommes qui se distinguèrent dans cette carrière. Lors des premiers siècles de l'Église, les ministres de l'Évangile avoient des réformes à faire, des changemens à opérer dans la discipline ecclésiastique ; ils avoient des idolâtres à convertir, des hérésiarques à combattre, des empereurs à appaiser. Leurs discours produisoient sur-le-champ des effets favorables à la religion. On peut se rappeler saint Augustin employant son éloquence à détruire des fêtes profanes qui s'étoient maintenues dans l'église d'Hyppone; saint Chrysostôme, recueillant dans son église Eutrope, ancien favori d'Arcadius, monstre qui avoit abusé de son crédit sur un empereur trop foible, qui s'étoit livré à tous les excès, et que le peuple vouloit massacrer. Le vénérable père de l'Église implore la grace du coupable, qui se repent, montre au peuple l'image présente de la fragilité des grandeurs humaines, et rappelle cette belle maxime : *vanité des vanités !* Quel beau champ pour l'éloquence! On peut se représenter saint Ambroise fermant à Théodose les portes de l'Église après le massacre de Thessalonique; trait peut-être unique dans l'histoire, qui fait autant l'éloge de l'empereur que du ministre des autels!

Les prédicateurs modernes n'avoient point les mêmes ressources. La religion, sous Louis XIV, étoit fondée sur des bases inébranlables. Ils n'avoient à combattre que les vices des hommes, et cette incrédulité cachée, plus difficile à détruire que l'idolâtrie. Je vais m'efforcer de donner une idée du parti qu'ils ont su tirer de leur situation,

tuation, et des ressources qui leur restoient.

Bourdaloue peut être considéré comme le père de l'éloquence chrétienne. Il avoit pour principe de ne jamais employer le langage des passions pour les combattre; il craignoit, par une éloquence trop vive, de les réveiller plutôt que de les détruire. On voit qu'il s'étoit privé lui-même des plus puissans moyens qui sont à la disposition de l'orateur. Il y substitua une logique serrée et pressante. L'incrédule ne put échapper à ses raisonnemens victorieux. Profond dans la connoissance des livres saints, nourri de la doctrine des pères, il terrassoit le vice par des autorités accablantes. On lui a reproché un peu de sécheresse dans le style, trop d'antithèses, des divisions et des subdivisions trop multipliées. Ces défauts tiennent au motif respectable qui avoit dirigé ce grand prédicateur. Ceux qui veulent apprendre à raisonner avec méthode, et connoître tous les secrets de la dialectique, doivent le lire avec attention.

Massillon suivit un système opposé. Il crut qu'on ne pouvoit convertir les hommes qu'en cherchant à toucher et à émouvoir fortement leurs cœurs. De-là, l'expansion affectueuse pour des frères égarés, qui caractérise l'éloquence de cet orateur. Aucun prédicateur, avant Massillon, n'avoit pénétré plus avant dans les replis cachés du cœur humain. Connoissant parfaitement un monde corrompu, dont il déplore les foiblesses et les égaremens, il combat les vices de toutes les classes de la société, il en développe les suites funestes, et il va chercher au fond d'une conscience agitée, les vaines excuses que le pécheur invente pour se tromper soi-même. Tantôt, ministre d'un Dieu irrité, il remplit les grands de la terre d'un salutaire effroi, en leur peignant la fin terrible du mauvais riche ; tantôt, organe consolant de la clémence divine, il rassure son auditoire par le tableau du retour de l'enfant prodigue, et par la conversion de la femme pécheresse. Tout le monde a entendu parler de son sermon sur les élus, où il finit par supposer que Dieu va juger tous ceux qui sont dans le temple. Mais on n'a pas assez fait remarquer les alliances de mots dont ce passage sublime est rempli. Dieu fait le terrible discernement des *boucs et des brebis :* « Justes, s'écrie Massillon, où êtes-vous ? « Passez à la droite ; *froment de Jésus-Christ,* « démêlez-vous de cette *paille* destinée au feu. » Quel heureux emploi des termes de l'Écriture ! On sait l'effet que produisit ce sermon. Le tableau de la mort du réprouvé est au moins aussi bien tracé. Je le citerai parce qu'il est moins

connu. « Alors le pécheur mourant ne trouvant
« plus dans le souvenir du passé que des re-
« grets qui l'accablent; dans tout ce qui se passe
« à ses yeux, que des images qui l'affligent; dans
« la pensée de l'avenir, que des horreurs qui
« l'épouvantent; ne sachant plus à qui avoir
« recours, ni aux créatures qui lui échappent,
« ni au monde qui s'évanouit, ni aux hommes,
« qui ne sauroient le délivrer de la mort, ni au
« Dieu juste, qu'il regarde comme un ennemi
« déclaré, dont il ne doit plus attendre d'in-
« dulgence; il se roule dans ses propres hor-
« reurs; il se tourmente, il s'agite pour fuir
« la mort qui le saisit, ou du moins pour se fuir
« lui-même; il sort de ses yeux mourans je ne
« sais quoi de sombre et de farouche, qui ex-
« prime les fureurs de son ame; il pousse du
« fond de sa tristesse des paroles entrecoupées
« de sanglots qu'on n'entend qu'à demi; on ne
« sait si c'est le désespoir ou le repentir qui les
« a formées; il jette sur un Dieu crucifié des re-
« gards affreux, et qui laissent douter si c'est la
« crainte ou l'espérance, la haine ou l'amour
« qu'ils expriment; il entre dans des saisisse-
« mens où l'on ignore si c'est le corps qui se dis-
« sout, ou l'ame qui sent l'approche de son juge;
« il soupire profondément, et l'on ne sait si

« c'est le souvenir de ses crimes qui lui arrache
« ces soupirs, ou le désespoir de quitter la vie;
« enfin au milieu de ces tristes efforts, ses yeux
« se fixent, ses traits changent, son visage se
« défigure; sa bouche livide s'entr'ouvre d'elle-
« même; tout son corps frémit; et, par ce der-
« nier effort, son ame infortunée s'arrache,
« comme à regret, de ce corps de boue ; tombe
« entre les mains de Dieu, et se trouve, seule,
« au pied du tribunal redoutable. »

Il faudroit des pages de commentaire pour faire sentir toutes les beautés de ce morceau sublime. L'antiquité n'a rien à lui comparer. Massillon peint ensuite la mort du juste avec autant de douceur qu'il a mis de force à tracer la fin du réprouvé. Toutes les consolations entourent le lit de mort de l'homme vertueux; il quitte une terre d'exil, pour jouir d'un bonheur éternel. « Plus le corps se détruit, dit l'orateur,
« plus l'esprit se dégage et se renouvelle: sem-
« blable à une flamme pure qui s'élève et paroît
« plus éclatante à mesure qu'elle se dégage d'un
« reste de matière qui la retenoit, et que le
« corps où elle étoit attachée se consume et se
« dissipe. » Outre cette éloquence entraînante qui tient au style nombreux et périodique, Massillon avoit de ces traits sublimes qui ne s'expri-

ment que par quelques mots. Louis XIV venoit de mourir ; ce roi, si grand aux yeux des hommes, avoit disparu de la terre qu'il avoit remplie du bruit de sa gloire. Massillon fait son éloge funèbre, et commence ainsi : *Dieu seul est grand, mes frères !*

Une cause put ajouter à l'effet des sermons de Massillon. Il les prononça devant Louis XIV dans des temps de malheurs, lorsque ce colosse de grandeur s'écrouloit, et sembloit expier devant Dieu l'orgueil de ses anciennes victoires. Massillon prêcha ensuite devant Louis XV, âgé de dix ans. C'est dans ces sermons qui portent le nom de *Petit Carême*, et qui sont proportionnés à l'âge du jeune prince, que l'on trouve cette morale douce, ces graces touchantes, ce tendre intérêt que Massillon seul a su joindre à l'éloquence religieuse.

Massillon peut être compté parmi les grands moralistes, et, sous ce rapport, être mis à côté de la Bruyère. On trouve fréquemment dans ses sermons des portraits frappans qui annoncent la plus profonde connoissance du cœur humain; il peint l'homme du siècle, désabusé de tout, insupportable à lui-même et à ceux qui l'entourent. « Jetez les yeux vous-même, dit-il, sur
« une de ces personnes qui ont vieilli dans les

« passions, et que le long usage des plaisirs a
« rendus également inhabiles et au vice et à
« toutes les vertus. Quel nuage éternel sur l'hu-
« meur! quel fond de chagrin et de caprice!
« Rien ne plaît, parce qu'on ne sauroit plus soi-
« même se plaire : on se venge sur tout ce qui
« nous environne des chagrins secrets qui nous
« déchirent; il semble qu'on fait un crime au
« reste des hommes de l'impuissance où l'on est
« d'être encore aussi criminel qu'eux ; on leur
« reproche en secret ce qu'on ne peut plus se
« permettre à soi-même, et l'on met l'humeur à
« la place des plaisirs. » Est-il possible de mieux
peindre le vide affreux qu'éprouve, lorsqu'il
vieillit, l'homme qui n'a confié son bonheur qu'à
des jouissances frivoles et passagères?

Fénélon est regardé comme un auteur religieux, puisque la plus grande partie de ses ouvrages a la religion pour objet. Moins éloquent
que Massillon, dans la chaire, il se distingua par
des ouvrages d'un genre différent. Observateur
profond, moraliste plein de douceur dans son
livre de l'*Éducation des filles*, politique et religieux dans la direction de la conscience d'un roi,
moins piquant, mais plus instructif que Lucien
dans les *Dialogues des Morts*, rival de Cicéron
dans les *Dialogues sur l'éloquence*, et digne élève

d'Homère dans *Télémaque*, il eut un charme, un abandon dans le style, qui lui furent particuliers, qui ne peuvent se sentir que par une lecture suivie, et qui, par conséquent, ne sauroient être indiqués dans des citations isolées.

L'oraison funèbre étoit plus favorable à l'éloquence que les sermons. Le sujet étoit fixé d'une manière certaine : la pompe funèbre de l'église, le deuil des auditeurs, la mort d'un personnage illustre ; tout devoit inspirer à l'orateur des idées grandes et touchantes. Fléchier eut, pendant sa vie, de grands succès dans cette carrière ; mais ses Oraisons funèbres, tant de fois citées dans les rhétoriques, ne m'ont jamais paru dignes de l'admiration que leur accorde Rollin, lorsqu'il les met presque au-dessus des discours de Bossuet. Il me semble que Fléchier prodigue trop les antithèses, qu'il sacrifie quelquefois la justesse d'une idée au desir de faire une période arrondie ; qu'enfin il épuise souvent une belle pensée par une abondance de mots qui ne flatte que l'oreille. Je pense donc que l'on ne doit pas le proposer pour modèle aux jeunes gens ; et que les personnes qui n'ont pas le goût formé doivent le lire avec défiance. Il faut cependant excepter de ce jugement, peut-être trop sévère, l'éloge de Turenne ; les défauts y sont beaucoup plus rares que dans les autres ouvrages de Fléchier, et l'on y trouve des beautés du premier ordre.

Je terminerai cette longue suite des auteurs qui ont fleuri dans le grand siècle, par Bossuet, le dernier père de l'Église, qui fut aussi illustre comme historien, comme théologien, que comme orateur. Ses Variations des églises protestantes sont un ouvrage plein de force et de méthode, où l'auteur prouve invinciblement que la religion catholique n'a éprouvé aucune altération depuis la primitive église, et qu'au contraire, les différentes sectes qui l'ont déchirée, n'ont jamais eu de dogmes fixes. Le Discours sur l'histoire universelle est un modèle dans un genre absolument nouveau. On y voit les générations se succéder et se chasser, pour ainsi dire, les unes les autres; les rois sont précipités du haut de leurs trônes dans l'abyme de l'éternité; la politique des peuples, leurs victoires, leurs résolutions, tout enfin se conforme aux volontés d'un Dieu qui préside constamment à ces grandes catastrophes de l'espèce humaine. L'auteur peint d'un seul trait les caractères des princes, la législation des états, les opinions des peuples, et il en tire une conclusion sublime sur la fragilité des grandeurs de l'homme. « Ainsi,
« dit-il au dauphin, quand vous voyez passer,

« comme en un instant devant vos yeux, je ne
« dis pas les rois et les empereurs, mais ces
« grands empires qui ont fait trembler tout l'u-
« nivers ; quand vous voyez les Assyriens an-
« ciens et nouveaux, les Mèdes, les Perses, les
« Grecs, les Romains, se présenter devant vous
« successivement, et tomber, pour ainsi dire,
« les uns sur les autres ; ce fracas effroyable
« vous fait sentir qu'il n'y a rien de solide parmi
« les hommes, et que l'inconstance et l'agita-
« tion sont le propre partage des choses hu-
« maines. » Bossuet peint en profond politique les causes de la chute de l'empire des Perses. Les soldats de Darius étoient plongés dans la mollesse ; mais, suivant les expressions de l'évêque de Meaux, l'armée des Grecs, médiocre à la vérité, pouvoit être comparée *à ces corps vigoureux où il semble que tout soit nerf, et où tout est plein d'esprits.* La décadence de l'empire romain offre à Bossuet de nouveaux moyens de développer ses grandes vues sur la prospérité et la ruine des états. Montesquieu, dans un de ses meilleurs ouvrages, a imité Bossuet ; il a puisé dans le *Discours sur l'Histoire universelle*, l'ensemble général de son livre, et une foule d'idées lumineuses ; mais, avec le talent le plus distingué, il n'a pu égaler son modèle,

soit par la disposition des faits, soit par la manière de les peindre, soit par la profondeur et la justesse des réflexions.

Bossuet, après avoir cherché, d'après la politique humaine, les causes des grandes révolutions, rapporte tout aux décrets de l'Être éternel qui dispose des empires. Cette conclusion a un caractère de sublimité auquel ne pourront jamais atteindre les narrations qui n'ont pour objet que de retracer les fureurs et les folies des hommes. « Ce long enchaînement des causes
« particulières, dit Bossuet, qui font et défont
« les empires, dépend des ordres secrets de la
« divine Providence. Dieu tient, du plus haut
« des cieux, les rênes de tous les royaumes.
« Il a tout les cœurs en sa main ; tantôt il retient
« les passions, tantôt il leur lâche la bride ; et
« par là il remue tout le genre humain. Veut-il
« faire des conquérans ? il fait marcher l'épou-
« vante devant eux, et il inspire à eux et à leurs
« soldats une hardiesse invincible. Veut-il faire
« des législateurs ? il leur envoie son esprit de
« sagesse et de prévoyance ; il leur fait préve-
« nir les maux qui menacent les états, et poser
« les fondemens de la tranquillité publique.
« Il connoît la sagesse humaine, toujours courte
« par quelque endroit ; il l'éclaire, il étend ses

« vues, et puis il l'abandonne à ses ignorances.
« Il l'aveugle, il la précipite, il la confond par
« elle-même; elle s'enveloppe, elle s'embarrasse
« dans ses propres subtilités, et ses prétentions
« lui sont un piége. Dieu exerce par ce moyen
« ses redoutables jugemens, selon les règles de
« sa justice, toujours infaillible. » Ces mouvemens variés, cette rapidité entraînante, cette éloquente simplicité dans les expressions, sont le caractère du style de Bossuet.

Mais c'est dans l'oraison funèbre qu'on lui accorde généralement une plus grande réputation. Sa diction pleine de force et de nerf, devient touchante quand la situation l'exige. On n'y voit jamais le travail, comme dans les oraisons de Fléchier. On lui a reproché, avec raison, quelques tournures négligées, telles que celle-ci, lorsqu'il parle d'une jeune princesse : *Elle fut douce avec la mort, comme elle l'étoit avec tout le monde.* Mais on n'a pas assez admiré une multitude de pensées simples et sublimes, dont l'expression naïve augmente encore la beauté. En pleurant la princesse dont je viens de parler, il montre son cercueil, et il s'écrie : *La voici telle que la mort nous l'a faite.*

Jamais orateur chrétien ne profita plus que Bossuet du caractère et de la situation des personnages dont il déploroit la mort. Lisez l'oraison funèbre de la reine d'Angleterre, et vous y verrez peints à grands traits, les malheurs d'une réforme religieuse ; vous verrez une reine passant et repassant les mers pour porter des secours à son époux; les tempêtes et les vagues la respectent. Vous admirerez le contraste du moment où elle s'embarqua pour aller partager la couronne d'Angleterre, avec celui où elle quitta cette île funeste dans laquelle la tête de son époux devoit tomber sur un échafaud. Quelles sublimes leçons !

Dans l'oraison funèbre de Madame, vous remarquerez, s'il est possible, de plus grandes beautés. Une princesse, âgée de vingt-six ans, les délices de la cour, célèbre par son esprit et par sa beauté, meurt subitement. L'église est tendue de noir, le cercueil est dans le chœur, la cour est assemblée, et Bossuet monte en chaire. Placé entre l'autel et le cercueil, il commence par peindre la mort dans toute son horreur; les grandeurs du monde, la beauté, les plaisirs finissent dans le tombeau. L'auditoire est pénétré de terreur; la pensée de la destruction s'est emparée de lui; aucune consolation ne se présente. L'orateur alors se tourne vers l'autel; les grandes idées de l'éternité et de l'immortalité de l'ame se réveillent et se développent ; l'espérance renaît, et l'ame éprouve une sorte de soulagement. Aucun genre d'éloquence peut-il égaler, dans cette circonstance, l'éloquence chrétienne ?

L'éloge du grand Condé termina la carrière oratoire de Bossuet. On vit ce pasteur vénérable annoncer qu'il déposoit le sceptre de l'éloquence, et qu'il vouloit se borner désormais à la pratique des plus humbles vertus chrétiennes. C'étoit afin de se rapprocher des pauvres, de les soulager, de les instruire, c'étoit pour aller faire aux enfans le catéchisme dans l'église de Meaux, que Bossuet quittoit une cour dont il étoit regardé comme le directeur spirituel. Quel tableau que la mort d'un héros, et la retraite du plus grand des orateurs chrétiens ! « Heureux,
« dit Bossuet, si, averti par mes cheveux blancs,
« du compte que j'ai à rendre de mon adminis-
« tration, je réserve au troupeau que je dois
« nourrir de la parole de la vie, les restes d'une
« voix qui tombe, et d'une ardeur qui s'éteint. »

On a vu quels prodiges le siècle de Louis XIV a produits dans tous les genres de littérature. Il reste à faire connoître les causes politiques et morales qui ont influé sur le génie des écrivains de ce siècle.

A la mort de Mazarin, lorsque Louis XIV voulut gouverner par lui-même, les circonstances ne pouvoient être plus favorables pour perfectionner la langue. La plus grande partie des chefs-d'œuvres de Corneille avoit paru; et ceux qui les avoient admirés étoient dignes de sentir l'harmonie des vers de Racine. L'état étoit tranquille dans l'intérieur; et le jeune monarque, qui méditoit déja ses grands projets, avoit jugé, comme François 1er, que le règne le plus brillant s'obscurcit et s'éclipse dans la postérité, s'il n'est pas soutenu et célébré par les écrivains contemporains. Colbert fut donc chargé d'encourager les belles-lettres. Ce ministre, peu instruit en littérature, s'adressa d'abord à Chapelain, auteur d'une grande réputation, et qui n'avoit pas encore publié ce poëme barbare dont le nom seul rappelle les Satires de Boileau. Chapelain eut la bonne foi d'accueillir Racine, jeune encore, ou plutôt son défaut de goût l'empêcha d'entrevoir la carrière que devoit remplir l'auteur de la *Nymphe de la Seine.* Qui le croiroit? les premiers vers de Racine furent corrigés par Chapelain.

Tout, dans ce siècle, contribuoit à exciter le génie des auteurs. La magnificence des fêtes que donnoit le monarque, les monumens qu'il élevoit, l'éclat de ses victoires dont la gloire rejaillissoit sur toute la nation, le nom français respecté par l'étranger, le goût décidé du prince pour les ouvrages d'esprit, devoient, en forçant l'admiration générale, enflammer l'émulation de ceux qui avoient le sentiment de leurs forces, et produire ces efforts du travail et de l'imagination qui répandirent en si peu de temps, dans l'Europe entière, la langue de Racine et de Pascal.

L'inégalité des conditions, si nécessaire dans tout état policé, ne fut point un obstacle pour ceux que leur génie appeloit, soit à de grandes places, soit aux faveurs du prince. Les dignités de l'Église furent la récompense de l'éloquence chrétienne. Mascaron fut évêque, Fléchier, né dans l'obscurité, eut le même rang; Bossuet joignit à l'épiscopat l'honneur de travailler à l'éducation du dauphin; Bourdaloue, qui, par des vœux indissolubles, s'étoit interdit toute prétention aux honneurs ecclésiastiques, fut admis à la cour, et recherché dans la meilleure compagnie de la capitale. Racine, Boileau, Molière, jouirent de toutes les faveurs qu'un homme de lettres peut espérer. Quels monumens littéraires ne devoient pas produire la nature de ces récompenses, et l'heureux discernement dans le choix de ceux qui en étoient honorés ! Remarquez bien qu'aucun de ces hommes célèbres ne sortit de son état. Racine et Boileau furent toujours poëtes ; et, suivant les lois de l'Église, qui méconnoît pour ses ministres, les distinctions humaines, les orateurs de la chaire furent seuls appelés à des dignités qui paroissoient étrangères à leur naissance.

Les mœurs, quoiqu'un peu galantes dans les commencemens de ce règne fameux, eurent constamment toute la sévérité extérieure. Jamais le libertinage ne se montra à découvert. On ne se fit pas, comme sous le règne suivant, une gloire de la séduction. On n'éleva point les trophées déshonorans d'une corruption profonde ; on ne regarda point comme un honneur d'être le fléau de la tranquillité des pères et des époux. Celui qui, pendant la régence, avoit la réputation d'un homme charmant, eût passé pour un monstre sous Louis XIV. Le bon goût, la perfection du langage étoient intimement liés à cette décence des mœurs. On sait ce qu'ils ont perdu, lorsque le vice n'a plus connu de frein.

On a beaucoup vanté, dans le dix-huitième siècle, la fameuse Ninon de l'Enclos. Sa société a été regardée comme un modèle de bon ton et de décence. Les philosophes modernes ont même accordé à cette femme perdue, un rang parmi les personnages célèbres du siècle de
Louis

Louis XIV. Sans doute il devoit régner chez elle plus de retenue que dans les orgies de la régence. Mais sa maison n'étoit fréquentée que par des hommes, et quoi qu'en puissent dire des mémoires infidèles, jamais les mères ne lui ont présenté leurs filles, et n'ont engagé leurs fils à prendre chez elle des leçons de bon ton. «Qu'elle
« est dangereuse cette Ninon, dit madame de
« Sévigné. Son zèle pour pervertir les jeunes
« gens, est pareil à celui d'un certain M. de
« Saint-Germain que nous avons vu à Livri.
« Ninon disoit l'autre jour à votre frère, qu'il
« étoit *une vraie citrouille fricassée dans de la*
« *neige*. Vous voyez ce que c'est que de voir
« la bonne compagnie; on apprend mille gen-
« tillesses. »

On n'accusera point madame de Sévigné d'être une prude et un pédante. Elle donne ici une idée de la société de mademoiselle de l'Enclos.

Pour justifier cette femme, on s'est beaucoup appuyé sur une liaison que madame de Maintenon, alors femme de Scaron, avoit eue avec elle. Voltaire même a fait un dialogue où il suppose que madame de Maintenon engage Ninon à venir à la cour et à se faire dévote. Les témoignages historiques, et sur-tout la réputation toujours intacte de mademoiselle d'Aubigné, avant et depuis son premier mariage, prouvent que cette prétendue liaison se réduisoit à ce que ces deux femmes s'étoient rencontrées dans le monde, avant que mademoiselle de l'Enclos n'eût abjuré toutes les vertus de son sexe.

Les admirateurs de Ninon croient encore que sa maison étoit l'asile du bonheur, qu'il y régnoit une aisance de mœurs, une familiarité piquante qui faisoient le charme de sa société. Comment n'ont-ils pas réfléchi que ses nombreuses intrigues, les rivalités de ses amans, le soin de leur cacher ses infidélités, ont dû faire le tourment de sa vie ? Il faut l'entendre elle-même pour se convaincre que cette femme, si heureuse en apparence, avoit eu l'existence la plus horrible, et tirer cette réflexion morale, qu'une femme ne peut trouver le bonheur que dans la pratique de ses devoirs. Mademoiselle de Lenclos écrivoit à Saint-Évremont: « Tout le monde me dit que « j'ai moins à me plaindre du temps qu'une « autre. Si l'on m'avoit proposé une telle vie, « je me serois pendue. »

Le caractère principal des bons auteurs du siècle de Louis XIV fut le naturel et la vérité. Craindroit-on d'avancer un paradoxe, si l'on disoit que ce fut à la religion qu'ils dûrent ce caractère (1) ? L'écrivain qui croit à la religion a des bases certaines ; il ne fatigue point son imagination en cherchant à pénétrer des mystères inaccessibles à notre foiblesse ; il ne se livre point au délire de ses pensées ; il ne corrompt point sa raison et son style, par de vaines recherches et par des subtilités contraires au bon goût. L'incrédule, au contraire, s'abandonne en aveugle à la raison humaine, si foible pour expliquer tout ce qui est surnaturel ; il entasse systèmes sur systèmes, il s'égare dans un labyrinthe d'idées qui se contredisent ; son style, employé à peindre les écarts d'une imagination incertaine et insensée, perd le naturel et la vérité.

---

(1) On pourra objecter que les grands écrivains de l'antiquité n'étoient pas chrétiens. Je répondrai que la philosophie ancienne étoit bien différente de la philosophie moderne. La première, à l'exception des rêves d'Epicure, consistoit à chercher les preuves de l'existence de Dieu, de l'immortalité de l'ame, et à fixer les bases de la morale ; la seconde, au contraire, n'a eu pour but que de propager l'idée désolante du matérialisme, de renverser les institutions sociales, et d'altérer les bonnes mœurs. Cela peut servir à expliquer pourquoi on lit Virgile avec délices, et pourquoi la philosophie de Lucrèce intéresse si peu.

Cette opinion n'a été justifiée que par trop d'exemples.

On remarque dans tout ce qui a été fait de grand sous le règne de Louis XIV, le caractère imposant de la religion.

Les juges du peuple, dépositaires augustes de ses droits et de la doctrine législative, donnoient pour garantie de leur intégrité, leur respect pour la religion. Les défenseurs de l'état, ces généraux célèbres par tant de victoires, baissoient leurs fronts superbes devant les autels, et suspendoient aux voûtes des temples les drapeaux pris à l'ennemi. Les citoyens étoient partagés en différentes classes; depuis celle des gens du palais, jusqu'à la plus humble corporation de métier, il n'en étoit pas une qui n'eût, chaque année, une fête religieuse où elle resserroit les liens qui l'unissoient à la divine morale de l'Église.

La religion n'avoit plus de pédantisme; sa dévotion n'étoit pas minutieuse; elle avoit rejeté les pratiques hypocrites du règne de Henri III; elle avoit revêtu la majesté, la décence et la noblesse qui convenoient à son saint ministère.

Dans ce siècle si fécond en grands hommes et en belles actions, voyez Corneille employant sa vieillesse à traduire un des plus beaux livres mystiques, Racine enseignant la religion à ses enfans, Boileau lui consacrant ses vers, Molière la respectant, La Fontaine armé d'un cilice, madame de Sévigné préférant un sermon à un spectacle ; voyez Pascal méditant la défense de la foi ; voyez s'unir, dans une si belle cause, la dialectique de Bourdaloue, les graces insinuantes de Fénélon, l'abondance de Fléchier, la douce éloquence de Massillon, et les foudres de l'Église mises dans les mains de Bossuet pour terrasser l'incrédulité et l'hérésie. Admirez le grand Condé s'humiliant devant la majesté de la religion, Turenne n'ayant d'espoir qu'en sa Providence, et Louis XIV enfin courbant devant elle son front couronné de lauriers.

Il n'en faut point douter, et tant de témoignages servent à le démontrer, ce beau siècle a dû principalement les grands écrivains dont il a été honoré, à la perfection de la société qui se forma par l'union jusqu'alors sans exemple, dans l'Europe moderne, des graces de l'esprit, des bonnes mœurs, du respect pour l'autorité légitime, et sur-tout de la croyance à une religion inébranlable dans ses preuves, invariable dans ses dogmes, destructive du scepticisme, et conservatrice éternelle d'une morale dont les incrédules n'ont jamais pu contester la pureté.

Après ce beau siècle, les mœurs changèrent, et le goût changea avec elles. Les orgies de la régence succédèrent aux fêtes nobles de Louis XIV; le langage cynique, où l'oubli des bienséances fut souvent porté à l'excès, remplaça la langue décente d'une cour où la politesse avoit été perfectionnée. Bientôt on trouva de la monotonie dans les chefs-d'œuvres; et, pour flatter le goût d'un public blasé, on eut recours aux tours de force, aux termes ampoulés, aux sentimens exagérés; les jeux de mots, les expressions détournées de leurs véritables acceptions, les frivoles jeux d'esprit, firent oublier la gaîté franche et naïve de nos bonnes comédies. Cette révolution ne se fit point avec lenteur; elle fut opérée par les auteurs même que l'on peut regarder comme ayant tenu aux deux siècles. Fontenelle et la Mothe y contribuèrent puissamment. Avant de parler d'eux, je ne dois pas oublier de faire mention de J. B. Rousseau, digne élève de Boileau, qui mérita le premier rang dans un genre où nos grands poëtes ne s'étoient pas exercés. Ses Odes, tirées des Pseaumes, ne surpassent point les chœurs d'*Athalie* et d'*Esther;* mais le poëte lyrique n'avoit point de modèle pour celles dans lesquelles il a traité des sujets profanes. C'est pour quelques-unes de ces Odes sublimes qu'il doit être placé parmi les bons auteurs classiques. L'Ode au comte du Luc est un de ses chefs-d'œuvres. Le comte, fatigué par de longs travaux, avoit une très-foible santé; le poëte, dans son délire, suppose qu'il est doué des talens d'Orphée :

>Ah! si ce dieu sublime, échauffant mon génie,
>Ressuscitoit pour moi de l'antique harmonie
>>Les magiques accords;
>Si je pouvois du ciel franchir les vastes routes,
>Ou percer par mes chants les infernales voûtes
>>De l'empire des morts;

>Je n'irai point, des dieux profanant la retraite,
>Dérober aux destins, téméraire interprête,
>>Leurs augustes secrets;
>Je n'irai point chercher une amante ravie,
>Et, la lyre à la main, redemander sa vie
>>Au gendre de Cérès.

Le poëte, nouvel Orphée, parle à Pluton en faveur de son bienfaiteur; et il ajoute ces beaux vers :

>C'est ainsi qu'au-delà de la fatale barque,
>Mes chants adouciroient de l'orgueilleuse Parque
>>L'impitoyable loi;
>Lachésis apprendroit à devenir sensible,
>Et le double ciseau de sa sœur inflexible
>>Tomberoit devant moi.

Le mouvement de cette Ode, son plan qui, dans un beau désordre, présente tous les caractères d'une profonde combinaison, l'harmonie des vers, la magnificence des expressions, forment un des plus beaux morceaux poétiques de notre langue. Rousseau créa en France le genre des Cantates; non-seulement il fut bien supérieur aux poëtes italiens, mais il n'eut point d'imitateurs dans son pays. Rousseau, dans sa vieillesse, écrivit plusieurs épîtres et plusieurs allégories en vers marotiques. Le succès de ses épigrammes lui avoit donné du goût pour ce langage vieilli, qui n'a de charmes que dans les petites poésies malignes, ou dans les récits naïfs. Rousseau, malheureusement, n'avoit point la naïveté de La Fontaine. C'est ce qui explique pourquoi ses derniers ouvrages eurent peu de succès. Il ne faut cependant pas s'en rapporter au jugement que Voltaire a porté sur les épîtres et les allégories; trop souvent ce critique fut égaré par la haine qu'il avoit conçue contre Rousseau.

Crébillon obtint de grands succès dramatiques; et sa tragédie de Rhadamiste mérita d'être placée à côté des chefs-d'œuvres de la scène françoise. Trop de négligence dans son style, une fougue d'imagination qui détruisoit quelquefois la netteté de ses idées, un goût trop vif pour les sentimens romanesques, nuisirent aux développemens du talent vraiment original de ce grand poëte.

La Mothe, qui n'avoit eu que de foibles succès dans la poésie, à laquelle il avoit consacré toute sa jeunesse, prit, dans un âge avancé, le parti de s'élever contre un art qu'il avoit cultivé sans sortir de la médiocrité. Cette composition avec son amour-propre, l'entraîna bientôt à combattre indistinctement toutes les anciennes règles de la littérature; il les considéra comme des préjugés qu'un siècle éclairé doit proscrire. Bientôt il entassa sophismes sur sophismes dans les discours qui accompagnèrent ses tragédies, dans ses réflexions sur Homère, et dans ses autres traités. Un style piquant et agréable, un talent distingué pour la discussion, un soin constant d'éviter le pédantisme, lui procurèrent des succès d'autant plus grands, que ses adversaires n'eurent pas le talent de se faire lire. Quoique la Mothe ne se soit jamais écarté du respect dû à la religion, on doit convenir que ses écrits ont répandu, dans la majorité de la nation, un esprit de doute sur les choses les plus certaines, et cette manie d'innover qui s'étendit par la suite sur des objets beaucoup plus importans que la littérature.

Fontenelle eut, dans sa jeunesse, le malheur d'être un des détracteurs de Racine. Il paroît que la tragédie d'*Aspar*, dont la chute fut si éclatante qu'elle donna lieu à une épigramme célèbre sur l'origine des sifflets, dégoûta Fontenelle d'un genre pour lequel il n'avoit aucun talent. Il sentit très-bien qu'il ne parviendroit jamais à une grande réputation par la poésie. Il se livra donc, avec ardeur, à l'étude des sciences exactes, où il acquit bientôt des connoissances plus étendues que profondes. Voulant couvrir par les agrémens du bel-esprit l'aridité des sciences, il donna, le premier, l'exemple de la confusion des styles, innovation que l'on peut considérer comme un signe certain de la décadence d'une langue. Dès le milieu du dix-huitième siècle, les plus zélés admirateurs de Fontenelle avoient reconnu que les Lettres du chevalier d'Her*** n'étoient qu'une collection de petites subtilités, de froides galanteries, que le style en étoit maniéré, et qu'elles ne méritoient, tout au plus, que d'être placées à côté des Lettres de Voiture. Les Poésies pastorales du philosophe eurent plus de succès; mais elles furent bientôt négligées, par la raison que le bel-esprit ne supplée jamais long-temps au ton naturel et vrai. L'*Histoire des Oracles* fut un des ouvrages de Fontenelle qui fit le plus de bruit. Plusieurs opinions hardies, cachées cependant avec l'adresse la plus déliée, manquèrent de rendre ce triomphe fatal à l'auteur. La protection d'un ministre alors tout-puissant sauva Fontenelle. Ce fut le premier exemple de l'appui donné par l'autorité à l'auteur d'un livre répréhensible; exemple qui ne fut que trop suivi jusqu'au moment où l'on en vit le résultat. Le livre des Mondes fut encore plus généralement répandu que l'*Histoire des Oracles*. Le but de l'auteur étoit de mettre l'astronomie à la portée des esprits les moins éclairés, et sur-tout des femmes. C'est dans cet ouvrage que les défauts qui résultent de la confusion des styles se font principalement remarquer. Le philosophe prend constamment le ton de la plus fade plaisanterie, pour expliquer les phénomènes de l'univers. Il compare la nuit à une brune, et le jour à une blonde; enfin toutes les leçons données à une marquise imaginaire, sont accompagnées de complimens doucereux, qui font le plus singulier contraste avec la gravité des objets. Ce livre cependant eut un succès qui dura plusieurs années sans être contesté. On le compara même aux Traités de Cicéron. Voltaire fut

le premier qui se servit de l'ascendant que ses talens lui donnoient sur la littérature, pour relever ces défauts par des critiques pleines de goût. Les *Dialogues des Morts* sont au-dessous de tout ce que Fontenelle a écrit en prose. On cherche vainement le but que s'est proposé l'auteur en faisant parler aux grands personnages de l'antiquité et des temps modernes, un langage dépourvu de dignité, contraire à leur caractère, et en se bornant à présenter quelques contrastes qui n'ont pas même le mérite d'être piquans. Les Éloges de Fontenelle sont les titres les plus justes et les plus durables à l'estime des savans et des gens de lettres. On y trouve de la clarté et de l'élégance ; l'instruction y est offerte sans pédantisme ; et les matières les plus obscures y sont éclaircies et développées avec beaucoup de netteté. Cependant ces discours présentent encore plusieurs idées tournées avec prétention ; l'expression que l'auteur cherche à rendre piquante, devient embarrassée et peu naturelle. Je n'en citerai qu'un exemple. Fontenelle veut dire que Duhamel savoit embellir les pensées les plus abstraites, sans néanmoins leur prêter des ornemens étrangers. « Ce sont, dit-il, des
« raisonnemens philosophiques qui ont dé-
« pouillé leur sécheresse naturelle, ou du moins

« ordinaire, en passant au travers d'une ima-
« gination fleurie et ornée, et qui n'y ont pris
« que la juste dose d'agrément qui leur conve-
« noit. Ce qui ne doit être embelli qu'à une me-
« sure précise, est ce qui coûte le plus à embel-
« lir. » Quelle incohérence dans la première
phrase ! Peut-on concevoir que des raisonnemens *secs* cessent de l'être en passant au travers
d'une imagination *fleurie*, et que ces *raisonnemens* n'y prennent que la *dose* juste d'agrémens?
Fontenelle eût dû méditer beaucoup la vérité
contenue dans la dernière phrase. Il a trouvé
plus facile de ne point garder cette *mesure précise* qu'il recommande.

Fontenelle fut le premier littérateur qui
exerça une égale domination sur l'Académie françoise et sur l'Académie des Sciences. Dalembert
lui succéda, et fut depuis remplacé par le marquis de Condorcet. Je laisse à penser si cette
double influence eut d'heureux résultats, soit
sous le rapport des lettres, soit sous celui de la
politique.

Dans le commencement du dix-huitième
siècle, les lumières étoient très-répandues, et
les moyens de les acquérir étoient devenus faciles. Plusieurs dictionnaires avoient propagé
des connoissances superficielles sur toutes les

sciences, mais avoient nui au travail obstiné auquel ceux qui vouloient s'instruire avoient été obligés de se livrer dans le siècle précédent. Cette dangereuse facilité de pouvoir parler de tout sans être remonté aux sources, multiplia les demi-connoissances; le nombre des auteurs s'accrut, et devint beaucoup plus considérable que sous le règne de Louis XIV. Dans cette multitude innombrable d'écrivains qui parurent pendant le dix-huitième siècle, on distinguera quatre hommes qui, par leur génie, par leur style, par leurs opinions, ont influé puissamment sur la littérature, sur la philosophie, et sur la politique. Ces hommes sont Voltaire, Montesquieu, J. J. Rousseau et Buffon.

Le premier essai de Voltaire fut une tragédie qui donnoit les plus heureuses espérances. A cette époque, les paradoxes de la Mothe étoient accueillis par la plus grande partie des gens de lettres, et les défauts du style de Fontenelle se trouvoient dans la plupart des livres nouveaux. Voltaire fut d'abord frappé de cette décadence du goût, et de cette confusion de styles qui annonçoient que la langue alloit dégénérer. Son opinion, en matière de goût, fut marquée dans ses Lettres à la Mothe qui suivirent la tragédie d'*OEdipe*. On voit que le jeune poëte

s'élève avec force contre les innovations que l'on vouloit introduire dans la poésie dramatique. Voltaire exprima, plusieurs années après, son opinion, d'une manière plus claire et plus directe, dans son Discours de réception à l'Académie françoise. « Ce qui déprave le goût, dit
« l'auteur d'*Alzire*, déprave enfin le langage.
« Souvent on affecte d'égayer des ouvrages sé-
« rieux et instructifs, par les expressions fami-
« lières de la conversation. Souvent on intro-
« duit le style marotique dans les sujets les plus
« nobles ; c'est revêtir un prince des habits
« d'un farceur. On se sert de termes nouveaux
« qui sont inutiles, et qu'on ne doit hasarder
« que quand ils sont nécessaires. Il est d'autres
« défauts dont je suis encore plus frappé. » On voit que Voltaire sentoit bien de quelle importance il est, lorsqu'une langue est formée, de ne point confondre les styles, et qu'il attaquoit principalement Fontenelle et ses imitateurs, ainsi que les auteurs modernes qui, sous le prétexte d'être plus précis et plus énergiques, se plaignant sans cesse de la pauvreté et du défaut d'harmonie de la langue de Racine et de Pascal, surchargeoient leur diction d'une multitude de mots nouveaux tirés des sciences exactes, ou de quelque analogie contraire à l'usage.

Dans la multitude d'ouvrages de différens genres que Voltaire composa, il ne suivit pas avec assez d'exactitude les préceptes qu'il avoit donnés lui-même. On n'eut presque jamais à lui reprocher, ni le *néologisme*, ni les constructions vicieuses ; mais on remarqua, sur-tout dans ses ouvrages en prose les plus sérieux, un penchant invincible à un genre de plaisanterie qui lui étoit particulier. L'*Histoire de Charles XII* en offre quelques exemples. L'*Essai sur l'Histoire générale* est encore moins exempt de ce défaut. Toutes les fois qu'il s'agit des papes, des conciles, des divisions de l'Église, l'épigramme est substituée au ton noble et décent qui convient à l'histoire. Le *Siècle de Louis XIV* est l'ouvrage le plus parfait que Voltaire ait fait dans ce genre. Cependant il offre encore quelques traits de plaisanterie inconvenante. Quelques discussions littéraires de Voltaire, éparses dans l'immense recueil de ses œuvres, sont des modèles de goût, lorsque l'auteur ne s'abandonne pas à ses passions violentes. Cet homme extraordinaire cultiva aussi les sciences ; mais une étude aussi aride convenoit trop peu à son imagination ardente : suivant l'opinion de ses amis, qui étoient

le

le plus à portée de le juger sous ce rapport, il ne fut jamais qu'un savant médiocre. Cependant on doit reconnoître qu'il évita de répandre des ornemens étrangers sur les matières scientifiques. Loin d'imiter Fontenelle, il employa toujours un style convenable aux objets qu'il traitoit, et il se borna à chercher la clarté et la pureté du langage. Ses tragédies sont, avec celle de *Rhadamiste et Zénobie*, les plus beaux ouvrages de ce genre qui aient paru depuis Racine. On a reproché avec raison à Voltaire de n'avoir point été assez sévère sur le choix des ressorts et des moyens, d'avoir été trop prodigue de déclamations philosophiques, et d'avoir trop sacrifié à l'effet théâtral. Son style, moins soigné que celui de Racine, offre, au premier coup-d'œil, un éclat qui disparoît quelquefois à un examen plus réfléchi. Malgré ces défauts, il sera toujours regardé comme un des poëtes qui ont le plus honoré la scène françoise. Le poëme de la *Henriade* étonna l'Europe, qui paroissoit convaincue que notre poésie ne pouvoit convenir à la grande épopée. On vit, pour la la première fois, un long poëme héroïque en vers alexandrins, dont le style n'étoit point monotone, et qui pouvoit se faire lire sans fatigue. Les défauts du plan, le choix du merveilleux qui n'est point suffisamment épique, les caractères, qui ne sont point assez soutenus, ont plus nui au succès de la *Henriade*, que le style généralement noble, harmonieux et élégant. Les poésies fugitives de Voltaire surpassèrent celles de Chaulieu pour la pureté et l'élégance, mais ne purent les surpasser pour la grace, et pour une certaine mollesse dont Chaulieu seul connut le charme.

Voltaire fut le premier qui fit connoître aux François la littérature angloise. L'enthousiasme qu'il excita pour les philosophes de cette nation, donna une nouvelle force à l'esprit de doute et d'innovation qui commençoit à se répandre. La hardiesse des idées politiques n'eut plus de bornes, et tout annonça un changement prochain dans les lois et dans le gouvernement de la France. Les anciennes institutions devinrent des objets de risée, toutes les classes de la société se confondirent, et l'on se fit une gloire d'abandonner les usages nationaux pour se livrer à une licence dent les attraits cachoient le danger. L'anglomanie se répandit avec autant de rapidité sur la littérature. Le théâtre informe de Shakespeare fut traduit; les éditeurs annoncèrent avec une confiance fastueuse, que le poëte anglois avoit seul connu l'art de la tragédie, et que les tragédies de Corneille et de Racine n'étoient que de belles amplifications. Toute la France admira les pièces monstrueuses de Shakespeare; l'exagération, l'emphase et le faux goût se mirent en possession de notre théâtre, et gâtèrent presque tous les ouvrages modernes. Ce goût effréné pour la littérature angloise peut être considéré comme une des principales causes de la décadence de notre littérature. Voltaire le reconnut enfin, et il s'éleva souvent contre une manie qu'il pouvoit se reprocher d'avoir introduite. M. de Laharpe, dans des dissertations pleines de chaleur et de logique, a démontré jusqu'à l'évidence les absurdités du poëte anglois; et l'on doit à ce grand littérateur d'être revenu de l'aveugle admiration que l'on avoit conçue pour des pièces barbares.

Je ne parlerai point des ouvrages de Voltaire qui furent le fruit de ses passions ou de sa haine pour la religion. L'influence de cet homme célèbre fut immense dans un siècle de corruption et d'impiété. Placé, dans sa vieillesse, à la tête du parti de la philosophie moderne, il se repentit souvent de s'être associé aux encyclopédistes; mais son enthousiasme pour la gloire, qui lui faisoit voir dans ces hommes, dont la puissance étoit extrême sur l'opinion publique, des soutiens redoutables de sa réputation, l'empêcha de se détacher d'une faction dont il servit trop souvent les passions violentes, et dont il eut le malheur de partager les excès.

Les *Lettres persannes* de Montesquieu se ressentirent un peu de l'esprit qui régnoit pendant la régence. Cet ouvrage qui, sous une forme agréable et piquante, renferme de grandes vues, peut être regardé comme le premier modèle de cette multitude de livres qui, pendant le dix-huitième siècle, offrirent un mélange singulier de sérieux et de frivole, de raisonnemens dogmatiques et de tableaux licencieux. On connoît assez le succès qu'obtint cette méthode employée par la philosophie moderne, pour répandre ses principes dans toutes les classes de la société. Les *Lettres persannes* annoncèrent un génie original; quelques écarts sur la politique, quelques diatribes contre la religion, n'empêchèrent pas les bons juges d'apercevoir dans Montesquieu un observateur profond et juste, dont quelques idées pourroient être altérées par les préjugés nouveaux, mais qui conserveroit, du moins en politique, les principes invariables sur lesquels reposent les sociétés.

L'Esprit des Lois justifia cette opinion. Le

but de Montesquieu, ainsi qu'il l'annonce lui-même, paroît avoir été d'augmenter les connoissances des gouvernans sur le principe, l'étendue et les bornes de leur pouvoir, et de faire comprendre aux gouvernés qu'il est de leur intérêt de se soumettre aux lois de leur pays. Au premier coup-d'œil, cette idée paroît grande et utile. Mais comment Montesquieu n'a-t-il pas remarqué que les usages, et même les préjugés, sont l'unique règle qui dirige les peuples; qu'en voulant faire un traité méthodique sur les principes fondamentaux des gouvernemens, on détruit nécessairement cette multitude de nuances qui différencient les états dont l'administration paroît être la même ; et que de la destruction des usages, beaucoup plus puissans que les lois constitutionnelles, résultent l'anéantissement et la dissolution des sociétés? Ainsi, quoique l'on reconnoisse généralement, qu'à l'exception des systèmes sur l'influence des climats, sur le principe des trois sortes de gouvernemens, et sur le gouvernement d'Angleterre, l'*Esprit des Lois* présente des idées saines en politique et en législation, on ne peut néanmoins révoquer en doute que ce livre n'ait puissamment contribué à donner à l'opinion publique une direction dangereuse, soit par des applications imprudentes, soit par de fausses interprétations. Lorsqu'en France la société fut dissoute, après les essais monstrueux qu'on avoit osé tenter en politique, on puisa dans Montesquieu des idées justes pour la reconstruction de l'ordre social.

Ce livre, dangereux dans un état tranquille et bien organisé, devint utile, lorsque, pour sortir de l'anarchie, on recourut à des principes fondamentaux. C'est ce qui distingue éminemment Montesquieu des philosophes modernes; c'est ce qui explique pourquoi, lorsque les troubles ont cessé, la réputation de ce grand homme n'a presque point été attaquée.

Le style de Montesquieu est loin d'avoir le nombre et l'harmonie qui distinguent la diction des auteurs du siècle précédent. La recherche d'une précision trop rigoureuse, l'envie de multiplier les traits frappans, ont donné aux écrits de cet auteur un ton quelquefois épigrammatique qui ne convient point à la gravité des objets. Madame du Défant disoit que le principal ouvrage de Montesquieu n'étoit pas l'*Esprit des Lois*, mais *de l'esprit sur les lois*. Ce mot sans doute donneroit une idée beaucoup trop désavantageuse d'un des chefs-d'œuvres du 18ᵉ siècle; mais il explique assez bien le défaut qui frappe le plus souvent dans cet ouvrage. Les Considérations sur la grandeur et la décadence des Romains, sont le livre où Montesquieu a le plus approché de la perfection sous le rapport du style. Constamment rapide et pressante, la diction a de la force, de la pureté et de l'élégance. Quelques mots suffisent souvent pour exprimer des vues vastes et profondes. L'histoire romaine, peinte à grands traits dans cet ouvrage peu étendu, se grave facilement dans la mémoire des lecteurs ; le tableau des mœurs a le coloris de Tacite ; les causes secrètes des révolutions importantes sont développées avec une sagacité, et décrites avec une chaleur qui ne peuvent appartenir qu'à un homme de génie. Montesquieu, ainsi que plusieurs de ses contemporains, faisoit peu de cas de la poésie. Il croyoit, comme la Mothe, que l'on pouvoit faire des poëmes en prose. Le *Temple de Gnide*, qui eut beaucoup de succès dans le temps, montra le but où l'on peut atteindre, avec beaucoup d'esprit, lorsque d'ailleurs on n'est pas né poëte.

Un homme dont les talens ne se développèrent que fort tard, étonna l'Europe par une sorte d'éloquence qui paroissoit n'avoir point été connue des écrivains du siècle précédent. La politique, la morale, prirent sous la plume de J. J. Rousseau une forme nouvelle; un attrait invincible attaché à son style, multiplia ses admirateurs et ses partisans; et l'on ne vit pas, sans étonnement, le philosophe genevois devenir l'idole d'un monde qu'il affectoit de haïr et de mépriser. Les grands de l'état recherchèrent avec empressement l'ennemi déclaré des distinctions honorifiques; toutes les classes de la société s'enthousiasmèrent pour l'adversaire le plus violent des institutions sociales; et les femmes les plus galantes déifièrent, pour ainsi dire, celui qui parut s'élever avec le moins de ménagement contre les mœurs dépravées du siècle.

Les causes de ce contraste singulier se trouvent non-seulement dans la légéreté et dans l'inconséquence des François à cette époque, mais dans le caractère de J. J. Rousseau, et dans l'art qu'il eut de se mettre toujours dans une position favorable au succès de ses opinions. Quelques réflexions serviront à éclairer sur le secret de son éloquence. On reconnoîtra facilement une espèce de charlatanisme qui contribua puissamment à mettre le talent de cet auteur dans le jour le plus avantageux. Le succès étonnant du *Discours sur les sciences et les arts*, indiqua à Rousseau la route qu'il falloit suivre pour exciter l'admiration et l'enthousiasme du public. La position d'un homme de lettres qui déprime les objets de ses études constantes, avoit, par sa singularité, influé beaucoup sur le triomphe du Genevois; ce fut un exemple du parti qu'un auteur pouvoit tirer de sa situation personnelle dans la composition d'un ouvrage systématique. La découverte de ce nouveau moyen de gloire fut pour Rousseau un trait de lumière. Le philosophe alors ne s'occupa qu'à renforcer les avantages de sa position. Il ne connut plus aucune convenance; la société parut lui être devenue en horreur; il s'isola entièrement; et du haut de cette espèce de tribune qu'il s'étoit faite avec beaucoup d'art, il put, sans garder de ménagemens, se livrer à toute l'impétuosité de son imagination, dont les productions originales devinrent plus piquantes par la position de l'écrivain. Jamais homme ne profita mieux que Rousseau de cette sorte d'avantage. Tantôt c'est un Genevois qui jette un regard de mépris sur les états où l'on n'attache aucune importance à des disputes de municipalités; tantôt c'est un calviniste qui regarde toutes les cérémonies religieuses comme des superstitions; ici, c'est un théiste qui s'écrie: *Combien d'hommes entre Dieu et moi!* là, c'est un homme religieux qui s'emporte contre les doctrines dangereuses de la philosophie moderne : vous voyez en lui l'homme de la nature rejetant tout ce qui s'éloigne de ses lois ; le solitaire bravant les préjugés, ne se soumettant à aucun usage ; le sage proscrit dans tous les états, et l'homme satisfait de lui-même, qui affirme que nul n'est meilleur que lui. Tels sont à-peu-près les différens rôles que Rousseau a joués, et qui ont donné à son éloquence ce ton de persuasion et cette chaleur auxquels le commun des hommes ne résiste jamais. Remarquez aussi qu'il commande toujours à son lecteur, qu'il déclare formellement que rien ne pourroit lui faire estimer quelqu'un qui aimeroit médiocrement ses ouvrages ; ce moyen lui a parfaitement réussi. La bonne foi ne fut pas toujours d'accord avec ces moyens de succès que Rousseau savoit si bien employer. J'en citerai un exemple frappant. L'archevêque de Paris venoit de donner un mandement contre l'*Émile* ; l'auteur, décrété par le parlement, s'étoit retiré en Suisse ; là, il fait une réponse à l'archevêque. Pour augmenter l'intérêt de sa situation, il falloit que Rousseau peignît avec beaucoup de force la persécution exercée contre lui, qu'il montrât

même que sa vie n'avoit pas été en sûreté. Aussi ne manque-t-il pas de faire un tableau très-pathétique des dangers qu'il a courus : « Pour
« avoir proposé avec circonspection, même avec
« respect, et pour l'amour du genre humain,
« quelques doutes fondés sur la gloire même
« de l'Être-Suprême, le défenseur de la cause
« de Dieu, flétri, proscrit, poursuivi d'état en
« état, d'asile en asile, sans égard pour son
« indigence, sans pitié pour ses infirmités, avec
« un acharnement que n'éprouva jamais aucun
« malfaiteur, et qui seroit barbare, même contre
« un homme en santé, se voit interdire le feu
« et l'eau dans l'Europe presqu'entière ; on le
« chasse du milieu de ses bois ; il faut toute la
« fermeté d'un protecteur illustre, et toute la
« bonté d'un prince éclairé, pour le laisser en
« paix au sein des montagnes. Il eût passé le
« reste de ses jours dans les fers, il eût péri
« peut-être dans les supplices, si, durant le
« premier vertige qui gagnoit les gouverne-
« mens, il se fût trouvé à la merci de ceux qui
« l'ont persécuté. Échappé aux bourreaux, il
« tombe dans les mains des prêtres. » Qui ne croiroit, d'après cette peinture éloquente, que l'on prenoit contre Rousseau des mesures aussi rigoureuses que contre un grand coupable ;

qu'on vouloit lui faire un procès criminel et que, s'il eût pu échapper au bûcher, il eût été plongé pour toujours dans les cachots de la Bastille ? Et contre qui exerçoit-on ces rigueurs ? Contre le défenseur de Dieu, contre un homme accablé d'infirmités. C'est dans un ouvrage de Rousseau lui-même que je trouverai la dénégation formelle des faits qu'il vient d'avancer. Il dit dans ses *Confessions* que le parlement n'avoit point du tout le desir de le faire arrêter, qu'il se bornoit à vouloir l'éloigner de la France. Rousseau ajoute qu'étant sur la route de Saint-Denis, et prêt à traverser Paris en plein jour pour prendre la route de Suisse, il rencontra les huissiers qui le saluèrent très-poliment. On peut juger, d'après cela, quel fonds on peut faire sur les déclamations éloquentes dans lesquelles Rousseau a toujours soin de se mettre en spectacle.

L'éloquence de Rousseau se ressentit de l'espèce de charlatanisme qu'il employoit. Elle ne fut point franche et naturelle, comme celle de Bossuet. L'affectation, l'emphase, un faux enthousiasme s'y firent trop souvent remarquer. Ces défauts ne furent pas mêmes aperçus à une époque où le goût commençoit à dégénérer ; aux yeux de plusieurs personnes, ils passèrent pour des beautés. Rousseau exerça une grande influence sur son siècle. Les hommes nés avec un caractère sérieux et méditatif, que les plaisanteries de Voltaire ne séduisoient pas, lurent avidement les ouvrages du philosophe de Genève ; les ames honnêtes se laissèrent facilement entraîner sous les étendards d'un homme qui sembloit porter jusqu'à l'excès l'amour de la vérité et de la vertu, et qui, surtout, ne négligeoit aucun moyen pour émouvoir et attendrir le cœur. La mode de mettre par-tout de la *sensibilité*, paroît avoir commencé à Rousseau. Personne n'abusa plus que lui du goût qu'il avoit su inspirer aux lecteurs, pour des rêveries vagues auxquelles on attacha une grande importance lorsqu'on exagéra les délices de la *mélancolie*. Une grande partie des livres du temps, quel que fût le sujet que l'on y traitât, portèrent ce caractère *sentimental* et mélancolique, dont les bons esprits ont commencé de nos jours à faire sentir le ridicule.

Rousseau passa encore pour être un des plus grands peintres des passions. Plusieurs passages de la *Nouvelle Héloïse* justifient cette opinion.

Mais on y remarque souvent, plutôt une grande chaleur de tête, qu'une véritable sensibilité. Les sentimens de Saint-Preux n'ont pas toujours cette délicatesse que Racine a su si bien peindre, et qui caractérise l'amour vrai. J'en citerai un exemple. L'amant de Julie se plaint du retard qu'elle veut mettre à son bonheur : « Ah ! si tu
« pouvois rester toujours jeune et brillante
« comme à présent, je ne demanderois au ciel
« que de te savoir éternellement heureuse, te
« voir tous les ans de ma vie une fois, une seule
« fois, et passer le reste de mes jours à con-
« templer de loin ton asile, à t'adorer parmi
« ces rochers. Mais, hélas ! vois la rapidité de
« cet astre qui jamais n'arrête; il vole, et le temps
« fuit, l'occasion s'échappe, ta beauté, ta beauté
« même aura son terme ; elle doit décliner et
« périr un jour comme une fleur qui tombe sans
« avoir été cueillie; et moi, cependant, je gémis,
« je souffre, ma jeunesse s'use dans les larmes,
« et se détruit dans la douleur. Pense, pense,
« Julie, que nous comptons déja des années
« perdues *pour le plaisir*.... O amante aveu-
« glée ! tu cherches un chimérique bonheur pour
« un temps où nous ne serons plus.... et tu ne

« vois pas que nous nous consumons sans cesse,
« et que nos ames, épuisées d'amour et de peines,
« se *fondent et coulent comme l'eau.*» J'ai choisi à dessein un des morceaux les plus admirés de la *Nouvelle Héloïse.* On aura facilement remarqué qu'un amant délicat ne doit point faire entrevoir à celle qu'il aime, le moment où elle cessera d'être belle ; qu'il ne doit pas insinuer que son amour ne survivra point à la beauté de Julie, et que l'égarement de la passion ne peut justifier le mot de *plaisir*, suffisamment expliqué par ce qui précède. Je ne ferai aucune observation sur la métaphore qui termine ce morceau. On a beaucoup admiré la scène lyrique de *Pygmalion*, mais on n'a pas relevé l'abus des termes scientifiques employés pour la première fois dans le langage de l'amour. Si l'on n'avoit pas contracté l'habitude de tout passer à Rousseau, on auroit sûrement blâmé les expressions de *chaleur vivifiante*, de *force expansive*, d'*équilibre*, d'*inanité*, d'*essence*, de *principe* d'*existence*, d'*harmonie*, qu'il a prodiguées dans cet ouvrage.

Rousseau a été regardé comme un de nos plus grands écrivains en prose, et comme un des peintres les plus éloquens de la nature; mais Buffon méritera toujours de lui être préféré sous l'un et l'autre de ces rapports. Marchant sur les traces d'Aristote et de Pline, ce grand homme consacra sa vie entière à l'étude de la nature, et accumula cette multitude de matériaux nécessaires à l'édifice immense et majestueux qu'il éleva. Son style lumineux a constamment une dignité noble qui convient aux objets que l'auteur décrit; l'éloquence dont la diction est animée, ne dégénère jamais en déclamation, elle ne se permet aucun écart, elle ne sort jamais du ton qui convient au sujet, et elle se soutient toujours au milieu des détails minutieux dans lesquels le naturaliste est obligé d'entrer. Un des beaux morceaux que l'on admire dans Buffon, est la Description de l'Homme. Pline a traité le même sujet avec assez d'étendue. Il peut résulter du parallèle des deux auteurs, quelques réflexions nécessaires pour bien apprécier Buffon. Les deux naturalistes s'accordent sur les soins à donner aux enfans dès le moment de leur naissance, et sur les précautions à prendre à l'égard de ceux que l'on croit morts. Pline rapporte plusieurs fables reçues dans son temps sur les différentes

différentes espèces d'hommes ; Buffon puise dans les savans et dans les voyageurs dignes de foi, des notions beaucoup plus justes; ses aperçus sont plus profonds, ses conjectures plus fondées. Pline, pour donner une idée de l'homme par excellence, trace le portrait de Cicéron ; ce morceau, de la plus haute éloquence, rappelle le plus grand des orateurs, et le libérateur de la patrie ; Buffon, plus hardi, peint l'homme en général ; le tableau qu'il présente des facultés intellectuelles et physiques de ce chef-d'œuvre de la création, est non-seulement éloquent, mais, par la variété des couleurs, il peut être regardé comme un modèle de poésie descriptive. Pline, en terminant sa description, s'attriste par la peinture des misères de l'homme ; il répète que la vie est une ombre, que l'on ne doit pas se fier au bonheur, et, pour mettre le comble au découragement, après s'être étendu sur les maux de l'humanité, il finit par insinuer que l'ame ne survit point au corps. Buffon, au contraire, élève continuellement l'ame de l'homme par l'idée qu'il lui donne de sa supériorité sur les autres animaux ; en parlant de la mort, il multiplie ses efforts pour en diminuer les horreurs, et pour familiariser l'humanité avec l'arrêt irrévocable de la Providence. Le style de l'auteur latin est plein d'harmonie et de douceur ; il annonce, dans Pline, un homme qui aimoit à raconter des faits extraordinaires, et qui se plaisoit à enchanter ses auditeurs par des récits intéressans; le style de Buffon est plus soutenu, sans avoir moins de charmes ; jamais l'auteur ne se livre à des digressions qui l'éloigneroient du sujet qu'il traite.

J'ai dit que Buffon avoit de l'aversion pour la poésie, et qu'il partageoit, à cet égard, les opinions de la Mothe ; mais cette erreur de goût n'influa point sur son talent, qu'il consacra à des objets absolument étrangers à la poésie. Lorsqu'il voulut en parler dans quelques discours académiques, il parut pousser plus loin que la Mothe même le système contraire aux opinions des grands littérateurs du siècle de Louis XIV. En parlant de la *Henriade* et de *l'Iliade*, il cherche « quelle comparaison il peut y avoir
« entre le bon et le Grand Henri, et le pe-
« tit Ulysse, ou le fier Agamemnon, entre
« nos potentats et ces rois de village, dont
« toutes les forces réunies feroient à peine un

« détachement de nos armées. Quelle diffé-
« rence, ajoute-t-il, dans l'art même? N'est-
« il pas plus aisé de monter l'imagination des
« hommes, que d'élever leur raison? de leur
« montrer des mannequins gigantesques de hé-
« ros fabuleux, que de leur présenter des por-
« traits ressemblans de vrais hommes, vraiment
« grands?» Buffon, accoutumé à l'exactitude
rigoureuse des sciences, jugeoit la poésie épique,
non d'après les beautés qui lui sont propres,
mais d'après des vues d'utilité et des rapprochemens historiques que les poëtes n'ont jamais
consultés. S'il se fût livré à cet art sublime, il
auroit bientôt reconnu la différence du génie
d'Homère, et du bel esprit moderne. Je n'ai
cité ce fragment, auquel Buffon n'attachoit aucune importance, que parce que les erreurs
des grands hommes sont les plus dangereuses.

Tels furent les quatre hommes de génie qui,
sans se préserver entièrement du goût dominant
de leur siècle, ont, par des chefs-d'œuvres,
soutenu l'éclat de la littérature françoise. La
fin du dix-huitième siècle s'honore aussi d'avoir
vu fleurir le peintre de l'antique Grèce, qui,
sous le nom d'Anacharsis, retraça les mœurs,

les rapports politiques, et analysa les chefs-d'œuvres littéraires de la patrie des Périclès et des Démosthène; le poëte élégant qui sut faire passer dans la versification françoise les beautés didactiques des *Géorgiques* de Virgile; l'auteur plein de sel et d'enjouement, qui, sur les traces de Molière, de Boileau et de Pope, soutint la cause du goût et combattit la fausse philosophie; enfin le littérateur célèbre qui, après avoir fait retentir sur la scène les noms de *Warwick* et de *Philoctète*, rappela le temps où Quintilien recueilloit les débris de la bonne littérature, et donnoit par ses écrits, l'exemple et les préceptes de l'éloquence.

Parmi ceux que le dix-huitième siècle semble avoir légués au dix-neuvième pour la gloire des lettres françoises, on distinguera le poëte élégant et harmonieux qui, en peignant la solemnité du *Jour des Morts*, déploya tous les trésors que la sensibilité et la religion peuvent fournir à une imagination forte et brillante, à vingt ans traduisit Pope, traça pendant une longue proscription, les premiers chants d'un poëme épique, et qui, dans des dissertations littéraires, a souvent rappelé la prose des grands écrivains du siècle de Louis XIV.

On n'oubliera pas non plus l'auteur comique qui, bannissant de son théâtre les petites nuances, la fausse délicatesse et les subtilités métaphysiques, a fait revivre la gaîté de l'ancienne comédie. Heureux, si la direction dont il s'est chargé lui laissoit le temps d'approfondir les sujets qu'il traite ; et de donner à son style, d'ailleurs plein d'élégance et de naturel, surtout en prose, la précision et la pureté qu'il laisse encore desirer.

J'ai cherché à présenter un tableau fidèle des progrès de la langue françoise, et des causes de sa décadence. On a vu que les nouveaux systèmes qui se sont succédés si rapidement dans le dix-huitième siècle, ont contribué à la faire dégénérer. Le commencement du dix-neuvième, signalé par l'oubli de toutes ces vaines théories, par le retour aux bons principes, et par l'aurore du bonheur public, dont l'âge du héros qui préside aux destinées de la France nous garantit la durée, annonce la renaissance des lettres, et promet à la patrie de Corneille et et de Racine, une époque semblable à ces temps heureux où la langue latine reprit son ancienne gloire sous les auspices glorieux de Titus et de Trajan.

FIN.

GRAMMAIRE
GÉNÉRALE
ET RAISONNÉE.

La Grammaire est l'art de parler.

Parler, est expliquer ses pensées par des signes que les hommes ont inventés à ce dessein.

On a trouvé que les plus commodes de ces signes étoient les sons et les voix.

Mais parce que ces sons passent, on a inventé d'autres signes pour les rendre durables et visibles, qui sont les caractères de l'écriture, que les Grecs appellent γράμματα, d'où est venu le mot de Grammaire.

Ainsi l'on peut considérer deux choses dans ces signes. La première ; ce qu'ils sont par leur nature, c'est-à-dire, en tant que sons et caractères.

La seconde ; leur signification, c'est-à-dire, la manière dont les hommes s'en servent pour signifier leurs pensées.

Nous traiterons de l'une dans la première partie de cette **Grammaire**, et de l'autre dans la seconde.

PREMIÈRE PARTIE,

Où il est parlé des lettres et des caractères de l'écriture.

CHAPITRE PREMIER.

Des lettres comme sons, et premièrement des voyelles.

Les divers sons dont on se sert pour parler, et qu'on appelle *lettres*, ont été trouvés d'une manière toute naturelle, et qu'il est utile de remarquer.

Car comme la bouche est l'organe qui les forme, on a vu qu'il y en avoit de si simples, qu'ils n'avoient besoin que de sa seule ouverture pour se faire entendre et pour former une voix distincte, d'où vient qu'on les a appelés *voyelles*.

Et on a aussi vu qu'il y en avoit d'autres qui, dépendant de l'application particulière de quelqu'une de ses parties, comme des dents, des lèvres, de la langue, du palais, ne pouvoient néanmoins faire un son parfait que par l'ouverture même de la bouche, c'est-à-dire, par leur union avec ces premiers sons, et à cause de cela on les appelle *consonnes*.

L'on compte d'ordinaire cinq de ces voyelles, *a, e, i, o, u;* mais outre que chacune de celles-là peut être brève ou longue, ce qui cause une variété assez considérable dans le son, il semble qu'à consulter la différence des sons simples, selon les diverses ouvertures de la bouche, on auroit encore pu ajouter quatre ou cinq voyelles aux cinq précédentes. Car l'*e* ouvert et l'*e* fermé sont deux sons assez différens pour faire deux différentes voyelles, comme *mèr, abymèr,* comme le premier et le dernier *e* dans *nètteté*, dans *sèrré*, etc.

Et de même l'*o* ouvert et l'*o* fermé, *côte* et *cotte*, *hôte* et *hotte*. Car quoique l'*e* ouvert et l'*o* ouvert tiennent quelque chose du long, et l'*e* et l'*o* fermés quelque chose du bref, néanmoins ces deux voyelles se varient davantage par être ouvertes et fermées, qu'un *a* ou un *i* ne varient par être longs ou brefs; et c'est une des raisons pourquoi les Grecs ont plutôt inventé deux figures à chacune de ces deux voyelles, qu'aux trois autres.

De plus l'*u*, prononcé *ou*, comme faisoient les Latins, et comme font encore les Italiens et les Espagnols, a un son très-différent de l'*u*, comme le prononçoient les Grecs, et comme le prononcent les François.

Eu, comme il est dans *feu*, *peu*, fait encore un son simple, quoique nous l'écrivions avec deux voyelles.

Il reste l'*e* muet ou féminin, qui n'est dans son origine qu'un son sourd, conjoint aux consonnes lorsqu'on les veut prononcer sans voyelle, comme lorsqu'elles sont suivies immédiatement d'autres consonnes, ainsi que dans ce mot, *scamnum :* c'est ce que les Hébreux appellent *scheva*, sur-tout lorsqu'il commence la syllabe. Et ce *scheva* se trouve nécessairement en toutes les langues, quoiqu'on n'y prenne pas garde, parce qu'il n'y a point de caractère pour le marquer. Mais quelques langues vulgaires, comme l'allemand et le françois, l'ont marqué par la voyelle *e*, ajoutant ce son aux autres qu'elle avoit déja : et de plus ils ont fait que cet *e* féminin fait une syllabe avec sa consonne, comme est la seconde dans *netteté*, *j'aimerai*, *donnerai*, etc. ce que ne faisoit pas le *scheva* dans les autres langues, quoique plusieurs fassent cette faute en prononçant le *scheva* des Hébreux. Et ce qui est encore plus remarquable, c'est que cet *e* muet fait souvent tout seul en françois une syllabe, ou plutôt une demi-syllabe, comme *vie*, *vue*, *aimée*.

Ainsi, sans considérer la différence qui se fait entre les voyelles d'un même son, par la longueur ou briéveté, on en pourroit distinguer jusques à dix, en ne s'arrêtant qu'aux sons simples, et non aux caractères : *a , é, é, i , o , ó, eu, ou , u , e* muet, où l'on peut remarquer que ces sons se prononcent de la plus grande ouverture de la bouche et de la plus petite.

CHAPITRE II.

Des Consonnes.

Si nous faisons touchant les consonnes ce que nous avons fait touchant les voyelles , et que nous considérions seulement les sons simples qui sont en usage dans les principales langues, nous trouverons qu'il n'y a que celles qui sont dans la table suivante, où ce qui a besoin d'explication est marqué par des chiffres qui renvoient à l'autre page.

(253)

Consonnes qui n'ont qu'un son simple.

Latines et vulgaires.	Grecques.	Hébraïques.
B. b,	B. β,	ב 1 Beth.
P. p,	Π. π,	פ Pe.
F. f, [2] ph,	Φ. φ, [2]	3
V. v, *consonne*,	Ⅎ, [4]	5
C. c, [6]	K. κ,	כ Caph.
G. g, [7]	Γ. γ,	ג Ghimel.
j, *consonne*,	*	י Iod.
D. d,	Δ. δ,	ד Daleth.
T. t,	T. τ,	ט Teth.
R. r,	P. ρ,	ר Resch.
L. l,	Λ. λ,	ל Lamed.
ill. [8]	*	*
M. m,	M μ,	מ Mem.
N. n,	N. ν,	נ Nun.
gn. [9]		
S. s,	Σ. σ,	ס Samach.
Z. z,	Z. ζ, [10]	ז Zain.
CH. ch, [11]		ש Schin.
H. h, [12]	c. [13]	ח [14] Heth.

1. avec un point appelé *dagesch lene.*

2. Le φ se prononce aussi maintenant comme on prononce l'*f* latine, quoiqu'autrefois il eût plus d'aspiration.

3. C'est aussi comme se prononce le *pe* des Hébreux, quand il est sans point, comme lorsqu'il finit les syllabes.

4. C'est la figure du *digamma* des Éoliens, qui étoit comme un double *gamma*, qu'on a renversé pour le distinguer de l'*f* capitale; et ce *digamma* avoit le son de l'*v* consonne.

5. Comme encore le *beth*, quand il finit les syllabes.

6. Prononcé toujours comme avant *a, o, u,* c'est-à-dire, comme un *K*.

7. Prononcé toujours comme avant l'*a, o, u.*

8. *ll*, comme dans *fille*. Les Espagnols s'en servent au commencement des mots *llamar, llorar;* les Italiens le marquent par *gl*.

9. *n* liquide, que les Espagnols marquent par un tiret sur l'*ñ;* et nous, comme les Italiens, par un *gn*.

10. Comme on le prononce maintenant, car autrefois on le prononçoit comme un δσ.

11. Comme on le prononce en françois dans *chose, cher, chu,* etc.

12. Aspirée, comme dans *hauteur, honte;* car dans les mots où elle n'est point aspirée, comme dans *honneur, homme,* ce n'est qu'un caractère, et non pas un son.

13. Esprit âpre des Grecs, au lieu duquel ils se servoient autrefois de l'*éta* H, dont les Latins ont pris l'*H*.

14. Selon son vrai son, qui est une aspiration.

S'il y a quelques autres sons simples, (comme pouvoit être l'aspiration de l'*aïn* parmi les Hébreux) ils sont si difficiles à prononcer, qu'on peut bien ne les pas compter entre les lettres qui entrent dans l'usage ordinaire des langues.

Pour toutes les autres qui se trouvent dans les alphabets hébreux, grecs, latins, et des langues vulgaires, il est aisé de montrer que ce ne sont point des sons simples, et qu'ils se rapportent à quelques-uns de ceux que nous avons marqués.

Car des quatre gutturales des Hébreux, il y a de l'apparence que l'*aleph* valoit autrefois un *a*, *he* un *e*, et l'*aïn* un *o*. Ce qui se voit par l'ordre de l'alphabet grec, qui a été pris de celui des Phéniciens jusques au τ, de sorte qu'il n'y avoit que le *heth* qui fût proprement aspiration.

Maintenant l'*aleph* ne sert que pour l'écriture, et n'a aucun son que celui de la voyelle qui lui est jointe.

Le *he* n'en a guères davantage, et au plus n'est distingué du *heth*, que parce que l'un est une aspiration moins forte, et l'autre plus forte, quoique plusieurs ne comptent pour aspiration que le *he*, et prononcent le *heth* comme un K, *keth*.

Pour l'*aïn*, quelques-uns en font une aspiration du gosier et du nez ; mais tous les Juifs orientaux ne lui donnent point de son, non plus qu'à l'*aleph*; et d'autres le prononcent comme une $\bar{n}$ liquide.

Le *thau* et le *teth*, ou n'ont que le même son, ou ne sont distingués que parce que l'un se prononce avec aspiration, et l'autre sans aspiration; et ainsi l'un des deux n'est pas un son simple.

J'en dis de même du *caph* et du *coph*.

Le *tsade* n'est pas aussi un son simple, mais il vaut un *t* et une *s*.

De même dans l'alphabet grec, les trois aspirées, φ, χ, θ, ne sont pas des sons simples, mais composés du π, κ, τ, avec l'aspiration.

Et les trois doubles, ζ, ξ, ψ, ne sont visiblement que des abrégés d'écriture, pour *ds, cs, ps*.

Il en est de même de l'*x* du latin, qui n'est que le ξ des Grecs.

Le *q* et le *k* ne sont que le *c*, prononcé dans le son qui lui est naturel.

Le double *W* des langues du Nord n'est que l'*u* romain, c'est-à-dire *ou*, lorsqu'il est suivi de voyelle, comme *winum, vinum*; ou l'*v* consonne, lorsqu'il est suivi d'une consonne.

CHAPITRE

CHAPITRE III.

Des Syllabes.

La syllabe est un son complet qui est quelquefois composé d'une seule lettre, mais pour l'ordinaire de plusieurs ; d'où vient qu'on lui a donné le nom de syllabe, συλλαϐή, *comprehensio, assemblage.*

Une voyelle peut faire une seule syllabe.

Deux voyelles aussi peuvent composer une syllabe, ou entrer dans la même syllabe ; mais alors on les appelle diphthongues, parce que les deux sons se joignent en un son *complet,* comme *mien, hier, ayant, eau.*

La plupart des diphthongues se sont perdues dans la prononciation ordinaire du latin ; car leur æ et leur œ ne se prononcent plus que comme un e : mais elles se retiennent encore dans le grec par ceux qui prononcent bien.

Pour les langues vulgaires, quelquefois deux voyelles ne font qu'un son simple, comme nous avons dit de *eu,* comme encore en français *oe, au.* Mais elles ont pourtant de véritables diphtongues, comme *ai*, ayant ; *oue*, fouet ; *oi*, foi ; *ie*, mien, premier ; *eau*, beau ; *ieu*, Dieu ; où il faut remarquer que ces deux dernières ne sont pas des triphthongues, comme quelques-uns ont voulu dire, parce que *eu* et *au* ne valent dans le son qu'une simple voyelle, non pas deux.

Les consonnes ne peuvent seules composer une syllabe; mais il faut qu'elles soient accompagnées de voyelles ou de diphthongues, soit qu'elles les suivent, soit qu'elles les précèdent ; ce dont la raison a été touchée ci-dessus, au chapitre premier.

Plusieurs néanmoins peuvent être de suite dans la même syllabe, de sorte qu'il y en peut avoir quelquefois jusques à trois devant la voyelle, et deux après, comme *scrobs*; et quelquefois deux devant, et trois après, comme *stirps*. Les Hébreux n'en souffrent jamais plus de deux au commencement de la syllabe, non plus qu'à la fin, et toutes leurs syllabes commencent par des consonnes, mais c'est en comptant *aleph* pour une consonne, et jamais une syllabe n'a plus d'une voyelle.

CHAPITRE IV.

Des Mots en tant que sons, où il est parlé de l'Accent.

Nous ne parlons pas encore des mots selon leur signification, mais seulement de ce qui leur convient en tant que sons.

On appelle mot ce qui se prononce à part, et s'écrit à part. Il y en a d'une syllabe, comme *moi, da, tu, saint,* qu'on appelle monosyllabe ; et de plusieurs, comme *père, dominus, miséricordieusement, Constantinopolitanorum,* etc. qu'on nomme polysyllabes.

Ce qu'il y a de plus remarquable dans la prononciation des mots, est l'accent, qui est une élévation de voix sur l'une des syllabes du mot, après laquelle la voix vient nécessairement à se rabaisser.

L'élévation de la voix s'appelle accent *aigu,* et le rabaissement, accent *grave :* mais parce qu'il y avoit en grec et en latin de certaines syllabes longues sur lesquelles on élevoit et on rabaissoit la voix, ils avoient inventé un troisième accent, qu'ils appeloient *circonflexe,* qui d'abord s'est fait ainsi [ˣ], puis [ᵕ], et les comprenoit tous deux.

On peut voir ce qu'on a dit sur les accens des Grecs et des Latins, dans les nouvelles méthodes pour les langues grecque et latine.

Les Hébreux ont beaucoup d'accens qu'on croit avoir autrefois servi à leur musique, et dont plusieurs font maintenant le même usage que nos points et nos virgules.

Mais l'accent qu'ils appellent naturel et de grammaire, est toujours sur la pénultième, ou sur la dernière syllabe des mots. Ceux qui sont sur les précédentes, sont appelés accens de rhétorique, et n'empêchent pas que l'autre ne soit toujours sur l'une des deux dernières; où il faut remarquer que la même figure d'accent, comme l'*atnach* et le *silluk*, qui marquent la distinction des périodes, ne laisse pas aussi de marquer en même temps l'accent naturel.

CHAPITRE V.

Des Lettres considérées comme Caractères.

Nous n'avons pas pu, jusques ici, parler des lettres, que nous ne les ayons marquées par leurs caractères; mais néanmoins nous ne les avons pas considérées comme caractères, c'est-à-dire, selon le rapport que ces caractères ont aux sons.

Nous avons déja dit que les sons ont été pris par les hommes, pour être les signes des pensées, et qu'ils ont aussi inventé certaines figures pour être les signes de ces sons. Mais quoique ces figures ou caractères, selon leur première institution, ne signifient immédiatement que les sons; néanmoins les hommes portent souvent leurs pensées des caractères à la chose même signifiée par les sons. Ce qui fait que les caractères peuvent être considérés en ces deux manières, ou comme signifiant simplement le son, ou comme nous aidant à concevoir ce que le son signifie.

En les considérant en la première manière, il auroit fallu observer quatre choses pour les mettre en leur perfection.

1. Que toute figure marquât quelque son; c'est-à-dire, qu'on n'écrivît rien qui ne se prononçât.

2. Que tout son fût marqué par une figure ; c'est-à-dire, qu'on ne prononçât rien qui ne fût écrit.

3. Que chaque figure ne marquât qu'un son, ou simple, ou double. Car ce n'est pas contre la perfection de l'écriture qu'il y ait des lettres doubles, puisqu'elles la facilitent en l'abrégeant.

4. Qu'un même son ne fût point marqué par différentes figures.

Mais considérant les caractères en la seconde manière, c'est-à-dire, comme nous aidant à concevoir ce que le son signifie, il arrive quelquefois qu'il nous est avantageux que ces règles ne soient pas toujours observées, au moins la première et la dernière.

Car 1. il arrive souvent, sur-tout dans les langues dérivées d'autres langues, qu'il y a de certaines lettres qui ne se prononcent point, et qui ainsi sont inutiles quant au son, lesquelles ne laissent pas de nous servir pour l'intelligence de ce que les mots signifient. Par exemple, dans les mots de *champs* et *chants*, le *p* et le *t* ne se prononcent point, qui néanmoins sont utiles pour la signification, parce que nous apprenons de-là, que le premier vient du latin *campi*, et le second du latin *cantus*.

Dans l'hébreu même, il y a des mots qui ne sont différens que parce que l'un finit par un *aleph*, et l'autre par un *he*, qui ne se prononcent point : comme יְרָא qui signifie craindre ; et יְרָה qui signifie jeter.

Et de-là on voit que ceux qui se plaignent tant de ce qu'on écrit autrement qu'on ne prononce, n'ont pas toujours grande raison , et que ce qu'ils appellent abus, n'est pas quelquefois sans utilité.

La différence des grandes et des petites lettres semble aussi contraire à la quatrième règle, qui est qu'un même son fût toujours marqué par la même figure. Et en effet cela seroit tout-à-fait inutile, si l'on ne considéroit les caractères que pour marquer les sons, puisqu'une grande et une petite lettre n'ont que le même son. D'où vient que les anciens n'avoient pas cette différence, comme les Hébreux ne l'ont point encore, et que plusieurs croient que les Grecs et les Romains ont été long-temps à n'écrire qu'en lettres capitales. Néanmoins cette distinction est fort utile pour commencer les périodes, et pour distinguer les noms propres d'avec les autres.

Il y a aussi dans une même langue différentes sortes d'écritures, comme le romain et l'italique dans l'impression du latin et de plusieurs langues vulgaires , qui peuvent être utilement employés pour le sens, en distinguant ou de certains mots, ou de certains discours, quoique cela ne change rien dans la prononciation.

Voilà ce qu'on peut apporter pour excuser la diversité qui se trouve entre la prononciation et l'écriture ; mais cela n'empêche pas qu'il n'y en ait plusieurs qui se sont faites sans raison, et par la seule corruption qui s'est glissée dans les langues. Car c'est un abus d'avoir donné, par exemple, au *c* la prononciation de l'*s*, avant l'*e* et l'*i* ; d'avoir prononcé autrement le *g* devant ces deux mêmes voyelles, que devant les autres ; d'avoir adouci l'*s* entre deux voyelles ; d'avoir donné aussi au *t* le son de l'*s* avant l'*i* suivi d'une autre voyelle, comme *gratia, actio, action*. On peut voir ce qui a été dit dans le traité des lettres, qui est dans la nouvelle Méthode latine.

Quelques-uns se sont imaginés qu'ils pourroient corriger ce défaut dans les langues vulgaires, en inventant de nouveaux caractères, comme a fait Ramus dans sa Grammaire pour la langue françoise, retranchant tous ceux qui ne se prononcent point, et écrivant chaque son par la lettre à qui cette prononciation est propre, comme en mettant une *s*, au lieu du *c*, devant l'*e* et l'*i*. Mais ils devoient considérer qu'outre que cela seroit souvent désavantageux aux langues vulgaires, pour les raisons que nous avons dites, ils tentoient une chose impossible ; car il ne faut pas s'imaginer qu'il soit facile de faire changer à toute une nation tant de caractères auxquels elle est accoutumée depuis long-temps, puisque l'empereur Claude ne put pas même venir à bout d'en introduire un qu'il vouloit mettre en usage.

Tout ce que l'on pourroit faire de plus raisonnable, seroit de retrancher les lettres qui ne servent de rien ni à la prononciation, ni au sens, ni à l'analogie des langues, comme on a déja commencé de faire; et, conservant celles qui sont utiles, y mettre de petites marques qui fissent voir qu'elles ne se prononcent point, ou qui fissent connoître les diverses prononciations d'une même lettre. Un point au-dedans ou au-dessous de la lettre, pourroit servir pour le premier usage, comme *temps*. Le *c* a déja sa cédille, dont on pourroit se servir devant l'*e* et devant l'*i*, aussi bien que devant les autres voyelles. Le *g* dont la queue ne seroit pas toute fermée, pourroit marquer le son qu'il a devant l'*e* et devant l'*i*. Ce qui ne soit dit que pour exemple.

CHAPITRE VI.

D'une nouvelle manière pour apprendre à lire facilement en toutes sortes de langues.

Cette méthode regarde principalement ceux qui ne savent pas encore lire.

Il est certain que ce n'est pas une grande peine à ceux qui commencent, que de connoître simplement les lettres; mais que la plus grande est de les assembler.

Or, ce qui rend maintenant cela plus difficile, est que chaque lettre ayant son nom, on la prononce seule autrement qu'en l'assemblant avec d'autres. Par exemple, si l'on fait assembler *fry*, à un enfant, on lui fait prononcer *ef, er, y grec;* ce qui le brouille infailliblement, lorsqu'il veut ensuite joindre ces trois sons ensemble, pour en faire le son de la syllabe *fry*.

Il semble donc que la voie la plus naturelle, comme quelques gens d'esprit l'ont déja remarqué, seroit que ceux qui montrent à lire, n'apprissent d'abord aux enfans à connoître leurs lettres, que par le nom de leur prononciation; et qu'ainsi pour apprendre à lire en latin, par exemple, on ne donnât que le même nom d'*e* à l'*e* simple, l'*œ* et l'*œ*, parce qu'on les prononce d'une même façon; et de même à l'*i* et à l'*y* ; et encore à l'*o* et à l'*au*, selon qu'on les prononce aujourd'hui en France; car les Italiens font l'*au* diphtongue.

Qu'on ne leur nommât aussi les consonnes que par leur son naturel, en y ajoutant seulement l'*e* muet, qui est nécessaire pour les prononcer : par exemple, qu'on donnât pour nom à *b*, ce qu'on prononce dans la dernière syllabe de *tom*be; à *d* celui de la dernière syllabe de *ronde ;* et ainsi des autres qui n'ont qu'un seul son.

Que pour celles qui en ont plusieurs, comme *c, g, t, s,* on les appelât par le son le plus naturel et plus ordinaire, qui est au *c* le son de *que,* et au *g* le son de *gue,* au *t* le son de la dernière syllabe de *forte,* et à l'*s* celui de la dernière syllabe de *bourse.*

Et ensuite on leur apprendroit à prononcer à part, et sans épeler, les syllabes *ce, ci, ge, gi, tia, tie, tii.* Et on leur feroit entendre que l'*s*, entre deux voyelles, se prononce comme un *z*, *miseria, misère,* comme s'il y avoit *mizeria, mizère,* etc.

Voilà les plus générales observations de cette nouvelle méthode d'apprendre à lire, qui seroit certainement très-utile aux enfans. Mais pour la mettre dans toute sa perfection, il en faudroit faire un petit traité à part, où l'on pourroit faire les remarques nécessaires pour l'accommoder à toutes les langues.

SECONDE PARTIE

DE LA

GRAMMAIRE

GÉNÉRALE,

Où il est parlé des principes et des raisons sur lesquelles sont appuyées les diverses formes de la signification des mots.

CHAPITRE PREMIER.

Que la connoissance de ce qui se passe dans notre esprit, est nécessaire pour comprendre les fondemens de la Grammaire ; et que c'est de-là que dépend la diversité des mots qui composent le discours.

JUSQUES ici, nous n'avons considéré dans la parole que ce qu'elle a de matériel, et qui est commun, au moins pour le son, aux hommes et aux perroquets.

Il nous reste à examiner ce qu'elle a de spirituel, qui fait l'un des plus grands avantages de l'homme au-dessus de tous les autres animaux, et qui est une des plus grandes preuves de la raison : c'est l'usage que nous en faisons pour signifier nos pensées, et cette invention merveilleuse de composer de vingt-cinq ou trente sons cette infinie variété de mots, qui, n'ayant rien de semblable en eux-mêmes à ce qui se passe dans notre esprit, ne laissent pas d'en découvrir aux autres tout le secret, et de faire entendre à ceux qui n'y peuvent pénétrer, tout ce que nous concevons, et tous les divers mouvemens de notre ame.

Ainsi l'on peut définir les mots, des sons distincts et articulés, dont les hommes ont fait des signes pour signifier leurs pensées.

C'est pourquoi on ne peut bien comprendre les diverses sortes de significations qui sont enfermées dans les mots, qu'on n'ait bien compris auparavant ce qui se passe dans nos pensées, puisque les mots n'ont été inventés que pour les faire connoître.

Tous les philosophes enseignent qu'il y a trois opérations de notre esprit : CONCEVOIR, JUGER, RAISONNER.

CONCEVOIR, n'est autre chose qu'un simple regard de notre esprit sur les choses, soit d'une manière purement intellectuelle, comme quand je connois l'être, la durée, la pensée, Dieu; soit avec des images corporelles, comme quand je m'imagine un carré, un rond, un chien, un cheval.

Juger, c'est affirmer qu'une chose que nous concevons est telle, ou n'est pas telle : comme lorsqu'ayant conçu ce que c'est que la *terre*, et ce que c'est que *rondeur*, j'affirme de la *terre*, qu'elle *est ronde*.

Raisonner, est se servir de deux jugemens pour en faire un troisième : comme lorsqu'ayant jugé que toute vertu est louable, et que la patience est une vertu, j'en conclus que la patience est louable.

D'où l'on voit que la troisième opération de l'esprit n'est qu'une extension de la seconde ; et ainsi il suffira pour notre sujet de considérer les deux premières, ou ce qui est enfermé de la première dans la seconde ; car les hommes ne parlent guère pour exprimer simplement ce qu'ils conçoivent, mais c'est presque toujours pour exprimer les jugemens qu'ils font des choses qu'ils conçoivent.

Le jugement que nous faisons des choses, comme quand je dis, *la terre est ronde*, s'appelle Proposition; et ainsi toute proposition enferme nécessairement deux termes; l'un appelé *sujet*, qui est ce dont on affirme, comme *terre*; et l'autre appelé *attribut*, qui est ce qu'on affirme comme *ronde* : et de plus la liaison entre ces deux termes, *est*.

Or il est aisé de voir que les deux termes appartiennent proprement à la première opération de l'esprit, parce que c'est ce que nous concevons, et ce qui est l'objet de notre pensée ; et que la liaison appartient à la seconde, qu'on peut dire être proprement l'action de notre esprit, et la manière dont nous pensons.

Et ainsi la plus grande distinction de ce qui se passe dans notre esprit, est de dire qu'on y peut considérer l'objet de notre pensée, et la forme ou la manière de notre pensée, dont la principale est le jugement : mais on y doit encore rapporter les conjonctions, disjonctions, et autres semblables opérations de notre esprit, et tous les autres mouvemens de notre ame, comme les desirs, le commandement, l'interrogation, etc.

Il s'ensuit de-là que, les hommes ayant eu besoin de signes pour marquer tout ce qui se passe dans leur esprit, il faut aussi que la plus générale distinction des mots soit que les uns signifient les objets des pensées, et les autres la forme et la manière de nos pensées, quoique souvent ils ne la signifient pas seule, mais avec l'objet, comme nous le ferons voir.

Les mots de la première sorte sont ceux que l'on a appelés, *noms*, *articles*, *pronoms*, *participes*, *prépositions* et *adverbes* ; ceux de la seconde, sont *les verbes*, *les conjonctions*, et *les interjections* ; qui sont tous tirés par une suite nécessaire, saires de la manière naturelle en laquelle nous exprimons nos pensées, comme nous allons le montrer.

CHAPITRE II.

Des noms, et premièrement des substantifs et adjectifs.

Les objets de nos pensées sont ou les choses, comme *la terre, le soleil, l'eau, le bois*, ce qu'on appelle ordinairement *substance* ; ou la manière des choses, comme d'être *rond*, d'être *rouge*, d'être *dur*, d'être *savant*, etc. ce qu'on appelle *accident*.

Et il y a cette différence entre les choses et les substances, et la manière des choses ou des accidens ; que les substances subsistent par elles-mêmes, au lieu que les accidens ne sont que par les substances.

C'est ce qui a fait la principale différence entre les mots qui signifient les objets des pensées : car ceux qui signifient les substances ont été appelés *noms substantifs ;* et ceux qui signifient les accidens, en marquant le sujet auquel ces accidens conviennent, *noms adjectifs*.

Voilà la première origine des noms *substantifs et adjectifs*. Mais on n'en est pas demeuré là ; et il se trouve qu'on ne s'est pas tant arrêté à la signification qu'à la manière de signifier. Car, parce que la substance est ce qui subsiste par soi-même, on a appelé noms substantifs tous ceux qui subsistent par eux-mêmes dans le discours, sans avoir besoin d'un autre nom, encore même qu'ils signifient des accidens. Et au contraire on a appelé adjectifs ceux même qui signifient des substances, lorsque par leur manière de signifier ils doivent être joints à d'autres noms dans le discours.

Or ce qui fait qu'un nom ne peut subsister par soi-même, est quand, outre sa signification distincte, il en a encore une confuse, qu'on peut appeler connotation d'une chose à laquelle convient ce qui est marqué par la signification distincte.

Ainsi la signification distincte de *rouge*, est la *rougeur* ; mais il la signifie en marquant confusément le sujet de cette rougeur, d'où vient qu'il ne subsiste point seul dans le discours, parce qu'on y doit exprimer ou sous-entendre le mot qui signifie ce sujet.

Comme donc cette connotation fait l'adjectif, lorsqu'on l'ôte des mots qui signifient les accidens, on en fait des substantifs, comme de *coloré, couleur* ; de *rouge, rougeur* ; de *dur, dureté* ; de *prudent, prudence*, etc.

Et au contraire, lorsqu'on ajoute aux mots qui

signifient les substances, cette connotation ou signification confuse d'une chose à laquelle ces substances se rapportent, on en fait des adjectifs ; comme d'*homme*, *humain*, *genre humain*, *vertu humaine*, etc.

Les Grecs et les Latins ont une infinité de ces mots ; *ferreus*, *aureus*, *bovinus*, *vitulinus*, etc.

Mais l'hébreu, le françois et les autres langues vulgaires en ont moins ; car le françois l'explique par un *de*; *d'or*, *de fer*, *de bœuf*, etc.

Que si l'on dépouille ces adjectifs formés des noms de substances, de leur connotation, on en fait de nouveaux substantifs, qu'on appelle *abstraits*, ou séparés. Ainsi d'*homme* ayant fait *humain*, d'*humain* on fait *humanité*, etc.

Mais il y a une autre sorte de noms qui passent pour substantifs, quoiqu'en effet ils soient adjectifs, puisqu'ils signifient une forme accidentelle, et qu'ils marquent aussi un sujet auquel convient cette forme : tels sont les noms de diverses professions des hommes, comme *roi, philosophe, peintre, soldat*, etc. Et ce qui fait que ces noms passent pour substantifs, est que ne pouvant avoir pour sujet que l'homme seul, au moins pour l'ordinaire, et selon la première imposition des noms, il n'a pas été nécessaire d'y joindre leur substantif, parce qu'on l'y peut sous-entendre sans aucune confusion, le rapport ne s'en pouvant faire à aucune autre ; et par-là ces mots ont eu dans l'usage ce qui est particulier aux substantifs, qui est de subsister seuls dans le discours.

C'est pour cette même raison, qu'on dit de certains noms ou pronoms, qu'ils sont pris substantivement, parce qu'ils se rapportent à un substantif si général, qu'il se sous-entend facilement et déterminément; comme *triste lupus stabulis*, sup. *negotium; patria*, sup. *terra; Judœa*, sup. *Provincia*. Voyez la Nouv. Méthode lat.

J'ai dit que les adjectifs ont deux significations; l'une distincte, qui est celle de la forme; et l'autre confuse, qui est celle du sujet : mais il ne faut pas conclure de-là qu'ils signifient plus directement la forme que le sujet, comme si la signification plus distincte étoit aussi la plus directe. Car au contraire il est certain qu'ils signifient le sujet directement, et, comme parlent les grammairiens, *in recto*, quoique plus confusément; et qu'ils ne signifient la forme qu'indirectement, et, comme ils parlent encore, *in obliquo*, quoique plus distinctement. Ainsi *blanc*, *candidus*, signifie directement ce qui a de la blancheur, *habens candorem*, mais d'une manière fort confuse, ne marquant en particulier aucune des choses qui peuvent avoir de la blancheur; et il ne signifie qu'indirectement la blancheur, mais d'une manière aussi distincte que le mot même de blancheur, *candor*.

CHAPITRE III.

Des noms propres, et appellatifs ou généraux.

Nous avons deux sortes d'idées ; les unes qui ne nous représentent qu'une chose singulière, comme l'idée que chaque personne a de son père et de sa mère, d'un tel ami, de son cheval, de son chien, de soi-même, etc.

Les autres, qui nous en représentent plusieurs semblables, auxquels cette idée peut également convenir, comme l'idée que j'ai d'un homme en général, d'un cheval en général, etc.

Les hommes ont eu besoin de noms différens pour ces deux différentes sortes d'idées.

Ils ont appelé *noms propres* ceux qui conviennent aux idées singulières, comme le nom de *Socrate*, qui convient à un certain philosophe appelé Socrate ; le nom de *Paris*, qui convient à la ville de Paris.

Et ils ont appelé *noms généraux* ou *appellatifs*, ceux qui signifient les idées communes ; comme le mot d'*homme*, qui convient à tous les hommes en général ; et de même du mot de *lion*, *chien*, *cheval*, etc.

Ce n'est pas qu'il n'arrive souvent que le mot

propre ne convienne à plusieurs, comme *Pierre*, *Jean*, etc. mais ce n'est que par accident, parce que plusieurs ont pris un même nom ; et alors il faut y ajouter d'autres noms qui le déterminent, et qui le font rentrer dans la qualité de nom propre, comme le nom de *Louis*, qui convient à plusieurs, est propre au roi qui règne aujourd'hui, en disant *Louis quatorzième*. Souvent même il n'est pas nécessaire de rien ajouter, parce que les circonstances du discours font assez voir de qui l'on parle.

CHAPITRE IV.

Des nombres singulier et plurier.

Les noms communs qui conviennent à plusieurs, peuvent être pris en diverses façons.

Car, 1°. on peut ou les appliquer à une des choses auxquelles ils conviennent, ou même les considérer toutes dans une certaine unité qui est appelée par les philosophes, *l'unité universelle.*

2°. On les peut appliquer à plusieurs tous ensemble, en les considérant comme plusieurs.

Pour distinguer ces deux sortes de manières de signifier, on a inventé les deux *nombres* ; le singulier, *homo*, *homme* ; et le plurier, *homines*, *hommes*.

Et même quelques langues, comme la langue grecque, ont fait un *duel*, lorsque les noms conviennent à deux.

Les Hébreux en ont aussi un, mais seulement lorsque les mots signifient une chose double, ou par nature, comme les *yeux*, les *mains*, les *pieds*, etc. ou par art, comme des *meules* de moulin, des *ciseaux*, etc.

De-là il se voit que les noms propres n'ont point d'eux-mêmes de plurier, parce que de leur nature ils ne conviennent qu'à un; et que si on les met quelquefois au plurier, comme quand on dit les *Césars*, les *Alexandres*, les *Platons*, c'est par figure, en comprenant dans le nom propre toutes les personnes qui leur ressembleroient : comme qui diroit, des rois aussi vaillans qu'Alexandre, des philosophes aussi savans que Platon, etc. Et il y en a même qui improuvent cette façon de parler, comme n'étant pas assez conforme à la nature, quoiqu'il s'en trouve des exemples dans toutes les langues, de sorte qu'elle semble trop autorisée pour la rejeter tout-à-fait : il faut seulement prendre garde d'en user modérément.

Tous les adjectifs au contraire doivent avoir un *plurier*, parce qu'il est de leur nature d'enfermer toujours une certaine signification vague d'un sujet, qui fait qu'ils peuvent convenir à plusieurs, au moins quant à la manière de signifier, quoiqu'en effet ils ne convinssent qu'à un.

Quant aux substantifs qui sont communs et appellatifs, il semble que par leur nature ils devroient tous avoir un plurier ; néanmoins il y en a plusieurs qui n'en ont point, soit par le simple usage, soit par quelque sorte de raison. Ainsi les noms de chaque métal, *or*, *argent*, *fer*, n'en ont point en presque toutes les langues ; dont la raison est, comme je pense, que la ressemblance si grande qui est entre les parties des métaux, fait que l'on considère d'ordinaire chaque espèce de métal, non comme une espèce qui ait sous soi plusieurs individus, mais comme un tout qui a seulement plusieurs parties : ce qui paroît bien en notre langue, en ce que pour marquer un métal singulier, on ajoute la particule de partition, *de l'or*, *de l'argent*, *du fer*. On dit bien *fers* au plurier, mais c'est pour signifier des chaînes, et non-seulement une partie du métal appelé *fer*. Les Latins disent bien aussi *œra*, mais c'est pour signifier de la monnoie, ou des instrumens à faire son, comme des cymbales. Et ainsi des autres.

CHAPITRE V.

Des Genres.

Comme les noms adjectifs de leur nature conviennent à plusieurs, on a jugé à propos, pour rendre le discours moins confus, et aussi pour l'embellir par la variété des terminaisons, d'inventer dans les adjectifs une diversité selon les substantifs auxquels on les appliqueroit.

Or les hommes se sont premièrement considérés eux-mêmes ; et ayant remarqué parmi eux une différence extrêmement considérable, qui est celle des deux sexes, ils ont jugé à propos de varier les mêmes noms adjectifs, y donnant diverses terminaisons, lorsqu'ils s'appliquoient aux hommes, ou lorsqu'ils s'appliquoient aux femmes ; comme en disant, *bonus vir,* un bon homme ; *bona mulier,* une bonne femme ; et c'est ce qu'ils ont appelé *genre masculin et genre féminin.*

Mais il a fallu que cela ait passé plus avant. Car, comme ces mêmes adjectifs se pouvoient attribuer à d'autres qu'à des hommes ou à des femmes, ils ont été obligés de leur donner l'une ou l'autre des terminaisons qu'ils avoient inventées pour les hommes et pour les femmes : d'où il est arrivé que par rapport aux hommes et aux femmes, ils ont distingué tous les autres noms substantifs en *masculins* et *féminins :* quelquefois par quelque sorte de raison, comme lorsque les offices d'hommes, *rex, judex, philosophus*, etc. (qui ne sont qu'improprement substantifs, comme nous avons dit) sont du masculin, parce qu'on sous-entend *homo ;* et que les offices des femmes sont du féminin, comme *mater, uxor, regina*, etc. parce qu'on sous-entend *mulier*.

D'autres fois aussi par un pur caprice, et un usage sans raison ; ce qui fait que cela varie selon les langues, et dans les mots même qu'une langue a empruntés d'une autre ; comme *arbor* est du féminin en latin, et *arbre* du masculin en françois ; *dens* masculin en latin, et *dent* féminin en françois.

Quelquefois même cela a changé dans une même langue selon le temps ; comme *alvus* étoit autrefois masculin en latin, selon Priscien, et depuis il est devenu féminin. *Navire* en françois étoit autrefois féminin, et depuis il est devenu masculin.

Cette variation d'usage a fait aussi qu'un même mot étant mis par les uns en un genre, et par les autres en l'autre, est demeuré *douteux ;* comme *hic finis*, ou *hæc finis* en latin, comme *comté* et *duché* en françois.

Mais ce qu'on appelle genre commun, n'est pas

si commun que les grammairiens s'imaginent; car il ne convient proprement qu'à quelques noms d'animaux, qui en grec et en latin se joignent à des adjectifs masculins et féminins, selon qu'on veut signifier le mâle et la femelle, comme *bos*, *canis*, *sus*.

Les autres, qu'ils comprennent sous le nom de genre commun, ne sont proprement que des adjectifs qu'on prend pour substantifs, parce que d'ordinaire ils subsistent seuls dans le discours, et qu'ils n'ont pas de différentes terminaisons pour être joints aux divers genres, comme en ont *victor* et *victrix*, *victorieux* et *victorieuse; rex* et *regina*, *roi* et *reine; pistor* et *pistrix*, *boulanger* et *boulangère*, etc.

On voit encore par-là que ce que les grammairiens appellent *épicene*, n'est point un genre séparé : car *vulpes*, quoiqu'il signifie également le mâle et la femelle d'un renard, est véritablement féminin dans le latin. Et de même une *aigle* est véritablement féminin dans le françois, parce que le genre masculin ou féminin dans un mot ne regarde pas proprement sa signification, mais le dit seulement de telle nature, qu'il se doive joindre à l'adjectif dans la terminaison masculine ou féminine. Ainsi en latin, *custodiœ*, des gardes, ou des prisonniers; *vigiliœ*, des sentinelles, etc. sont véritablement féminins, quoiqu'ils signifient des hommes. Voilà ce qui est commun à toutes les langues, pour le regard des genres.

Les Grecs et les Latins ont encore inventé un troisième genre avec le masculin et féminin, qu'ils ont appelé *neutre*, comme n'étant ni de l'un ni de l'autre : ce qu'ils n'ont pas regardé par la raison, comme ils eussent pu faire, en attribuant le neutre aux noms de choses qui n'avoient nul rapport au sexe masculin ou féminin, mais par fantaisie, et en suivant seulement certaines terminaisons.

CHAPITRE VI.

Des Cas et des Prépositions, en tant qu'il est nécessaire d'en parler pour entendre quelques Cas.

Si l'on considéroit toujours les choses séparément les unes des autres, on n'auroit donné aux noms que les deux changemens que nous venons de marquer ; savoir, du nombre pour toutes sortes de noms, et du genre pour les adjectifs : mais, parce qu'on les regarde souvent avec les divers rapports qu'elles ont les unes aux autres, une des inventions dont on s'est servi en quelques langues pour marquer ces rapports, a été de donner encore aux noms diverses terminaisons, qu'ils ont appelées des *cas*, du latin *cadere*, tomber, comme étant les diverses chutes d'un même mot.

Il est vrai que, de toutes les langues, il n'y a peut-être que la grecque et la latine qui aient proprement des cas dans les noms. Néanmoins, parce qu'aussi il y a peu de langues qui n'aient quelques sortes de cas dans les pronoms, et que sans cela on ne sauroit bien entendre la liaison du discours, qui s'appelle *construction*, il est presque nécessaire, pour apprendre quelque langue que ce soit, de savoir ce qu'on entend par ces cas : c'est pourquoi nous les expliquerons l'un après l'autre le plus clairement qu'il nous sera possible.

Du Nominatif.

La simple position du nom s'appelle le *nominatif*, qui n'est pas proprement un cas, mais la matière d'où se forment les cas par les divers changemens qu'on donne à cette première terminaison du nom. Son principal usage est d'être mis dans le discours avant tous les verbes, pour être le sujet de la proposition. *Dominus regit me, le Seigneur me conduit. Deus exaudit me, Dieu m'écoute.*

Du Vocatif.

Quand on nomme la personne à qui on parle, ou la chose à laquelle on s'adresse, comme si c'étoit une personne, ce nom acquiert par-là un nouveau rapport, qu'on a quelquefois marqué par une nouvelle terminaison qui s'appelle *vocatif*. Ainsi de *Dominus* au nominatif, on a fait *Domine* au vocatif; d'*Antonius*, *Antoni*. Mais comme cela n'étoit pas beaucoup nécessaire, et qu'on pouvoit employer le nominatif à cet usage, de-là il est arrivé :

1°. Que cette terminaison différente du nominatif n'est point au pluriel.

2°. Qu'au singulier même elle n'est en latin qu'en la seconde déclinaison.

3°. Qu'en grec, où elle est plus commune, on la néglige souvent, et on se sert du nominatif au lieu du vocatif, comme on peut voir dans la version grecque des Pseaumes, d'où S. Paul cite ces paroles dans l'Epître aux Hébreux, pour prouver la divinité de Jésus-Christ, θρονός σῶ, ὁ θεὸς, où il est clair que ὁ θεὸς est un nominatif pour un vocatif; le sens n'étant pas *Dieu est votre trône*, mais *votre trône, ô Dieu, demeurera*, etc.

4°. Et qu'enfin on joint quelquefois des nominatifs avec des vocatifs. *Domine, Deus meus. Nate, meæ vires, mea magna potentia solus*. Sur quoi l'on peut voir la *Nouv. Méth. lat.* Remarq. sur les Pronoms.

En notre langue, et dans les autres vulgaires, ce cas s'exprime dans les noms communs qui ont un article au nominatif, par la suppression de cet article. *Le Seigneur est mon espérance. Seigneur, vous êtes mon espérance.*

Du Génitif.

Le rapport d'une chose qui appartient à une autre, en quelque manière que ce soit, a fait donner dans les langues qui ont des cas, une nouvelle terminaison aux noms, qu'on a appelée le *génitif*, pour exprimer ce rapport général, qui se diversifie ensuite en plusieurs espèces, telles que sont les rapports,

Du tout à la partie. *Caput hominis.*

De la partie au tout. *Homo crassi capitis.*

Du sujet à l'accident ou l'attribut. *Color rosæ. Misericordia Dei.*

De l'accident au sujet. *Puer optimæ indolis.*

De la cause efficiente à l'effet. *Opus Dei. Oratio Ciceronis.*

De l'effet à la cause. *Creator mundi.*

De la cause finale à l'effet. *Potio soporis.*

De la matière au composé. *Vas auri.*

De l'objet aux actes de notre ame. *Cogitatio belli. Contemptus mortis.*

Du possesseur à la chose possédée. *Pecus Melibœi. Divitiæ Crœsi.*

Du nom propre au commun, ou de l'individu à l'espèce. *Oppidum lugduni.*

Et comme entre ces rapports il y en a d'opposés, cela cause quelquefois des équivoques. Car dans ces paroles, *vulnus Achillis*, le génitif *Achillis* peut signifier ou *le rapport du sujet*, et alors cela se prend passivement pour la plaie qu'Achille a reçue ; ou *le rapport de la cause*, et alors cela se prend activement pour la plaie qu'Achille a faite. Ainsi dans ce passage de S. Paul : *Certus sum quià neque mors, neque vita*, etc. *poterit nos separare à charitate Dei in Christo Jesu Domino nostro ;* le génitif *Dei* a été pris en deux sens différens par les interprêtes : les uns y ont donné le *rapport de l'objet*, ayant expliqué ce passage de l'amour que les élus portent à Dieu en Jésus-Christ ; et les autres y ont donné *le rapport du sujet*, l'ayant expliqué de l'amour que Dieu porte aux élus en Jésus-Christ.

Quoique les noms hébreux ne se déclinent point par cas, néanmoins ce rapport exprimé par ce génitif, cause un changement dans les noms, mais tout différent de celui de la langue grecque et de la latine : car au lieu que dans ces langues on change le nom qui est régi, dans l'hébreu on change celui qui régit ; comme רְבַר שֶׁקֶר *verbum falsitatis*, où le changement ne se fait pas dans שֶׁקֶר *falsitas*, mais dans רְבָר pour דָּבָר *verbum*.

On se sert d'une particule dans toutes les langues vulgaires,

vulgaires, pour exprimer le génitif, comme est *de* dans la nôtre ; *Deus, Dieu ; Dei, de Dieu.*

Ce que nous avons dit, que le génitif servoit à marquer le rapport du nom propre au nom commun, ou, ce qui est la même chose, de l'individu à l'espèce, est bien plus ordinaire en françois qu'en latin ; car en latin on met souvent le nom commun et le nom propre au même cas, ce qu'on appelle apposition : *Urbs Roma, Fluvius Sequana, Mons Parnassus :* au lieu qu'en françois l'ordinaire dans ces rencontres est de mettre le nom propre au génitif : *la Ville de Rome, la Rivière de Seine, le Mont de Parnasse.*

Du Datif.

Il y a encore un autre rapport, qui est de la chose au profit ou au dommage de laquelle d'autres choses se rapportent. Les langues qui ont des cas, ont encore un mot pour cela, qu'ils ont appelé le *datif*, et qui s'étend encore à d'autres usages qu'il est presque impossible de marquer en particulier. *Commodare Socrati*, prêter à Socrate. *Utilis Reipublicæ*, utile à la République. *Perniciosus Ecclesiæ*, pernicieux à l'Eglise. *Promittere amico*, promettre à un ami. *Visum est Platoni*, il a semblé à Platon. *Affinis Regi*, allié au Roi, etc.

Les langues vulgaires marquent encore ce cas

par une particule, comme est *à* en la nôtre, ainsi qu'on peut voir dans les exemples ci-dessus.

De l'Accusatif.

Les verbes qui signifient des actions qui passent hors de ce qui agit, comme *battre, rompre, guérir, aimer, haïr*, ont des sujets où ces choses sont reçues, ou des objets qu'elles regardent. Car si on bat, on bat quelqu'un; si on aime, on aime quelque chose, etc. Et ainsi ces verbes demandent après eux un nom qui soit le sujet ou l'objet de l'action qu'ils signifient. C'est ce qui a fait donner aux noms, dans les langues qui ont des cas, une nouvelle terminaison, qu'on appelle *l'accusatif. Amo Deum. Cæsar vicit Pompeïum.*

Nous n'avons rien dans notre langue qui distingue ce cas du nominatif. Mais comme nous mettons presque toujours les mots dans leur ordre naturel, on reconnoît le nominatif de l'accusatif, en ce que, pour l'ordinaire, le nominatif est avant le verbe, et l'accusatif après. *Le roi aime la reine. La reine aime le roi. Le roi* est nominatif dans le premier exemple, et accusatif dans le second, et *la reine* au contraire.

De l'Ablatif.

Outre ces cinq cas, les Latins en ont un sixième, qui n'a pas été inventé pour marquer seul aucun rapport particulier, mais pour être joint à quelqu'une des particules qu'on appelle *prépositions*. Car comme les cinq premiers cas n'ont pas pu suffire pour marquer tous les rapports que les choses ont les unes aux autres, on a eu recours dans toutes les langues à un autre expédient, qui a été d'inventer de petits mots pour être mis avant les noms, ce qui les a fait appeler *prépositions;* comme le rapport d'une chose en laquelle une autre est, s'exprime en latin par *in*, et en françois par *dans : Vinum est in dolio, le vin est dans le muid.* Or dans les langues qui ont des cas, on ne joint pas ces prépositions à la première forme du nom, qui est le nominatif, mais à quelqu'un des autres cas. Et en latin, quoiqu'il y en ait qu'on joigne à l'accusatif, *amor erga Deum amour envers Dieu*, on a néanmoins inventé un cas particulier, qui est l'ablatif, pour y en joindre plusieurs autres, dont il est inséparable dans le sens : au lieu que l'accusatif en est souvent séparé, comme quand il est après un verbe actif ou avant un infinitif.

Ce cas, à proprement parler, ne se trouve point au plurier, où il n'y a jamais pour ce cas une terminaison différente de celle du datif. Mais parce que cela auroit brouillé l'analogie, de dire, par exemple, qu'une préposition gouverne l'ablatif au singulier, et le datif au plurier, on a mieux aimé dire que ce nombre avoit aussi un ablatif, mais toujours semblable au datif.

C'est par cette même raison qu'il est utile de donner aussi un ablatif aux noms grecs, qui soit toujours semblable au datif, parce que cela conserve une plus grande analogie entre ces deux langues, qui s'apprennent ordinairement ensemble.

Et enfin, toutes les fois qu'en notre langue un nom est gouverné par une préposition quelle qu'elle soit : Il a été puni pour ses crimes ; il a été amené par violence ; il a passé par Rome ; il est sans crime ; il est allé chez son rapporteur ; il est mort avant son père : nous pouvons dire qu'il est à l'ablatif, ce qui sert beaucoup pour bien s'exprimer en plusieurs difficultés touchant les pronoms.

CHAPITRE VII.

Des Articles.

LA signification vague des noms communs et appellatifs, dont nous avons parlé ci-dessus, *chap. IV*, n'a pas seulement engagé à les mettre en deux sortes de nombres, au singulier et au pluriel, pour la déterminer ; elle a fait aussi que presque en toutes les langues on a inventé de certaines particules, appelées *articles*, qui en déterminent la signification d'une autre manière, tant dans le singulier que dans le pluriel.

Les Latins n'ont point d'article ; ce qui a fait dire sans raison à Jule-César Scaliger, dans son livre des *Causes de la Langue latine*, que cette particule étoit inutile, quoiqu'elle soit très-utile pour rendre le discours plus net, et éviter plusieurs ambiguités.

Les Grecs en ont un, ὁ, ἡ, τὸ.

Les langues nouvelles en ont deux ; l'un qu'on appelle défini, comme *le, la*, en françois ; et l'autre indéfini, *un, une*.

Ces articles n'ont point proprement de cas, non plus que les noms. Mais ce qui fait que l'article *le* semble en avoir, c'est que le génitif et le datif se font toujours au pluriel, et souvent au singulier, par une contraction des particules *de* et *à*, qui sont les marques de ces deux cas, avec le pluriel *les*, et le singulier *le*. Car au pluriel, qui est commun aux deux genres, on dit toujours au génitif *des*, par contraction de *de les*. *Les rois, des rois*, pour *de les rois ;* et au datif *aux* pour *à les, aux rois*, pour *à les rois*, en ajoutant à la contraction le changement d'*l* en *u*, qui est fort commun en notre langue ; comme quand de *mal* on fait *maux*, de *altus*, *haut*, de *alnus*, *aune*.

On se sert de la même contraction et du même changement d'*l* en *u* au génitif et au datif du singulier, aux noms masculins qui commencent par une consonne. Car on dit *du* pour *de le*, *du roi*, pour *de le roi*; *au* pour *à le*, *au roi*, pour *à le roi*. Dans tous les autres masculins qui commencent par une voyelle, et tous les féminins généralement, on laisse l'article comme il étoit au nominatif; et on ne fait qu'ajouter *de* pour le génitif, et *à* pour le datif. *L'état, de l'état, à l'état. La vertu, de la vertu, à la vertu.*

Quant à l'autre article, *un* et *une*, que nous avons appelé *indéfini*, on croit d'ordinaire qu'il n'a point de plurier. Et il est vrai qu'il n'en a point qui soit formé de lui-même; car on ne dit pas, *uns*, *unes*, comme font les Espagnols, *unos animales*; mais je dis qu'il en a un pris d'un autre mot, qui est *des* avant les substantifs, *des animaux*; ou *de*, quand l'adjectif précède, *de beaux lits*, etc. ou bien, ce qui est la même chose, je dis que la particule *des* ou *de* tient souvent au plurier le même lieu d'article indéfini, qu'*un* au singulier.

Ce qui me le persuade, est que dans tous les cas, hors le génitif, pour la raison que nous dirons dans la suite, par-tout où on met *un* au singulier, on doit mettre *des* au plurier, ou *de* avant les adjectifs.

Nominatif. { *Un* crime si horrible mérite la mort.
Des crimes si horribles (ou) *de* si horribles crimes méritent la mort.

Accusatif. Il a commis { *un* crime horrible.
des crimes horribles (ou) *d'*horribles crimes.

Ablatif. Il est puni { pour *un* crime horrible.
pour *des* crimes horribles (ou) pour *d'*horribles crimes.

Datif. Il a eu recours { *à un* crime horrible.
à des crimes horribles (ou) *à d'*horribles crimes.

Genitif. Il est coupable { *d'un* crime horrible.
de crimes horribles (ou) *d'*horribles crimes.

Remarquez qu'on ajoute *à*, qui est la particule du datif, pour en faire le datif de cet article, tant au singulier, *à un*, qu'au pluriel, *à des*; et qu'on ajoute aussi *de*, qui est la particule du génitif, pour en faire le génitif du singulier, savoir, *d'un*. Il est donc visible que, selon cette analogie, le génitif pluriel devoit être formé de même, en ajoutant *de* à *des* ou *de*; mais qu'on ne l'a pas fait pour une raison qui fait la plupart des irrégularités des langues, qui est la cacophonie, ou mauvaise prononciation. Car *de des*, et encore plus *de de*, eût trop choqué l'oreille, et elle eût eu peine à souffrir qu'on eût dit : *Il est accusé de des crimes horribles*, ou, *Il est accusé de de grands crimes*. Et ainsi, sur la parole d'un ancien, *Impetratum est à ratione, ut peccare suavitatis causá liceret.* (1)

---

(1) On lit dans le texte de Cicéron, *à consuetudine*.

Cela fait voir que *des* est quelquefois le génitif plurier de l'article *le* ; comme quand on dit : *Le Sauveur des hommes*, pour *de les hommes* ; et quelquefois le nominatif ou l'accusatif, ou l'ablatif, ou le datif du plurier de l'article *un* , comme nous venons de le faire voir : et que *de* est aussi quelquefois la simple marque du génitif sans article ; comme quand on dit : *Ce sont des festins de roi* ; et quelquefois, ou le génitif plurier du même article *un* , au lieu *de des ;* ou les autres cas du même article devant les adjectifs, comme nous l'avons montré.

Nous avons dit en général que l'usage des articles étoit de déterminer la signification des noms communs ; mais il est difficile de marquer précisément en quoi consiste cette détermination, parce que cela n'est pas uniforme en toutes les langues qui ont des articles. Voici ce que j'en ai remarqué dans la nôtre.

Le nom commun, comme ROI.

Sans article,	ou n'a qu'une signification fort confuse,		Il a fait un festin de roi. Ils ont fait des festins de rois.
	ou en a une déterminée par le sujet de la proposition.		Louis XIV est roi. Louis XIV et Philippe IV sont rois.
Avec l'article *le*, signifie ou	L'espèce dans toute son étendue ;		Le roi ne dépend point de ses sujets. Les rois ne dépendent point de leurs sujets.
	Un ou plusieurs singuliers déterminés par les circonstances de celui qui parle, ou du discours.		Le roi fait la paix ; c'est-à-dire le roi Louis XIV, à cause des circonstances du temps. Les rois ont fondé les principales abbayes de France ; c'est-à-dire les rois de France.
Avec l'article	*Un* au singulier, *des* ou *de* au pluriel,	signifie un ou plusieurs individus vagues.	Un roi détruira Constantinople. Rome a été gouvernée par des rois (ou) par de grands rois.

Nous voyons par-là que l'article ne se devroit point mettre aux noms propres, parce que signifiant une chose singulière et déterminée, ils n'ont pas besoin de la détermination de l'article.

Néanmoins l'usage ne s'accordant pas toujours avec la raison, on en met quelquefois en grec aux noms propres des hommes mêmes, ὁ Φιλιππος. Et les Italiens en font un usage assez ordinaire, *l'Ariosto*, *il Tasso*, *l'Aristotele :* ce que nous imitons quelquefois, mais seulement dans les noms purement italiens, en disant, par exemple, l'Arioste, le Tasse, au lieu que nous ne dirions pas l'Aristote, le Platon. Car nous n'ajoutons point d'articles aux noms propres des hommes, si ce n'est par mépris, ou en parlant de personnes fort basses, *le tel, la telle ;* ou bien que d'appellatifs ou communs, ils soient devenus propres : comme il y a des hommes qui s'appellent *le Roi, le Maître, le Clerc.* Mais alors tout cela n'est pris que comme un seul mot; de sorte que ces noms passant aux femmes, on ne change point l'article *le* en *la ;* mais une femme signe, *Marie le Roi, Marie le Maître,* etc.

Nous ne mettons point aussi d'articles aux noms propres des villes ou villages, *Paris, Rome, Milan, Gentilly,* si ce n'est aussi que d'appellatifs ils soient devenus propres : comme *la Capelle, le Plessis, le Castelet.*

Ni pour l'ordinaire aux noms des églises, qu'on nomme simplement par le nom du Saint auquel elles sont dédiées. *Saint-Pierre, Saint-Paul, Saint-Jean.*

Mais nous en mettons aux noms propres des royaumes et des provinces : *la France, l'Espagne, la Picardie,* etc. quoiqu'il y ait quelques noms de pays où l'on n'en mette point : comme *Cornouailles, Comminges, Roannez.*

Nous en mettons aux noms des rivières : *la Seine, le Rhin ;*

Et de montagnes : *l'Olympe, le Parnasse.*

Enfin il faut remarquer que l'article ne convient point aux adjectifs, parce qu'ils doivent prendre leur détermination du substantif. Que si on l'y joint quelquefois, comme quand on dit, *le blanc, le rouge;* c'est qu'on en fait des substantifs, *le blanc* étant la même chose que *la blancheur:* ou qu'on y sous-entend le substantif; comme si, en parlant du vin, on disoit: *J'aime mieux le blanc.*

CHAPITRE VIII.

Des Pronoms.

Comme les hommes ont été obligés de parler souvent des mêmes choses dans un même discours, et qu'il eût été importun de répéter toujours les mêmes noms, ils ont inventé certains mots pour tenir la place de ces noms, et que pour cette raison ils ont appelé *pronoms.*

Premièrement, ils ont reconnu qu'il étoit souvent inutile et de mauvaise grace de se nommer soi-même; et ainsi ils ont introduit le pronom de la première personne, pour mettre au lieu du nom de celui qui parle : *Ego,* moi, je.

Pour n'être pas aussi obligés de nommer celui à qui on parle, ils ont trouvé bon de le marquer par un mot qu'ils ont appelé pronom de la seconde personne : *Tu*, toi, tu ou vous.

Et pour n'être pas obligés non plus de répéter les noms des autres personnes ou des autres choses dont on parle, ils ont inventé les pronoms de la troisième personne : *ille, illa, illud ;* il, elle, lui, etc. Et de ceux-ci il y en a qui marquent comme au doigt la chose dont on parle, et qu'à cause de cela on nomme démonstratifs ; comme *hic*, celui-ci : *iste*, celui-là, etc.

Il y en a aussi un qu'on nomme réciproque, c'est-à-dire, qui rentre dans lui-même ; qui est, *sui, sibi, se ;* se. *Pierre s'aime. Caton s'est tué.*

Ces pronoms faisant l'office des autres noms, en ont aussi les propriétés : comme,

Les nombres singulier et pluriel : *je, nous ; tu, vous :* mais en françois on se sert ordinairement du pluriel *vous* au lieu du singulier *tu* ou *toi*, lors même que l'on parle à une seule personne : *Vous êtes un homme de promesse.*

Les genres : *il, elle ;* mais le pronom de la première personne est toujours commun ; et celui de la seconde aussi, hors l'hébreu, et les langues qui l'imitent, où le masculin אַתָּה est distingué du féminin אַתְּ.

Les cas : *Ego, me ;* je, me, moi. Et même nous avons déja dit en passant, que les langues qui n'ont point de cas dans les noms, en ont souvent dans les pronoms.

C'est ce que nous voyons en la nôtre, où l'on peut considérer les pronoms selon trois usages que nous marquerons par cette table.

AVANT LES VERBES, au			PAR-TOUT AILLEURS.	
NOMINATIF.	DATIF.	ACCUSATIF	ABLATIF.	GÉNITIF, &c.
Je nous	me		moi	
Tu Vous	te		toi	
	se		soi	
Il, elle Ils, elles	lui leur	le, la les	lui eux	elle elles.

Mais il y a quelques remarques à faire sur cette table.

La 1. est que pour abréger, je n'ai mis *nous* et *vous* qu'une seule fois, quoiqu'ils se disent partout avant les verbes, après les verbes, et en tous les cas. C'est pourquoi il n'y a aucune difficulté, dans le langage ordinaire, aux pronoms de la première et de la seconde personne, parce qu'on n'y emploie que *nous*, *vous*.

La 2. est que ce que nous avons marqué comme le datif et l'accusatif du pronom *il*, pour être mis avant les verbes, se met aussi après les verbes quand ils sont à l'impératif. *Vous lui dites ; Dites - lui. Vous leur dites ; dites-leur. Vous le menez ; menez - le. Vous la conduisez; conduisez - la.* Mais *me, te, se,* ne se disent jamais qu'avant le verbe. *Vous me parlez. Vous me menez.* Et ainsi, quand le verbe est à l'impératif, il faut mettre *moi* au lieu de *me. Parlez - moi. Menez - moi.* C'est à quoi M. de Vaugelas semble n'avoir pas pris garde, puisque cherchant la raison pourquoi on dit *menez-l'y,* et qu'on ne dit pas *menez-m'y,* il n'en a point trouvé d'autre que la cacophonie : au lieu qu'étant clair que *moi* ne se peut point apostropher, il faudroit, afin qu'on pût dire *menez m'y,* qu'on dît aussi *menez - me ;* comme on peut dire *menez-l'y,* parce qu'on dit *menez-le.* Or *menez-me* n'est pas françois, et par conséquent *menez-m'y* ne l'est pas aussi.

La 3. remarque est que quand les pronoms sont avant les verbes ou après les verbes à l'impératif, on ne met point au datif la particule *à. Vous me donnez ; donnez-moi,* et non pas *donnez à moi,* à moins que l'on n'en redouble le pronom, où l'on ajoute ordinairement *même,* qui ne se joint aux pronoms qu'en la troisième personne. *Dites-le-moi à moi : Je vous le donne à vous : Il me le promet à moi-même : Dites-leur à eux-mêmes : Trompez-la elle-même : Dites-lui à elle-même.*

La 4. est que dans le pronom *il*, le nominatif *il* ou *elle*, et l'accusatif *le* ou *la*, se disent indifféremment de toutes sortes de choses ; au lieu que le datif, l'ablatif, le génitif et le pronom *son*, *sa*, qui tient lieu du génitif, ne se doivent dire ordinairement que des personnes.

Ainsi l'on dit fort bien d'une maison de campagne : *Elle est belle, je la rendrai belle* : mais c'est mal parler que de dire : *Je lui ai ajouté un pavillon : Je ne puis vivre sans elle : C'est pour l'amour d'elle que je quitte souvent la ville : Sa situation me plaît.* Pour bien parler, il faut dire : *J'y ai ajouté un pavillon : Je ne puis vivre sans cela, ou sans le divertissement que j'y prends : Elle est cause que je quitte souvent la ville : La situation m'en plaît.*

Je sais bien que cette règle peut souffrir des exceptions. Car 1. les mots qui signifient une multitude de personnes, comme *Eglise, peuple, compagnie*, n'y sont point sujets.

2. Quand on anime les choses, et qu'on les regarde comme des personnes, par une figure qu'on appelle *prosopopée*, on y peut employer les termes qui conviennent aux personnes.

3. Les choses spirituelles ; comme *la volonté, la vertu, la vérité*, peuvent souffrir les expressions personnelles ; et je ne crois pas que ce fût mal parler que de dire : *L'amour de Dieu a ses mou-*

vemens, *ses desirs*, *ses joies*, *aussi bien que l'amour du monde* : *J'aime uniquement la vérité ; j'ai des ardeurs pour elle, que je ne puis exprimer.*

4. L'usage a autorisé qu'on se serve du pronom *son*, en des choses tout-à-fait propres ou essentielles à celles dont on parle. Ainsi l'on dit qu'*une rivière est sortie de son lit ;* qu'*un cheval a rompu sa bride, a mangé son avoine ;* parce que l'on considère l'avoine comme une nourriture tout-à-fait propre au cheval : que *chaque chose suit l'instinct de sa nature ; que chaque chose doit être en son lieu; qu'une maison est tombée d'elle-même ;* n'y ayant rien de plus essentiel à une chose que ce qu'elle est. Et cela me feroit croire que cette règle n'a pas lieu dans les discours de science, où l'on ne parle que de ce qui est propre aux choses ; et qu'ainsi l'on peut dire d'un mot, *sa signification principale est telle ;* et d'un triangle, *son plus grand côté est celui qui soutient son plus grand angle.*

Il peut y avoir encore d'autres difficultés sur cette règle, ne l'ayant pas assez méditée pour rendre raison de tout ce qu'on y peut opposer : mais au moins il est certain que, pour bien parler, on doit ordinairement y prendre garde, et que c'est une faute de la négliger, si ce n'est en des phrases qui sont autorisées par l'usage, ou si

l'on

l'on n'en a quelque raison particulière. M. de Vaugelas néanmoins ne l'a pas remarqué; mais une autre toute semblable touchant le *qui*, qu'il montre fort bien ne se dire que des personnes ; hors le nominatif, et l'accusatif *que*.

Jusques ici nous avons expliqué les pronoms principaux et primitifs : mais il s'en forme d'autres qu'on appelle possessifs; de la même sorte que nous avons dit qu'il se faisoit des adjectifs des noms qui signifient des substances, en y ajoutant une signification confuse, comme *de terre*, *terrestre* Ainsi *meus*, *mon*, signifie distinctement *moi*, et confusément quelque chose qui m'appartient et qui est à moi. *Meus liber*, mon livre, c'est-à-dire, *le livre de moi*, comme le disent ordinairement les Grecs, βιϐλος μȣ̃.

Il y a de ces pronoms en notre langue, qui se mettent toujours avec un nom sans article ; *mon*, *ton*, *son*, et les pluriers *nos*, *vos* : d'autres qui se mettent toujours avec l'article sans nom, *mien*, *tien*, *sien*, et les pluriers *nôtres*, *vôtres* : et il y en a qui se mettent en toutes les deux manières, *notre et votre* au singulier, *leur et leurs*. Je n'en donne point d'exemples, car cela est trop facile. Je dirai seulement que c'est la raison qui a fait rejeter cette vieille façon de parler, *un mien ami*, *un mien parent*; parce que *mien* ne doit être mis

v

qu'avec l'article *le* et sans nom. *C'est le mien, ce sont les nôtres,* etc.

CHAPITRE IX.

Du Pronom appelé Relatif.

Il y a encore un autre pronom, qu'on appelle relatif, *qui, quæ, quod : Qui, lequel, laquelle.*

Ce pronom relatif a quelque chose de commun avec les autres pronoms, et quelque chose de propre.

Ce qu'il a de commun, est qu'il se met au lieu du nom; et plus généralement même que tous les autres pronoms, se mettant pour toutes les personnes. *Moi* QUI *suis chrétien : Vous* QUI *êtes chrétien : Lui* QUI *est roi.*

Ce qu'il a de propre peut être considéré en deux manières :

La 1ʳᵉ en ce qu'il a toujours rapport à un autre nom ou pronom, qu'on appelle antécédent, comme : *Dieu qui est saint. Dieu* est l'antécédent du relatif *qui.* Mais cet antécédent est quelquefois sous-entendu et non exprimé, sur-tout dans la langue latine, comme on l'a fait voir dans la *Nouv. Meth.* pour cette langue.

La 2ᵉ chose que le relatif a de propre, et que je ne sache point avoir encore été remarquée par personne, est que la proposition dans laquelle il entre (qu'on peut appeler *incidente*), peut faire partie du sujet ou de l'attribut d'une autre proposition, qu'on peut appeler principale.

On ne peut bien entendre ceci, qu'on ne se souvienne de ce que nous avons dit dès le commencement de ce discours, qu'en toute proposition il y a un sujet, qui est ce dont on affirme quelque chose, et un attribut, qui est ce qu'on affirme de quelque chose. Mais ces deux termes peuvent être ou simples, comme quand je dis, *Dieu est bon :* ou complexes, comme quand je dis : *Un habile magistrat est un homme utile à la république.* Car ce dont j'affirme n'est pas seulement *un magistrat*, mais *un habile magistrat :* et ce que j'affirme n'est pas seulement qu'il est *homme*, mais qu'il est *homme utile à la république.* On peut voir ce qui a été dit dans la *Logique* ou *Art de penser*, sur les propositions complexes. *Part. 2, chap. 3, 4, 5 et 6.*

Cette union de plusieurs termes dans le sujet et dans l'attribut est quelquefois telle, qu'elle n'empêche pas que la proposition ne soit simple, ne contenant en soi qu'un seul jugement ou affirmation, comme quand je dis : *La valeur d'Achille a été cause de la prise de Troie.* Ce qui arrive toujours toutes les fois que des deux substantifs qui entrent dans le sujet ou l'attribut de la proposition, l'un est régi par l'autre.

Mais d'autres fois aussi, ces sortes de propositions dont le sujet ou l'attribut sont composés de plusieurs termes, enferment, au moins dans notre esprit, plusieurs jugemens, dont on peut faire autant de propositions ; comme quand je dis : *Dieu invisible a créé le monde visible :* il se passe trois jugemens dans mon esprit, renfermés dans cette proposition. Car je juge premièrement que *Dieu est invisible.* 2. Qu'il *a créé le monde.* 3. Que *le monde est visible.* Et de ces trois propositions, la seconde est la principale et l'essentielle de la proposition : mais la première et la troisième ne sont qu'incidentes, et ne font que partie de la principale, dont la première en compose le sujet; et la dernière l'attribut.

Or ces propositions incidentes sont souvent dans notre esprit, sans être exprimées par des paroles, comme dans l'exemple proposé. Mais quelquefois aussi on les marque expressément ; et c'est à quoi sert le relatif : comme quand je réduis le même exemple à ces termes : *Dieu,* QUI *est invisible, a créé le monde,* QUI *est visible.*

Voilà donc ce que nous avons dit être propre au relatif, de faire que la proposition dans laquelle il entre, puisse faire partie du sujet ou de l'attribut d'une autre proposition.

Sur quoi il faut remarquer, 1. que, lorsqu'on joint ensemble deux noms, dont l'un n'est pas en régime, mais convient avec l'autre, soit par apposition, comme *Urbs Roma*, soit comme adjectif, comme *Deus sanctus*, sur-tout si cet adjectif est un participe, *canis currens*, toutes ces façons de parler enferment le relatif dans le sens, et se peuvent résoudre par le relatif : *Urbs quæ dicitur Roma : Deus qui est sanctus : Canis qui currit :* et qu'il dépend du génie des langues de se servir de l'une ou de l'autre manière. Et ainsi nous voyons qu'en latin on emploie d'ordinaire le participe : *Video canem currentem :* et en françois le relatif: *Je vois un chien qui court.*

2. J'ai dit que la proposition du relatif peut faire *partie* du sujet ou de l'attribut d'une autre proposition qu'on peut appeler principale : car elle ne fait jamais ni le sujet entier, ni l'attribut entier; mais il y faut joindre le mot dont le relatif tient la place, pour en faire le sujet entier, et quelque autre mot pour en faire l'attribut entier. Par exemple, quand je dis : *Dieu qui est invisible, est le créateur du monde, qui est visible.* Qui est invisible n'est pas tout le sujet de cette proposition, mais il y faut ajouter *Dieu :* et *qui est visible* n'en est pas tout l'attribut, mais il y faut ajouter le *créateur du monde.*

5. Le relatif peut être ou sujet ou partie de l'attribut de la proposition incidente. Pour en être sujet, il faut qu'il soit au nominatif; *qui creavit mundum; qui sanctus est.*

Mais quand il est à un cas oblique; génitif, datif, accusatif, alors il fait, non pas l'attribut entier de cette proposition incidente, mais seulement une partie : *Deus quem amo; Dieu que j'aime.* Le sujet de la proposition est *ego*, et le verbe fait la liaison et une partie de l'attribut, dont *quem* fait une autre partie; comme s'il y avoit *ego amo quem*, ou *ego sum amans quem*. Et de même : *Cujus cœlum sedes est; duquel le ciel est le trône.* Ce qui est toujours comme si l'on disoit : *Cœlum est sedes cujus : Le ciel est le trône duquel.*

Néanmoins dans ces rencontres mêmes, on met toujours le relatif à la tête de la proposition (quoique, selon le sens, il ne dût être qu'à la fin), si ce n'est qu'il soit gouverné par une préposition : car la préposition précède, au moins ordinairement : *Deus à quo mundus est conditus :* Dieu par qui le monde a été créé.

SUITE DU MÊME CHAPITRE.

Diverses difficultés de Grammaire, qu'on peut expliquer par ce principe.

Ce que nous avons dit des deux usages du relatif, l'un d'être pronom, et l'autre de marquer l'union d'une proposition avec une autre, sert à expliquer plusieurs choses dont les grammairiens sont bien empêchés de rendre raison.

Je les réduirai ici en trois classes, et j'en donnerai quelques exemples de chacune.

La première, où le relatif est visiblement pour une conjonction, et un pronom démonstratif.

La seconde, où il ne tient lieu que de conjonction.

Et la troisième, où il tient lieu de démonstratif, et n'a plus rien de conjonction.

Le relatif tient lieu de conjonction et de démonstratif, lorsque Tite-Live, par exemple, a dit, parlant de Junius Brutus : *Is quum primores civitatis, in quibus fratrem suum ab avunculo interfectum audisset :* car il est visible que *in quibus* est là pour *et in his*; de sorte que la phrase est claire et intelligible, si on la réduit ainsi : *Quùm primores civitatis, et in his fratrem suum interfec-*

tum audisset : au lieu que, sans ce principe, on ne peut la résoudre.

Mais le relatif perd quelquefois sa force de démonstratif, et ne fait plus que l'office de conjonction.

Ce que nous pouvons considérer en deux rencontres particulières.

La première est une façon de parler fort ordinaire dans la langue hébraïque, qui est que lorsque le relatif n'est pas le sujet de la proposition dans laquelle il entre, mais seulement partie de l'attribut, comme lorsque l'on dit, *pulvis quem projicit ventus;* les Hébreux alors ne laissent au relatif que le dernier usage, de marquer l'union de la proposition avec une autre; et pour l'autre usage, qui est de tenir la place du nom, ils l'expriment par le pronom démonstratif, comme s'il n'y avoit point de relatif; de sorte qu'ils disent : *quem projicit eum ventus.* Et ces sortes d'expressions ont passé dans le *Nouveau Testament*, où S. Pierre faisant allusion à un passage d'Isaïe, dit de Jésus-Christ, ȣ τῷ μώλοπι αὐτȣ ἰάθητε. *Cujus livore ejus sanati estis.* Les grammairiens n'ayant pas distingué ces deux usages du relatif, n'ont pu rendre aucune raison de cette façon de parler, et ont été réduits à dire que c'étoit un pléonasme, c'est-à-dire, une superfluité inutile.

Mais cela n'est pas même sans exemple dans les

meilleurs auteurs latins, quoique les grammairiens ne l'aient pas entendu : car c'est ainsi que Tite-Live a dit, par exemple : *Marcus Flavius Tribunus plebis; tulit ad populum, ut in Tusculanos animadverteretur, quorum eorum ope ac consilio Veliterni populo Romano bellum fecissent.* Et il est si visible que *quorum* ne fait là office que de conjonction, que quelques-uns ont cru qu'il y falloit lire, *quòd eorum ope :* mais c'est ainsi que disent les meilleures éditions, et les plus anciens manuscrits ; et c'est encore ainsi que Plaute a parlé en son *Trinummus,* lorsqu'il a dit :

Inter eosne homines condalium te redipisci postulas,
Quorum eorum unus surripuit currenti cursori solum ?

où *quorum* fait le même office que s'il y avoit, *cum eorum unus surripuerit,* etc.

La seconde chose qu'on peut expliquer par ce principe, est la célèbre dispute entre les grammairiens, touchant la nature du *quòd* latin après un verbe ; comme quand Cicéron dit : *Non tibi objicio quòd hominem spoliasti;* ce qui est encore plus commun dans les auteurs de la basse latinité, qui disent presque toujours par *quòd,* ce qu'on diroit plus élégamment par l'infinitif : *Dico quòd tellus est rotunda,* pour *dico tellurem esse rotundam.* Les uns prétendent que ce *quòd* est un adverbe ou conjonction ; et les autres, que c'est le neutre du relatif même, *qui*, *quæ*, *quod*.

Pour moi, je crois que c'est le relatif qui a toujours rapport à un antécédent (ainsi que nous l'avons déja dit), mais qui est dépouillé de son usage de pronom, n'enfermant rien dans sa signification qui fasse partie ou du sujet ou de l'attribut de la proposition incidente, et retenant seulement son second usage d'unir la proposition où il se trouve, à une autre; comme nous venons de le dire de l'hébraïsme, *quem projicit eum ventus.* Car dans ce passage de Cicéron : *Non tibi objicio quòd hominem spoliasti ;* ces derniers mots, *hominem spoliasti*, font une proposition parfaite, où le *quòd* qui la précède n'ajoute rien, et ne suppose pour aucun nom : mais tout ce qu'il fait, est que cette même proposition où il est joint, né fait plus que la partie de la proposition entière : *Non tibi objicio quòd hominem spoliasti;* au lieu que sans le *quòd* elle subsisteroit par elle-même, et feroit toute seule une proposition.

C'est ce que nous pourrons encore expliquer en parlant de l'infinitif des verbes, où nous ferons voir aussi que c'est la manière de résoudre le *que* des François (qui vient de ce *quòd*), comme quand on dit : *Je suppose que vous serez sage : Je vous dis que vous avez tort.* Car ce *que* est là tellement dépouillé de la nature du pronom, qu'il n'y fait office que de liaison, laquelle fait voir que ces propositions, *vous serez sage*, *vous avez tort*, ne font que partie des propositions entières : *je suppose*, etc. *je vous dis*, etc.

Nous venons de marquer deux rencontres où le relatif, perdant son usage de pronom, ne retient que celui d'unir deux propositions ensemble : mais nous pouvons au contraire remarquer deux autres rencontres où le relatif perd son usage de liaison, et ne retient que celui de pronom. La première est dans une façon de parler où les Latins se servent souvent du relatif, en ne lui donnant presque que la force d'un pronom démonstratif, et lui laissant fort peu de son autre usage, de lier la proposition dans laquelle on l'emploie, à une autre proposition. C'est ce qui fait qu'ils commencent tant de périodes par le relatif, qu'on ne sauroit traduire dans les langues vulgaires que par le pronom démonstratif, parce que la force du relatif, comme liaison, y étant presque toute perdue, on trouveroit étrange qu'on y en mît un. Par exemple, Pline commence ainsi son Panégyrique : *Benè ac sapienter, P. C. majores instituerant, ut rerum agendarum, ità dicendi initium à precationibus capere, quòd nihil ritè, nihilque providenter homines sine Deorum immortalium ope, consilio, honore, auspicarentur.* QUI *mos, cui potiùs quàm Consuli, aut quandò magis usurpandus colendusque est?*

Il est certain que ce *Qui* commence plutôt une nouvelle période, qu'il ne joint celle-ci à la précédente; d'où vient même qu'il est précédé d'un point : et c'est pourquoi, en traduisant cela en françois, on ne mettroit jamais, *laquelle coutume*, mais *cette coutume*, commençant ainsi la seconde période : *Et par qui* CETTE COUTUME *doit-elle être plutôt observée, que par un consul ?* etc.

Cicéron est plein de semblables exemples, comme, Orat. V^a. in Verrem. *Itaque alii cives Romani, ne cognoscerentur, capitibus obvolutis à carcere ad palum, atque ad necem rapiebantur : alii, cùm à multis civibus Romanis recognoscerentur, ab omnibus defenderentur, securi feriebantur.* QUORUM *ego de acerbissimâ morte, crudelissimoque cruciatu dicam, cùm eum locum tractare cœpero.* Ce *quorum*, se traduiroit en françois, comme s'il y avoit, *de illorum morte*.

L'autre rencontre où le relatif ne retient presque que son usage de pronom, c'est dans l'ὅτι des Grecs, dont la nature n'avoit encore été assez exactement observée de personne que je sache, avant la *Méthode Grecque*. Car quoique cette particule ait souvent beaucoup de rapport avec le *quòd* latin, et qu'elle soit prise du pronom relatif de cette langue, comme le *quòd* est pris du relatif latin ; il y a souvent néanmoins cette différence notable entre la nature du *quòd* et de l'ὅτι, qu'au lieu que cette particule latine n'est que le relatif dépouillé de son usage de pronom, et ne retenant que celui de liaison, la particule grecque au contraire est le plus souvent dépouillée de son usage de liaison, et ne retient que celui de pronom. Sur quoi l'on peut voir la Nouv. Méth. Latine, *Remarques sur les adverbes*, *n*. 4, et la Nouv. Méth. Grecque, *liv. 8*, *chap.* 11. Ainsi, par exemple, lorsque dans l'Apocalypse, *chap.* 3, Jésus-Christ faisant reproche à un évêque qui avoit quelque satisfaction de lui-même, lui dit : λεγεὶς ὅτι πλυσιός εἰμι; *dicis quòd dives sum;* ce n'est pas à dire, *quòd ego qui ad te loquor dives sum;* mais *dicis hoc*, vous dites cela, savoir, *dives sum*, je suis riche : de sorte qu'alors il y a deux oraisons ou propositions séparées, sans que la seconde fasse partie de la première; tellement que l'ὅτι n'y fait nullement office de relatif ni de liaison. Ce qui semble avoir été pris de la coutume des Hébreux, comme nous dirons ci-après, *chap.* 17, et ce qui est très-nécessaire à remarquer pour résoudre quantité de propositions difficiles dans la langue grecque.

CHAPITRE X.

Examen d'une règle de la Langue françoise, qui est qu'on ne doit pas mettre le relatif après un nom sans article.

CE qui m'a porté à entreprendre d'examiner cette règle, est qu'elle me donne sujet de parler en passant de beaucoup de choses assez importantes pour bien raisonner sur les langues, qui m'obligeroient d'être trop long, si je les voulois traiter en particulier.

M. de Vaugelas est le premier qui a publié cette règle, entre plusieurs autres très-judicieuses, dont ses remarques sont remplies : Qu'après un nom sans article on ne doit point mettre de *qui*. Ainsi l'on dit bien : *Il a été traité avec violence;* mais si je veux marquer que cette violence a été tout-à-fait inhumaine, je ne le puis faire qu'en y ajoutant un article : *Il a été traité avec une violence qui a été tout-à-fait inhumaine.*

Cela paroît d'abord fort raisonnable; mais comme il se rencontre plusieurs façons de parler en notre langue, qui ne semblent pas conformes à cette règle; comme entr'autres celle-ci : *Il agit en politique qui sait gouverner. Il est coupable de crimes qui méritent châtiment. Il n'y a homme qui sache cela. Seigneur, qui voyez ma misère, as-*

sistez-moi. Une sorte de bois qui est fort dur : j'ai pensé si on ne pourroit point la concevoir en des termes qui la rendissent plus générale, et qui fissent voir que ces façons de parler et autres semblables qui y paroissent contraires, n'y sont pas contraires en effet. Voici donc comme je l'ai conçue.

Dans l'usage présent de notre langue, on ne doit point mettre de *qui* après un nom commun, s'il n'est déterminé par un article, ou par quelque autre chose qui ne le détermine pas moins que feroit un article.

Pour bien entendre ceci, il faut se souvenir qu'on peut distinguer deux choses dans le nom commun, la signification, qui est fixe (car c'est par accident si elle varie quelquefois, par équivoque ou par métaphore), et l'étendue de cette signification, qui est sujette à varier selon que le nom se prend, ou pour toute l'espèce, ou pour une partie certaine ou incertaine.

Ce n'est qu'au regard de cette étendue que nous disons qu'un nom commun est *indéterminé*, lorsqu'il n'y a rien qui marque s'il doit être pris généralement ou particulièrement; et étant pris particulièrement, si c'est pour un particulier certain ou incertain. Et au contraire, nous disons qu'un nom est *déterminé*, quand il y a quelque chose qui en marque la détermination. Ce qui fait voir que par *déterminé* nous n'entendons pas *restreint*, puisque, selon ce que nous venons de dire, un nom commun doit passer pour *déterminé*, lorsqu'il y a quelque chose qui marque qu'il doit être pris dans toute son étendue ; comme dans cette proposition : *Tout homme est raisonnable.*

C'est sur cela que cette règle est fondée ; car on peut bien se servir du nom commun, en ne regardant que sa signification ; comme dans l'exemple que j'ai proposé : *Il a été traité avec violence;* et alors il n'est pas besoin que je le détermine; mais si on en veut dire quelque chose de particulier, ce que l'on fait en ajoutant un *qui*, il est bien raisonnable que dans les langues qui ont des articles pour déterminer l'étendue des noms communs, on s'en serve alors, afin qu'on connoisse mieux à quoi doit se rapporter ce *qui*, si c'est à tout ce que peut signifier le nom commun, ou seulement à une partie certaine ou incertaine.

Mais aussi l'on voit par-là que, comme l'article n'est nécessaire dans ces rencontres que pour déterminer le nom commun, s'il est déterminé d'ailleurs, on y pourra ajouter un *qui*, de même que s'il y avoit un article. Et c'est ce qui fait voir la nécessité d'exprimer cette règle comme nous avons fait, pour la rendre générale ; et ce qui montre aussi que presque toutes les façons de parler qui y semblent contraires, y sont conformes, parce que le nom qui est sans article est déterminé par quelque

autre

autre chose. Mais quand je dis *par quelque autre chose*, je n'y comprends pas le *qui* que l'on y joint : car si on l'y comprenoit, on ne pécheroit jamais contre cette règle, puisqu'on pourroit toujours dire qu'on n'emploie un *qui* après un nom sans article, que dans une façon de parler déterminée par le *qui* même.

Ainsi, pour rendre raison de presque tout ce qu'on peut opposer à cette règle, il ne faut que considérer les diverses manières dont un nom sans article peut être déterminé.

1. Il est certain que les noms propres ne signifiant qu'une chose singulière, sont déterminés d'eux-mêmes, et c'est pourquoi je n'ai parlé dans la règle que des noms communs, étant indubitable que c'est fort bien parler que de dire : *Il imite Virgile, qui est le premier des poëtes. Toute ma confiance est en Jésus-Christ, qui m'a racheté.*

2. Les vocatifs sont aussi déterminés par la nature même du vocatif; de sorte qu'on n'a garde d'y desirer un article pour y joindre un *qui*, puisque c'est la suppression de l'article qui les rend vocatifs, et qui les distingue des nominatifs. Ce n'est donc point contre la règle, de dire : *Ciel, qui connoissez mes maux. Soleil, qui voyez toutes choses.*

3. *Ce, quelque, plusieurs*, les noms de nombre, comme *deux, trois*, etc. *tout, nul, aucun*, etc.

x

déterminent aussi bien que les articles. Cela est trop clair pour s'y arrêter.

4. Dans les propositions négatives, les termes sur lesquels tombe la négation, sont déterminés à être pris généralement par la négation même, dont le propre est de tout ôter. C'est la raison pourquoi on dit affirmativement avec l'article : *Il a de l'argent, du cœur, de la charité, de l'ambition;* et négativement sans article : *Il n'a point d'argent, de cœur, de charité, d'ambition.* Et c'est ce qui montre aussi que ces façons de parler ne sont pas contraires à la règle : *Il n'y a point d'injustice qu'il ne commette. Il n'y a homme qui sache cela.* Ni même celle-ci : *Est-il ville dans le royaume qui soit plus obéissante ?* parce que l'affirmation avec un interrogant, se réduit dans le sens à une négation : *Il n'y a point de ville qui soit plus obéissante.*

5. C'est une règle de logique très-véritable, que, dans les propositions affirmatives, le sujet attire à soi l'attribut, c'est-à-dire, le détermine. D'où vient que ces raisonnemens sont faux : *L'homme est animal, le singe est animal, donc le singe est homme;* parce que, *animal* étant attribut dans les deux premières propositions, les deux divers sujets se déterminent à deux diverses sortes d'*animal.* C'est pourquoi ce n'est point contre la règle de dire : *Je suis homme qui parle fran-*

chement, parce que *homme* est déterminé par *je* : ce qui est si vrai, que le verbe qui suit le *qui*, est mieux à la première personne qu'à la troisième. *Je suis homme qui ai bien vu des choses*, plutôt que, *qui a bien vu des choses*.

6. Les mots *sorte*, *espèce*, *genre*, et semblables, déterminent ceux qui les suivent, qui pour cette raison ne doivent point avoir d'article. *Une sorte de fruit*, et non pas *d'un fruit*. C'est pourquoi c'est bien dit : *Une sorte de fruit qui est mûr en hiver. Une espèce de bois qui est fort dur.*

7. La particule *en*, dans le sens de l'*ut* latin, *vivit ut rex*, il vit en roi, enferme en soi-même l'article, valant autant que *comme un roi*, *en la manière d'un roi*. C'est pourquoi ce n'est point contre la règle de dire : *Il agit en roi qui sait régner. Il parle en homme qui sait faire ses affaires*; c'est-à-dire, *comme un roi*, ou *comme un homme*, etc.

8. *De*, seul avec un plurier, est souvent pour *des*, qui est le plurier de l'article *un*, comme nous avons montré dans le chapitre de l'Article. Et ainsi ces façons de parler sont très-bonnes, et ne sont point contraires à la règle: *Il est accablé de maux qui lui font perdre patience. Il est chargé de dettes qui vont au-delà de son bien.*

9. Ces façons de parler, bonnes ou mauvaises : *C'est grêle qui tombe; ce sont gens habiles qui*

m'ont dit cela, ne sont point contraires à la règle, parce que le *qui* ne se rapporte point au nom qui est sans article, mais à *ce*, qui est de tout genre et de tout nombre. Car le nom sans article *grêle*, *gens habiles*, est ce que j'affirme, et par conséquent l'attribut, et le *qui* fait partie du sujet dont j'affirme. Car j'affirme de *ce qui tombe* que *c'est de la grêle* ; *de ceux qui m'ont dit cela*, que *ce sont des gens habiles :* et ainsi le *qui* ne se rapportant point au nom sans article, cela ne regarde point cette règle.

S'il y a d'autres façons de parler qui y semblent contraires, et dont on ne puisse pas rendre raison par toutes ces observations, ce ne pourront être, comme je le crois, que des restes du vieux style, où on omettoit presque toujours les articles. Or c'est une maxime que ceux qui travaillent sur une langue vivante, doivent toujours avoir devant les yeux, que les façons de parler qui sont autorisées par un usage général et non contesté, doivent passer pour bonnes, encore qu'elles soient contraires aux règles et à l'analogie de la langue; mais qu'on ne doit pas les alléguer pour faire douter des règles et troubler l'analogie, ni pour autoriser par conséquent d'autres façons de parler que l'usage n'auroit pas autorisées. Autrement, qui ne s'arrêtera qu'aux bizarreries de l'usage, sans observer cette maxime, fera qu'une langue demeurera toujours incertaine, et que, n'ayant aucuns principes, elle ne pourra jamais se fixer.

CHAPITRE XI.
Des Prépositions.

Nous avons dit ci-dessus, *chap. 6*, que les cas et les prépositions avoient été inventés pour le même usage, qui est de marquer les rapports que les choses ont les unes aux autres.

Ce sont presque les mêmes rapports dans toutes les langues, qui sont marqués par les prépositions : c'est pourquoi je me contenterai de rapporter ici les principaux de ceux qui sont marqués par les prépositions de la langue françoise, sans m'obliger à en faire un dénombrement exact, comme il seroit nécessaire pour une Grammaire particulière.

Je crois donc qu'on peut réduire les principaux de ces rapports à ceux

De lieu, de situation, d'ordre.	chez	*Il est chez le roi.*
	dans	*Il est dans Paris.*
	en	*Il est en Italie.*
	à	*Il est à Rome.*
	hors	*Cette maison est hors de la ville.*
	sur ou sus	*Il est sur la mer.*
	sous	*Tout ce qui est sous le ciel.*
	devant	*Un tel marchoit devant le roi.*
	après	*Un tel marchoit après le roi.*
Du tems.	avant	*Avant la guerre.*
	pendant	*Pendant la guerre.*
	depuis	*Depuis la guerre.*

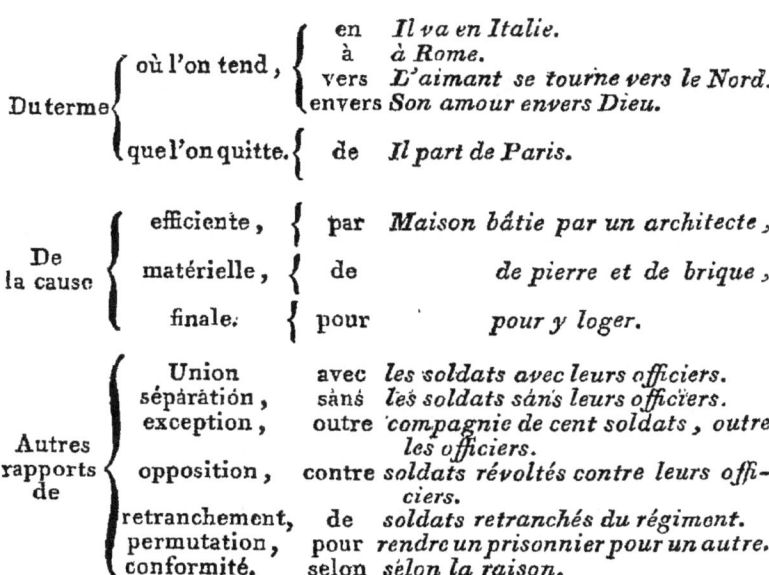

Il y a quelques remarques à faire sur les prépositions, tant pour toutes les langues, que pour la françoise en particulier.

La 1re est qu'on n'a suivi en aucune langue, sur le sujet des prépositions, ce que la raison auroit désiré, qui est qu'un rapport ne fût marqué que par une préposition, et qu'une même préposition ne marquât qu'un seul rapport. Car il arrive au contraire dans toutes les langues, ce que nous avons vu dans ces exemples pris de la françoise, qu'un même rapport est signifié par plusieurs prépositions, comme *dans, en, à;* et qu'une même préposition, comme *en, à,* marque divers rapports. C'est ce qui cause souvent des obscurités dans la langue hébraïque, et dans le grec de l'Écriture, qui est plein d'hébraïsmes ; parce que les Hébreux ayant peu de prépositions, il les emploient à de fort différens usages. Ainsi la préposition ב, qui est appelée affixe, parce qu'elle se joint avec les mots, se prenant en plusieurs sens, les écrivains du Nouveau Testament, qui l'on rendue par ἐν, *in*, prennent aussi cet ἐν ou *in*, en des sens fort différens; comme on voit particulièrement dans S. Paul, où cet *in* se prend quelquefois pour *par* : *Nemo potest dicere, Dominus Jésus, nisi in spiritu sancto ;* quelquefois pour *selon* : *Cui vult, nubat tantùm in Domino ;* quelquefois pour *avec* : *Omnia vestra in charitate fiant;* et encore en d'autres manières.

La 2ᵉ remarque est que *de* et *à* ne sont pas seulement des marques du génitif et du datif, mais aussi des prépositions qui servent encore à d'autres rapports. Car quand on dit : *Il est sorti* DE *la ville,* ou, *Il est allé* A *sa maison des champs; de* ne marque pas un génitif, mais la préposition *ab* ou *ex ; egressus est ex urbe :* et *à* ne marque pas un datif, mais la préposition *in ; abiit in villam suam.*

La 3ᵉ est qu'il faut bien distinguer ces cinq prépositions, *dans, hors, sus, sous, avant,* de ces cinq mots qui ont la même signification, mais qui ne sont point prépositions, au moins pour l'ordinaire; *dedans, dehors, dessus, dessous, auparavant.*

Le dernier de ces mots est un adverbe qui se met absolument, et non devant les noms. Car l'on dit bien : *Il étoit venu auparavant ;* mais il ne faut pas dire : *Il étoit venu auparavant dîner,* mais *avant dîner,* ou *avant que de dîner.* Et pour les quatre autres, *dedans, dehors, dessus, dessous,* je crois que ce sont des noms, comme il se voit, en ce qu'on y joint presque toujours l'article ; *le dedans, le dehors, au dedans, au dehors ;* et qu'ils régissent le nom qui les suit au génitif, qui est le régime des noms substantifs; *au dedans de la maison, au-dessus du toit.*

Il y a néanmoins une exception, que M. de Vaugelas a judicieusement remarquée, qui est que ces mots redeviennent prépositions, quand on met ensemble les deux opposés, et qu'on ne joint le nom qu'au dernier; comme : *La peste est dedans et dehors la ville. Il y a des animaux dessus et dessous la terre.*

La 4ᵉ remarque est sur ces quatre particules, *en, y, dont, où,* qui signifient *de* ou *à* dans toute leur étendue, et de plus *lui* ou *qui :* car *en* signifie de lui, *y* à lui, *dont* de qui, et *où* à qui. Et le principal usage de ces particules est pour observer les deux règles dont nous avons parlé dans le chap. des prénoms, qui est que *lui* et *qui* au génitif, au datif, à l'ablatif, ne se disent ordinairement que des personnes : et ainsi quand on parle des choses, on se sert d'*en* au lieu du génitif *de lui*, ou du pronom *son*; d'*y* au lieu du datif *à lui*; de *dont* au lieu du génitif *de qui*, ou *duquel*, qui se peut dire, mais est d'ordinaire assez languissant ; et d'*où* au lieu du datif *à qui*, ou *auquel*. Voyez le chap. des pronoms.

CHAPITRE XII.

Des Adverbes.

LE desir que les hommes ont d'abréger le discours, est ce qui a donné lieu aux adverbes, car la plupart de ces particules ne sont que pour signifier en un seul mot, ce qu'on ne pourroit marquer que par une préposition et un nom : comme *sapienter*, sagement, pour *cum sapientiâ*, avec sagesse, *hodiè*, pour *in hoc die*, aujourd'hui.

Et c'est pourquoi, dans les langues vulgaires, la plupart de ces adverbes s'expriment d'ordinaire plus élégamment par le nom avec la préposition : ainsi on dira plutôt *avec sagesse, avec prudence, avec orgueil, avec modération,* que *sagement, prudemment, orgueilleusement, modérément,* quoiqu'en latin au contraire il soit d'ordinaire plus élégant de se servir des adverbes.

De-là vient aussi qu'on prend souvent pour adverbe ce qui est un nom ; comme *instar* en latin, comme *primùm*, ou *primò*, *partìm*, etc. Voyez, Nouv. Méth. Latine ; et en françois, *dessus*, *dessous*, *dedans*, qui sont de vrais noms, comme nous l'avons fait voir au chap. précédent.

Mais parce que ces particules se joignent d'ordinaire au verbe pour en modifier et déterminer l'action, comme *generosè pugnavit*, il a combattu vaillamment, c'est ce qui a fait qu'on les a appelées ADVERBES.

CHAPITRE XIII.

Des Verbes, et de ce qui leur est propre et essentiel.

Jusques ici, nous avons expliqué les mots qui signifient les objets des pensées : il reste à parler de ceux qui signifient la manière des pensées, qui sont les verbes, les conjonctions, et les interjections.

La connoissance de la nature du verbe dépend de ce que nous avons dit au commencement de ce discours, que le jugement que nous faisons des choses (comme quand je dis, *la terre est ronde*), enferme nécessairement deux termes, l'un appelé sujet, qui est ce dont on affirme, comme *terre*; et l'autre appelé attribut, qui est ce qu'on affirme, comme *ronde*; et de plus, la liaison entre ces deux termes, qui est proprement l'action de notre esprit qui affirme l'attribut du sujet.

Ainsi les hommes n'ont pas eu moins de besoin d'inventer des mots qui marquassent l'*affirmation*, qui est la principale manière de notre pensée, que d'en inventer qui marquassent les objets de notre pensée.

Et c'est proprement ce que c'est que le verbe, *un mot dont le principal usage est de signifier l'affirmation*, c'est-à-dire, de marquer que le discours où ce mot est employé, est le discours d'un homme qui ne conçoit pas seulement les choses, mais qui en juge et qui les affirme. En quoi le verbe est distingué de quelques noms qui signifient aussi l'affirmation, comme *affirmans, affirmatio*; parce qu'ils ne la signifient qu'en tant que par une réflexion d'esprit elle est devenue l'objet de notre pensée, et ainsi ne marquent pas que celui qui se sert de ces mots affirme, mais seulement qu'il conçoit une affirmation.

J'ai dit que le *principal* usage du verbe étoit de signifier l'affirmation, parce que nous ferons voir plus bas que l'on s'en sert encore pour signifier d'autres mouvemens de notre ame, comme *desirer, prier, commander*, etc. mais ce n'est qu'en changeant d'inflexion et de mode; et ainsi nous ne considérons le verbe dans tout ce chapitre, que selon sa principale signification, qui est celle qu'il a à l'indicatif, nous réservant de parler des autres en un autre endroit.

Selon cela, l'on peut dire que le verbe de lui-même ne devoit point avoir d'autre usage que de marquer la liaison que nous faisons dans notre esprit des deux termes d'une proposition; mais il n'y a que le verbe *être*, qu'on appelle substantif, qui soit demeuré dans cette simplicité, et encore l'on peut dire qu'il n'y est proprement demeuré que dans la troisième du présent, *est*, et en de certaines rencontres. Car comme les hommes se portent naturellement à abréger leurs expressions, ils ont joint presque toujours à l'affirmation d'autres significations dans un même mot.

1. Ils y ont joint celle de quelque attribut, de sorte qu'alors deux mots font une proposition : comme quand je dis, *Petrus vivit*, Pierre vit ; parce que le mot de *vivit* enferme seul l'affirmation, et de plus l'attribut d'être vivant ; et ainsi c'est la même chose de dire, *Pierre vit,* que de dire *Pierre est vivant*. De-là est venue la grande diversité des verbes dans chaque langue ; au lieu que, si on s'étoit contenté de donner au verbe la signification générale de l'affirmation, sans y joindre aucun attribut particulier, on n'auroit eu besoin dans chaque langue que d'un seul verbe, qui est celui qu'on appelle substantif.

2. Ils y ont encore joint en de certaines rencontres le sujet de la proposition, de sorte qu'alors deux mots peuvent encore, et même un seul mot, faire une proposition entière. Deux mots, comme quand je dis : *sum homo ;* parce que *sum* ne signifie pas seulement l'affirmation, mais enferme la signification du pronom *ego ,* qui est le sujet de cette proposition, et que l'on exprime toujours en

françois : *Je suis homme*. Un seul mot, comme quand je dis *vivo, sedeo :* car ces verbes enferment dans eux-mêmes l'affirmation et l'attribut, comme nous avons déja dit ; et étant à la première personne, ils enferment encore le sujet : *Je suis vivant, je suis assis*. De-là est venue la différence des personnes, qui est ordinairement dans tous les verbes.

3. Ils y ont encore joint un rapport au temps, au regard duquel on affirme; de sorte qu'un seul mot, comme *cœnasti*, signifie que j'affirme de celui à qui je parle, l'action du souper, non pour le temps présent, mais pour le passé. Et de-là est venue la diversité des temps, qui est encore, pour l'ordinaire, commune à tous les verbes.

La diversité de ces significations jointes en un même mot, est ce qui a empêché beaucoup de personnes, d'ailleurs fort habiles, de bien connoître la nature du verbe, parce qu'ils ne l'ont pas considéré selon ce qui lui est essentiel, qui est l'*affirmation*, mais selon ces rapports qui lui sont accidentels en tant que verbe.

Ainsi Aristote s'étant arrêté à la troisième des significations ajoutées à celle qui est essentielle au verbe, l'a défini, *vox significans cum tempore*, un mot qui signifie avec temps.

D'autres, comme Buxtorf, y ayant ajouté la seconde, l'ont défini, *vox flexilis cum tempore et personâ,* un mot qui a diverses inflexions avec temps et personnes.

D'autres s'étant arrêtés à la première de ces significations ajoutées, qui est celle de l'attribut, et ayant considéré que les attributs que les hommes ont joints à l'affirmation dans un même mot, sont d'ordinaire des actions et des passions, ont cru que l'essence du verbe consistoit à *signifier des actions ou des passions.*

Et enfin Jules César Scaliger a cru trouver un grand mystère, dans son livre des Principes de la langue latine, en disant que la distinction des choses, *in permanentes et fluentes,* en ce qui demeure et ce qui passe, étoit la vraie origine de la distinction entre les noms et les verbes ; les noms étant pour signifier ce qui demeure, et les verbes ce qui passe.

Mais il est aisé de voir que toutes ces définitions sont fausses, et n'expliquent point la vraie nature du verbe.

La manière dont sont conçues les deux premières, le fait assez voir, puisqu'il n'y est point dit ce que le verbe signifie, mais seulement ce avec quoi il signifie, *cum tempore, cum personâ.*

Les deux dernières sont encore plus mauvaises; car elles ont les deux plus grands vices d'une définition, qui est de ne convenir ni à tout le défini, ni au seul défini ; *neque omni, neque soli.*

Car il y a des verbes qui ne signifient ni des actions, ni des passions, ni ce qui passe; comme *existit, quiescit, friget, alget, tepet, calet, albet, viret, claret,* etc. de quoi nous parlerons encore en un autre endroit.

Et il y a des mots qui ne sont point verbes, qui signifient des actions et des passions, et même des choses qui passent, selon la définition de Scaliger. Car il est certain que les participes sont de vrais noms, et que néanmoins ceux des verbes actifs ne signifient pas moins des actions, et ceux des passifs des passions, que les verbes mêmes dont ils viennent; et il n'y a aucune raison de prétendre que *fluens* ne signifie pas une chose qui passe, aussi bien que *fluit*.

A quoi on peut ajouter, contre les deux premières définitions du verbe, que les participes signifient aussi avec temps, puisqu'il y en a du présent, du passé, et du futur, sur-tout en grec. Et ceux qui croient, non sans raison, qu'un vocatif est une vraie seconde personne, sur-tout quand il a une terminaison différente du nominatif, trouveront qu'il n'y auroit de ce côté-là qu'une différence du plus ou du moins entre le participe et le verbe.

Et ainsi la raison essentielle pourquoi un participe n'est point un verbe, c'est qu'il ne signifie point l'*affirmation*; d'où vient qu'il ne peut faire une proposition (ce qui est le propre du verbe)

qu'en

qu'en y ajoutant un verbe, c'est-à-dire, en y remettant ce qu'on en a ôté, en changeant le verbe en participe. Car, pourquoi est-ce que *Petrus vivit*, *Pierre vit*, est une proposition, et que *Petrus vivens*, *Pierre vivant*, n'en est pas une, si vous n'y ajoutez *est; Petrus est vivens*, *Pierre est vivant;* sinon parce que l'affirmation qui est enfermée dans *vivit*, en a été ôtée pour en faire le participe *vivens ?* D'où il paroît que l'affirmation qui se trouve ou qui ne se trouve pas dans un mot, est ce qui fait qu'il est verbe ou qu'il n'est pas verbe.

Sur quoi on peut encore remarquer en passant que l'infinitif, qui est très-souvent nom, ainsi que nous dirons, comme lorsqu'on dit, *le boire, le manger,* est alors différent des participes, en ce que les participes sont des noms adjectifs, et que l'infinitif est un nom substantif, fait par abstraction de cet adjectif; de même que de *candidus* se fait *candor,* et de *blanc* vient *blancheur*. Ainsi *rubet,* verbe, signifie *est rouge,* enfermant ensemble l'affirmation et l'attribut; *rubens,* participe, signifie simplement *rouge;* sans affirmation; et *rubere,* pris pour un nom, signifie *rougeur*.

Il doit donc demeurer pour constant qu'à ne considérer simplement que ce qui est essentiel au verbe, sa seule vraie définition est: *vox significans affirmationem*, *un mot qui signifie l'affirmation*.

Car on ne sauroit trouver de mot qui marque l'affirmation, qui ne soit verbe, ni de verbe qui ne serve à la marquer, au moins dans l'indicatif. Et il est indubitable que, si on avoit inventé un mot, comme seroit *est*, qui marquât toujours l'affirmation, sans avoir aucune différence ni de personne, ni de temps, de sorte que la diversité des personnes se marquât seulement par les noms et les pronoms, et la diversisé des temps par les adverbes, il ne laisseroit pas d'être un vrai verbe. Comme en effet dans les propositions que les philosophes appellent d'éternelle vérité, comme : *Dieu est infini ; tout corps est divisible ; le tout est plus grand que sa partie ;* le mot *est* ne signifie que l'affirmation simple, sans aucun rapport au temps, parce que cela est vrai selon tous les temps, et sans que notre esprit s'arrête à aucune diversité de personnes.

Ainsi le verbe, selon ce qui lui est essentiel, est un mot qui signifie l'affirmation. Mais si l'on veut joindre dans la définition du verbe ses principaux accidens, on le pourra définir ainsi : *Vox significans affirmationem, cum designatione personæ, numeri et temporis :* Un mot qui signifie l'affirmation avec désignation de la personne, du nombre et du temps; ce qui convient proprement au verbe substantif.

Car pour les autres, en tant qu'ils en diffèrent,

par l'union que les hommes ont faite de l'affirmation avec de certains attributs, on les peut définir en cette sorte : *Vox significans affirmationem alicujus attributi, cum designatione personæ, numeri et temporis* : *Un mot qui marque l'affirmation de quelque attribut, avec désignation de la personne, du nombre et du temps.*

Et l'on peut remarquer en passant, que l'affirmation, en tant que conçue, pouvant être aussi l'attribut du verbe, comme dans le verbe *affirmo* ; ce verbe signifie deux affirmations, dont l'une regarde la personne qui parle, et l'autre la personne de qui on parle, soit que ce soit de soi-même, soit que ce soit d'une autre. Car quand je dis, *Petrus affirmat*, *affirmat* est la même chose que *est affirmans* ; et alors *est* marque mon affirmation, ou le le jugement que je fais touchant Pierre, et *affirmans*, l'affirmation que je conçois, et que j'attribue à Pierre.

Le verbe *nego* au contraire contient une affirmation et une négation, par la même raison.

Car il faut encore remarquer que quoique tous nos jugemens ne soient pas affirmatifs, mais qu'il y en ait de négatifs, les verbes néanmoins ne signifient jamais d'eux-mêmes que les affirmations, les négations ne se marquant que par des particules, *non*, *ne*, ou par des noms qui les enferment, *nullus*, *nemo*, nul, personne ; qui étant joints aux verbes, en changent l'affirmation en négation. *Nul homme n'est immortel. Nullum corpus est indivisibile.*

Mais après avoir expliqué l'essence du verbe, et en avoir marqué en peu de mots les principaux accidens, il est nécessaire de considérer ces mêmes accidens un peu plus en particulier, et de commencer par ceux qui sont communs à tous les verbes, qui sont, la diversité des personnes, des nombres, et des temps.

CHAPITRE XIV.

De la diversité des Personnes et des Nombres dans les Verbes.

Nous avons déja dit que la diversité des personnes et des nombres dans les verbes, est venue de ce que les hommes, pour abréger, ont voulu joindre dans un même mot, à l'affirmation qui est propre au verbe, le sujet de la proposition, au moins en de certaines rencontres. Car quand un homme parle de soi-même, le sujet de la proposition est le pronom de la première personne, *ego, moi, je ;* et quand il parle de celui auquel il adresse la parole, le sujet de la proposition est le pronom de la seconde personne, *tu, toi, vous.*

Or, pour se dispenser de mettre toujours ces pronoms, on a cru qu'il suffiroit de donner au mot qui signifie l'affirmation, une certaine terminaison qui marquât que c'est de soi-même qu'on parle; et c'est ce qu'on a appelé la première personne du verbe, *video, je vois.*

On a fait de même au regard de celui à qui on adresse la parole; et c'est ce qu'on a appelé la seconde personne, *vides, tu vois.* Et comme ces pronoms ont leur plurier, quand on parle de soi-même en se joignant à d'autres, *nos, nous;* ou de celui à qui on parle, en le joignant aussi à d'autres, *vos, vous;* on a donné aussi deux terminaisons différentes au plurier : *videmus, nous voyons; videtis, vous voyez.*

Mais parce que le sujet de la proposition n'est souvent ni soi-même, ni celui à qui on parle; il a fallu nécessairement, pour réserver ces deux terminaisons à ces deux sortes de personnes, en faire une troisième qu'on joignît à tous les autres sujets de la proposition. Et c'est ce qu'on a appelé troisième personne, tant au singulier, qu'au plurier; quoique le mot de personne, qui ne convient proprement qu'aux substances raisonnables et intelligentes, ne soit propre qu'aux deux premières, puisque la troisième est pour toutes sortes de choses, et non pas seulement pour les personnes.

On voit par-là que naturellement ce qu'on appelle troisième personne devroit être le thême du verbe, comme il l'est aussi dans toutes les langues orientales. Car il est plus naturel que le verbe signifie premièrement l'affirmation, sans marquer particulièrement aucun sujet, et qu'ensuite il soit déterminé par une nouvelle inflexion à renfermer pour sujet la première ou la seconde personne.

Cette diversité de terminaisons pour les deux premières personnes, fait voir que les langues anciennes ont grande raison de ne joindre aux verbes que rarement, et pour des considérations particulières, les pronoms de la première et de la seconde personne, se contentant de dire, *video*, *vides*, *videmus*, *videtis*. Car c'est pour cela même que ces terminaisons ont été originairement inventées, pour se dispenser de joindre ces pronoms aux verbes. Et néanmoins les langues vulgaires, et surtout la nôtre, ne laissent pas de les y joindre, toujours ; *je vois, tu vois, nous voyons, vous voyez*. Ce qui est peut-être venu de ce qu'il se rencontre assez souvent que quelques-unes de ces personnes n'ont pas de terminaison différente, comme tous les verbes en *er*, *aimer*, ont la première et la troisième semblables, *j'aime*, *il aime*; et d'autres la première et la seconde, *je lis, tu lis :* et en Italien assez souvent les trois personnes du singulier se ressemblent ; outre que souvent quelques-unes de ces personnes n'étant pas jointes au pronom deviennent impératif, comme *vois, aime, lis,* etc.

Mais outre les deux nombres, singulier et plurier, qui sont dans les verbes comme dans les noms, les Grecs y ont ajouté un duel, quand on parle de deux choses, quoiqu'ils s'en servent assez rarement.

Les langues orientales ont même cru qu'il étoit bon de distinguer quand l'affirmation regardoit l'un ou l'autre sexe, le masculin ou le féminin : c'est pourquoi le plus souvent elles ont donné à une même personne du verbe deux diverses terminainaisons pour servir aux deux genres ; ce qui sert souvent pour éviter les équivoques.

CHAPITRE XV.

Des divers Temps du Verbe.

UNE autre chose que nous avons dit avoir été jointe à l'affirmation du verbe, est la signification du temps; car l'affirmation se pouvant faire selon les divers temps, puisque l'on peut assurer d'une chose qu'elle est, ou qu'elle a été, ou qu'elle sera, de-là est venu qu'on a encore donné d'autres inflexions au verbe, pour signifier ces temps divers.

Il n'y a que trois temps simples ; le *présent*, comme *amo*, *j'aime* : *le passé*, comme *amavi*, *j'ai aimé*; et *le futur*, comme *amabo*, *j'aimerai*.

Mais parce que dans le passé on peut marquer que la chose ne vient que d'être faite, ou indéfiniment qu'elle a été faite, de-là il est arrivé que dans la plupart des langues vulgaires il y a deux sortes de prétérit; l'un qui marque la chose précisément faite, et que pour cela on nomme défini, comme *j'ai écrit*, *j'ai dit*, *j'ai fait*, *j'ai dîné*; et l'autre qui la marque indéterminément faite, et que pour cela on nomme indéfini ou aoriste, comme *j'écrivis*, *je fis*, *j'allai*; *je dînai*, etc. ce qui ne se dit proprement que d'un temps qui soit au moins éloigné d'un jour de celui auquel nous parlons : car on dit bien, par exemple, *j'écrivis hier*, mais non pas, *j'écrivis ce matin*, ni *j'écrivis cette nuit*; au lieu de quoi il faut dire, *j'ai écrit ce matin*, *j'ai écrit cette nuit*, etc. Notre langue est si exacte dans la propriété des expressions, qu'elle ne souffre aucune exception en ceci, quoique les Espagnols et les Italiens confondent quelquefois ces deux prétérits, les prenant l'un pour l'autre.

Le futur peut aussi recevoir les mêmes différences; car on peut avoir envie de marquer une chose qui doit arriver bientôt; ainsi nous voyons que les Grecs ont leur *paulopost-futur*, μετ' ὀλίγον μέλλαν, qui marque que la chose se va faire, ou qu'on la doit presque tenir comme faite, comme πεποιήσομαι, *je m'en vas faire*, voilà qui est fait : et l'on peut aussi marquer une chose comme devant arriver simplement, comme ποιήσω, je ferai ; *amabo*, j'aimerai.

Voilà pour ce qui est des temps, considérés simplement dans leur nature de *présent*, de *prétérit*, et de *futur*.

Mais parce qu'on a voulu aussi marquer chacun de ces temps, avec rapport à un autre, par un seul mot, de-là est venu qu'on a encore inventé d'autres inflexions dans les verbes, qu'on peut appeler des *temps composés dans le sens*, et l'on en peut remarquer aussi trois.

Le premier est celui qui marque le passé avec rapport au présent, et on l'a nommé *prétérit imparfait*, parce qu'il ne marque pas la chose simplement et proprement comme faite, mais comme présente à l'égard d'une chose qui est déja néanmoins passée. Ainsi, quand je dis, *cùm intravit cœnabam, je soupois lorsqu'il est entré*, l'action de souper est bien passée au regard du temps auquel je parle, mais je la marque comme présente au regard de la chose dont je parle, qui est l'entrée d'un tel.

Le deuxième temps composé est celui qui marque doublement le passé, et qui, à cause de cela, s'appelle *plus-que-parfait*, comme *cœnaveram*, *j'avois soupé ;* par où je marque mon action de souper non-seulement comme passée en soi, mais aussi comme passée à l'égard d'une autre chose qui est aussi passée; comme quand je dis, *j'avois soupé lorsqu'il est entré*, ce qui marque que mon souper avoit précédé cette entrée, qui est pourtant aussi passée.

Le troisième temps composé est celui qui marque l'avenir avec rapport au passé, savoir, le *futur parfait*, comme *cœnavero*, *j'aurai soupé ;* par où je marque mon action de souper comme future en soi, et comme passée au regard d'une autre chose à venir, qui la doit suivre ; comme, *quand j'aurai soupé, il entrera ;* cela veut dire que mon souper, qui n'est pas encore venu, sera passé, lorsque son entrée, qui n'est pas encore venue, sera présente.

On auroit pu de même ajouter encore un quatrième temps composé, savoir, celui qui eût marqué l'avenir avec rapport au présent, pour faire autant de futurs composés, que de prétérits compoposés; et peut-être que le deuxième futur des Grecs marquoit cela dans son origine, d'où vient même qu'il conserve presque toujours la figurative du présent : néanmoins dans l'usage on l'a confondu avec le premier, en latin même, on se sert pour cela du futur simple : *cùm cœnabo intrabis, vous entrerez quand je souperai;* par où je marque mon souper comme futur en soi, mais comme présent à l'égard de votre entrée.

Voilà ce qui a donné lieu aux diverses inflexions des verbes, pour marquer les divers temps ; sur quoi il faut remarquer que les langues orientales n'ont que le passé et le futur, sans toutes les autres différences d'imparfait, de plus-que-parfait, etc. ce qui rend ces langues sujettes à beaucoup d'ambiguités qui ne se rencontrent point dans les autres.

CHAPITRE XVI.

Des divers Modes, ou Manières des Verbes.

Nous avons déja dit que les verbes sont de ce genre de mots qui signifient la manière et la forme de nos pensées, dont la principale est l'affirmation ; et nous avons aussi remarqué que les verbes reçoivent différentes inflexions, selon que l'affirmation regarde différentes personnes et differens temps. Mais les hommes ont trouvé qu'il étoit bon d'inventer encore d'autres inflexions, pour expliquer plus distinctement ce qui se passoit dans leur esprit ; car premièrement ils ont remarqué qu'outre les affirmations simples, comme, *il aime, il aimoit,* il y en avoit de conditionnées et de modifiées, comme, *quoiqu'il aimât, quand il aimeroit.* Et pour mieux distinguer ces affirmations des autres, ils ont doublé les inflexions des mêmes temps, faisant servir les unes aux affirmations simples, comme *aime, aimoit,* en réservant les autres pour les affirmations modifiées, comme, *aimât, aimeroit :* quoique ne demeurant pas fermes dans leurs règles, ils se servent quelquefois des inflexions simples pour marquer les affirmations modifiées : *Et si vereor,* pour *et si verear :* et c'est de ces dernières sortes d'inflexions que les Grammairiens ont fait leur *Mode* appelé *subjonctif.*

De plus, outre l'affirmation, l'action de notre volonté se peut prendre pour une manière de notre pensée ; et les hommes ont eu besoin de faire entendre ce qu'ils vouloient, aussi bien que ce qu'ils pensoient. Or nous pouvons vouloir une chose en plusieurs manières, dont on en peut considérer trois comme les principales.

1. Nous voulons des choses qui ne dépendent pas de nous, et alors nous ne les voulons que par un simple souhait ; ce qui s'explique en latin par la particule *utinam,* et en la nôtre par *plût à Dieu.* Quelques langues, comme la grecque, ont inventé des inflexions particulières pour cela ; ce qui a

donné lieu aux Grammairiens de les appeler le *Mode optatif* : et il y en a dans notre langue et dans l'espagnole et l'italienne, qui s'y peuvent rapporter, puisqu'il y a des temps qui sont triples. Mais en latin les mêmes inflexions servent pour le subjonctif et pour l'optatif; et c'est pourquoi on a fait fort bien de retrancher ce mode des conjugaisons latines, puisque ce n'est pas seulement la manière différente de signifier qui peut être fort multipliée, mais les différentes inflexions qui doivent faire les modes.

2. Nous voulons encore d'une autre sorte, lorsque nous nous contentons d'accorder une chose, quoiqu'absolument nous ne la voulussions pas; comme quand Térence dit, *profundat, perdat, pereat; qu'il dépense, qu'il perde, qu'il périsse,* etc. Les hommes auroient pu inventer une inflexion pour marquer ce mouvement, aussi bien qu'ils en ont inventé en grec pour marquer le simple desir; mais ils ne l'ont pas fait, et ils se servent pour cela du subjonctif : et en françois nous y ajoutons *que. Qu'il dépense,* etc. Quelques Grammairiens ont appelé ceci; *modus potentialis,* ou *modus concessivus.*

3. La troisième sorte de vouloir est quand ce que nous voulons dépendant d'une personne de qui nous pouvons l'obtenir, nous lui signifions la volonté que nous avons qu'il le fasse. C'est le mouve-

vement que nous avons quand nous commandons, ou que nous prions : c'est pour marquer ce mouvement qu'on a inventé le mode qu'on appelle *impératif*, qui n'a point de première personne, sur-tout au singulier, parce qu'on ne se commande point proprement à soi-même; ni de troisième en plusieurs langues ; parce qu'on ne commande proprement qu'à ceux à qui on s'adresse, et à qui on parle. Et parce que le commandement ou la prière qui s'y rapporte, se fait toujours au regard de l'avenir, il arrive de-là que l'impératif et le futur se prennent souvent l'un pour l'autre, sur-tout en hébreu, comme, *non occides, vous ne tuerez point*, pour *ne tuez point.* D'où vient que quelques Grammairiens ont mis l'impératif au nombre des futurs.

De tous ces modes dont nous venons de parler, les langues orientales n'ont que ce dernier, qui est l'impératif; et au contraire, les langues vulgaires n'ont point d'inflexion particulière pour l'impératif; mais ce que nous faisons en françois pour le marquer, est de prendre la seconde personne du pluriel, et même la première, sans pronoms qui les précèdent. Ainsi, *vous aimez*, est une simple affirmation ; *aimez*, un impératif : *nous aimons*, affirmation; *aimons*, impératif. Mais quand on commande par le singulier, ce qui est fort rare, on ne prend pas la seconde personne, *tu aimes*, mais la première, *aime*.

CHAPITRE XVII.

De l'Infinitif.

Il y a encore une inflexion au verbe, qui ne reçoit point de nombre ni de personnes, qui est celle qu'on appelle *infinitif*, comme, *esse*, être; *amare*, aimer. Mais il faut remarquer que quelquefois l'infinitif retient l'affirmation, comme quand je dis: *scio malum esse fugiendum, je sais qu'il faut fuir le mal;* et que souvent il la perd, et devient nom (principalement en grec, et dans les langues vulgaires;) comme quand on dit, *le boire, le manger;* et de même, *je veux boire, volo bibere;* car c'est-à-dire, *volo potum*, ou *potionem*.

Cela étant supposé, on demande ce que c'est proprement que l'infinitif, lorsqu'il n'est point nom et qu'il retient son affirmation, comme dans cet exemple, *scio malum esse fugiendum*. Je ne sais si personne a remarqué ce que je vais dire : c'est qu'il me semble que l'infinitif est entre les autres manières du verbe, ce qu'est le relatif entre les autres pronoms. Car, comme nous avons dit que le relatif a de plus que les autres pronoms, qu'il joint la proposition dans laquelle il entre à une autre proposition, je crois de même que l'infinitif a, par-dessus l'affirmation du verbe, ce pouvoir de joindre la proposition où il est à une autre : car *scio* vaut seul une proposition, et si vous ajoutiez *malum est fugiendum*, ce seroit deux propositions séparées ; mais en mettant *esse* au lieu d'*est*, vous faites que la dernière proposition n'est plus que partie de la première, comme nous avons expliqué plus au long dans le ch. 9 du relatif.

Et de-là est venu qu'en françois nous rendons presque toujours l'infinitif par l'indicatif du verbe et la particule *que : Je sais que le mal est à fuir.* Et alors (comme nous avons dit au même lieu) ce *que* ne signifie que cette union d'une proposition avec une autre, laquelle union est en latin enfermée dans l'infinitif, et en françois aussi, quoique plus rarement, comme quand on dit : *Il croit savoir toutes choses.*

Cette manière de joindre les propositions par un infinitif, ou par le *quòd* et le *que*, est principalement en usage quand on rapporte les discours des autres : comme, si je veux rapporter que le roi m'a dit, *je vous donnerai une charge*, je ne ferai pas ordinairement ce rapport en ces termes : *Le roi m'a dit, je vous donnerai une charge*, en laissant les deux propositions séparées, l'une de moi, et l'autre du roi ; mais je les joindrai ensemble par un *que : Le roi m'a dit qu'il me donnera une charge.* Et alors, comme ce n'est plus qu'une proposition qui est de moi, je change la première personne,

sonne, *je donnerai*, en la troisième, *il donnera*, et le pronom *vous*, qui me signifioit le roi parlant, au pronom *me*, qui me signifie moi parlant.

Cette union des propositions se fait encore par le *si* en françois, et par *an* en latin, quand le discours qu'on rapporte est interrogatif; comme si on m'a demandé : *Pouvez-vous faire cela ?* je dirai en le rapportant : *On m'a demandé si je pouvois faire cela.* Et quelquefois sans aucune particule, en changeant seulement de personne ; comme, *Il m'a demandé : Qui êtes-vous ? Il m'a demandé qui j'étois.*

Mais il faut remarquer que les Hébreux, lors même qu'ils parlent en une autre langue, comme les Evangélistes, se servent peu de cette union des propositions, et qu'ils rapportent presque toujours les discours directement, et comme ils ont été faits; de sorte que l'ὅτι, *quòd*, qu'ils ne laissent pas de mettre quelquefois, ne sert souvent de rien, et ne lie point les propositions, comme il fait dans les autres auteurs. En voici un exemple dans le premier chapitre de Saint-Jean : *Miserunt Judæi ab Hierosolymis Sacerdotes et Levitas ad Joannem ut interrogarent eum : Tu quis es ? Et confessus est et non negavit, et confessus est : quia* (ὅτι) *non sum ego Christus. Et interrogaverunt eum : Quid ergo ? Elias es tu ? Et dixit : Non sum. Propheta es tu ? Et respondit, non.* Selon l'usage ordinaire de notre langue, on auroit rapporté indirectement ces demandes et ces réponses en cette manière. *Ils envoyèrent demander à Jean qui il étoit. Et il confessa qu'il n'étoit point le Christ. Et ils lui demandèrent qui il étoit donc : s'il étoit Elie. Et il dit que non. S'il étoit Prophète, et il répondit que non.*

Cette coutume a même passé dans les auteurs profanes, qui semblent l'avoir aussi empruntée des Hébreux. Et de-là vient que l'ὅτι, comme nous l'avons déja remarqué ci-dessus, *chap. 9*, n'a souvent parmi eux que la force d'un pronom dépouillé de son usage de liaison, lors même que les discours ne sont pas rapportés directement.

CHAPITRE XVIII.

Des Verbes qu'on peut appeler Adjectifs; *et de leurs différentes espèces, Actifs, Passifs, Neutres.*

Nous avons déja dit que les hommes ayant joint en une infinité de rencontres quelque attribut particulier avec l'affirmation, en avoient fait ce grand nombre de verbes différens du substantif, qui se trouvent dans toutes les langues, et que l'on pourroit appeler *adjectifs*, pour montrer que la signification qui est propre à chacun, est ajoutée à la signification commune à tous les verbes, qui est celle de l'affirmation. Mais c'est une erreur commune, de croire que tous ces verbes signifient des actions ou des passions ; car il n'y a rien qu'un verbe ne puisse avoir pour son attribut, s'il plaît aux hommes de joindre l'affirmation avec cet attribut. Nous voyons même que le verbe substantif *sum, je suis*, est souvent adjectif, parce qu'au lieu de le prendre comme signifiant simplement l'affirmation, on y joint le plus général de tous les attributs, qui est l'être ; comme lorsque je dis, *je pense, donc je suis;* je suis signifie là *sum ens*, je suis un être, une chose : *Existo* signifie aussi *sum existens*, je suis, j'existe.

Cela n'empêche pas néanmoins qu'on ne puisse retenir la division commune de ces verbes en actifs, passifs et neutres.

On appelle proprement actifs, ceux qui signifient une action à laquelle est opposée une passion, comme *battre, être battu; aimer, être aimé;* soit que ces actions se terminent à un sujet, ce qu'on appelle action réelle, comme *battre, rompre, tuer, noircir, etc.* soit qu'elles se terminent seulement à un objet, ce qu'on appelle action intentionnelle, comme *aimer, connoître, voir*.

De-là il est arrivé qu'en plusieurs langues les

hommes se sont servis du même mot, en lui donnant diverses inflexions, pour signifier l'un et l'autre, appelant verbe actif celui qui a l'inflexion par laquelle ils ont marqué l'action, et verbe passif celui qui a l'inflexion par laquelle ils ont marqué la passion; *amo, amor; verbero, verberor.* C'est ce qui a été en usage dans toutes les langues anciennes, latine, grecque et orientales; et qui plus est, ces dernières donnent à un même verbe trois actifs, avec chacun leur passif, et un réciproque qui tient de l'un et de l'autre, comme seroit *s'aimer*, qui signifie l'action du verbe sur le même sujet du verbe. Mais les langues vulgaires de l'Europe n'ont point de passif, et elles se servent, au lieu de cela, d'un participe fait du verbe actif, qui se prend en sens passif, avec le verbe substantif *je suis*; comme, *je suis aimé, je suis battu*, etc.

Voilà pour ce qui est des verbes actifs et passifs.

Les *Neutres*, que quelques Grammairiens appellent *Verba intransitiva*, verbes qui ne passent point au dehors, sont de deux sortes :

Les uns qui ne signifient point d'action, mais ou une qualité, comme *albet*, il est blanc; *viret*, il est vert; *friget*, il est froid; *alget*, il est transi; *tepet*, il est tiède; *calet*, il est chaud, etc.;

Ou quelque situation, *sedet*, il est assis; *stat*, il est debout; *jacet*, il est couché, etc.

Ou quelque rapport au lieu, *adest*, il est présent; *abest*, il est absent, etc.;

Ou quelque autre état ou attribut, comme, *quiescit*, il est en repos; *excellit*, il excelle; *præest*, il est supérieur; *regnat*, il est roi, etc.

Les autres verbes neutres signifient des actions, mais qui ne passent point dans un sujet différent de celui qui agit, ou qui ne regardent point un autre objet, comme, *dîner, souper, marcher, parler.*

Néanmoins ces dernières sortes de verbes neutres deviennent quelquefois transitifs, lorsqu'on leur donne un sujet, comme, *ambulare viam*, où le chemin est pris pour le sujet de cette action. Souvent aussi dans le grec, et quelquefois aussi dans le latin, on leur donne pour sujet le nom même formé du verbe, comme, *pugnare pugnam, servire servitutem, vivere vitam*, etc.

Mais je crois que ces dernières façons de parler ne sont venues que de ce qu'on a voulu marquer quelque chose de particulier, qui n'étoit pas entièrement enfermé dans le verbe; comme quand on a voulu dire qu'un homme menoit une vie heureuse, ce qui n'étoit pas enfermé dans le mot *vivere*, on a dit *vivere vitam beatam*; de même *servire duram servitutem*, et semblables; ainsi quand on dit *vivere vitam*, c'est sans doute un pléonasme, qui est venu de ces autres façons de parler. C'est pourquoi aussi dans toutes les langues nouvelles, on évite comme une faute, de joindre le nom à son verbe, et l'on ne dit pas, par exemple *combattre un grand combat.*

On peut résoudre par-là cette question ; si tout verbe non passif régit toujours un accusatif, au moins sous-entendu. C'est le sentiment de quelques Grammairiens fort habiles, mais pour moi je ne le crois pas. Car, 1.° les verbes qui ne signifient aucune action, mais quelque état, comme, *quiescit, existit,* ou quelque qualité, comme, *albet, calet,* n'ont point d'accusatif qu'ils puissent régir ; et pour les autres, il faut regarder si l'action qu'ils signifient, a un sujet ou un objet, qui puissent être différens de celui qui agit ; car alors le verbe régit le sujet, ou cet objet à l'accusatif. Mais quand l'action signifiée par le verbe n'a ni sujet, ni objet différent de celui qui agit, comme, *dîner,* prandere ; *souper,* coenare, *etc.* alors il n'y a pas assez de raison pour dire qu'ils gouvernent l'accusatif, quoique ces Grammairiens aient cru qu'on y sous-entendoit l'infinitif du verbe, comme un nom formé par le verbe ; voulant, par exemple, que *curro* soit ou *curro cursum,* ou *curro currere :* néanmoins cela ne paroît pas assez solide ; car le verbe signifie tout ce que signifie l'infinitif pris comme nom, et de plus, l'affirmation et la désignation de la personne et du temps, comme l'adjectif *candidus,* blanc, signifie le substantif, tiré de l'adjectif, savoir, *candor*, la blancheur, et de plus, la connotation d'un sujet dans lequel est cet abstrait. C'est pourquoi il y auroit autant de raison de prétendre que, quand on dit *homo candidus*, il faut sous-entendre *candore*, que de s'imaginer que, quand on dit *currit*, il faut sous-entendre *currere*.

CHAPITRE XIX.

Des Verbes Impersonnels.

L'INFINITIF, que nous venons d'expliquer au chapitre précédent, est proprement ce qu'on devroit appeler VERBE IMPERSONNEL, puisqu'il marque l'affirmation, ce qui est propre au verbe, et la marque indéfiniment, sans nombre et sans personne, ce qui est proprement être *impersonnel*.

Néanmoins les Grammairiens donnent ordinairement ce nom d'*impersonnel* à certains verbes défectueux, qui n'ont presque que la troisième personne.

Ces verbes sont de deux sortes ; les uns ont la forme de verbes neutres, comme *pœnitet*, *pudet*, *piget*, *licet*, *lubet*, etc. les autres se font des verbes passifs, et en retiennent la forme, comme *statur, curritur, amatur, vivitur, etc.* Or ces verbes ont quelquefois plus de personnes que les Grammairiens ne pensent, comme on le peut voir dans la Méthode Lat. *Remarques sur les verbes, chap. v.* Mais ce qu'on peut ici considérer, et à quoi peu de personnes ont peut-être pris garde, c'est qu'il semble qu'on ne les ait appelés *impersonnels*, que parce que, renfermant dans leur signification un sujet qui ne convient qu'à la troisième personne, il n'a pas été nécessaire d'exprimer ce sujet, parce qu'il est assez marqué par le verbe même, et qu'ainsi on a compris par le sujet, l'affirmation et l'attribut en un seul mot, comme :

Pudet me ; c'est-à-dire, *pudor tenet,* ou *est tenens me. Pœnitet me ; pœna habet me. Libet mihi ; libido est mihi :* où il faut remarquer que le verbe *est* n'est pas simplement là substantif, mais qu'il y signifie aussi l'existence ; car c'est comme s'il y avoit, *libido existit mihi,* ou *est existens mihi :* et de même dans les autres impersonnels qu'on résout par *est ;* comme, *licet mihi,* pour *licitum est mihi. Oportet orare,* pour *opus est orare,* etc.

Quant aux impersonnels passifs, *statur, curritur, vivitur,* etc. on les peut aussi résoudre par le verbe *est,* ou *fit,* ou *existit,* et le nom verbal pris d'eux-mêmes ; comme :

Statur, c'est-à-dire, *statio fit*, ou *est facta*, ou *existit*.

Curritur, cursus fit ; concurritur, concursus fit.

Vivitur, vita est, ou plutôt *vita agitur : Si sic vivitur, si vita est talis ;* si la vie est telle. *Miserè vivitur, cùm medicè vivitur :* la vie est misérable, lorsqu'elle est trop assujettie aux règles de la Médecine. Et alors *est* devient substantif, à cause de l'addition de *miserè*, qui fait l'attribut de la proposition.

Dùm servitur libidini, c'est-à-dire, *dùm servitus exhibetur libidini*, lorsqu'on se rend esclave de ses passions.

Par-là on peut conclure, ce semble, que notre langue n'a point proprement d'impersonnels ; car quand nous disons, *il faut, il est permis, il me plaît*, cet *il* est là proprement un relatif qui tient toujours lieu du nominatif du verbe, lequel d'ordinaire vient après dans le régime ; comme si je dis, *il me plaît de faire cela*, c'est-à-dire, *il de faire*, pour *l'action* ou *le mouvement de faire cela me plaît*, où *est mon plaisir :* et partant cet *il*, que peu de personnes ont compris, ce me semble, n'est qu'une espèce de pronom, pour *id*, cela, qui tient lieu du nominatif sous-entendu ou renfermé dans le sens, et le représente : de sorte qu'il est proprement pris de l'article *il* des Italiens, au lieu duquel nous disons *le ;* ou du pronom latin *ille*, d'où nous prenons aussi notre pronom de la troisième personne *il, il arme, il parle, il court*, etc.

Pour les impersonnels passifs, comme *amatur, curritur*, qu'on exprime en françois par *on aime, on court*, il est certain que ces façons de parler en notre langue sont encore moins impersonnelles, quoiqu'indéfinies; car M. de Vaugelas a déjà remarqué que cet *on* est là pour *homme*, et par conséquent il tient lieu du nominatif du verbe. Sur quoi on peut voir la Nouv. Méthode Latine, *chap. v*, sur les verbes impersonnels.

Et l'on peut encore remarquer que les verbes des effets de la nature, comme, *pluit, ningit, grandinat*, peuvent être expliqués par ces mêmes principes, en l'une et en l'autre langue: comme *pluit* est proprement un mot, dans lequel, pour abréger, on a renfermé le sujet, l'affirmation et l'attribut, au lieu de *pluvia fit*, ou *cadit*; et quand nous disons, *il pleut, il neige, il grêle*, etc. *il* est là pour le nominatif, c'est-à-dire, *pluie, neige, grêle*, etc. renfermé avec le verbe substantif *est* ou *fait*, comme qui diroit, *il pluie est, il neige se fait*, pour *id quod dicitur pluvia, est; id quod vocatur nix, fit*, etc.

Cela se voit mieux dans les façons de parler où nous joignons un verbe avec notre *il*, comme *il il fait chaud, il est tard, il est six heures, il est jour*, etc. Car c'est ce qu'on pourroit dire en italien, *il caldo fà*, quoique dans l'usage on dise simplement, *fà caldo ; œstus* ou *calor est*, ou *fit*, ou *existit ;* et partant, *il fait chaud*, c'est-à-dire, *il chaud* (*il caldo*) ou *le chaud se fait*, pour dire *existit, est :* de même qu'on dit encore, *il se fait tard, si fà tarde,* c'est-à-dire, *il tarde* (le tard ou le soir) *se fait ;* ou, comme on dit en quelques provinces, *il s'en va tard*, pour *il tarde, le tard s'en va venir*, c'est-à-dire, *la nuit approche :* et de même, *il est jour*, c'est-à-dire, *il jour* (ou le jour) *est. Il est six heures*, c'est-à-dire, *il temps, six heures, est ; le temps, ou la partie du jour appelée six heures, est ;* et ainsi des autres.

CHAPITRE XX.

Des Participes.

Les participes sont de vrais noms adjectifs, et ainsi ce ne seroit pas le lieu d'en parler ici, si ce n'étoit à cause de la liaison qu'ils ont avec les verbes.

Cette liaison consiste, comme nous avons dit, en ce qu'ils signifient la même chose que le verbe, hors l'affirmation, qui en est ôtée, et le désignation des trois différentes personnes, qui suit l'affirmation. C'est pourquoi en l'y remettant, on fait la même chose par le participe que par le verbe; comme *amatus sum* est la même chose qu'*amor ;* et *sum amans*, qu'*amo :* et cette façon de parler par le participe, est plus ordinaire en grec et en hébreu, qu'en latin, quoique Cicéron s'en soit servi quelquefois.

Ainsi, ce que le participe retient du verbe, est l'attribut, et de plus, la désignation du temps, y ayant des participes du présent, du prétérit et du futur, principalement en grec. Mais cela même ne s'observe pas toujours, un même participe se joignant souvent à toutes sortes de temps : par exemple, le participe passif *amatus*, qui passe chez la plupart des Grammairiens pour le prétérit, est souvent du présent et du futur, comme *amatus sum, amatus ero :* et au contraire, celui du présent, comme *amans*, est assez souvent prétérit. *Apri inter se dimicant, indurantes attritu arborum costas.* Plin. c'est-à-dire, *postquàm induravére*, et semblables. Voyez Nouv. Méth. Lat. *Remarques sur les Participes.*

Il y a des participes actifs, et d'autres passifs : les actifs en latin se terminent en *ans* et *ens*, *amans, docens ;* les passifs en *us, amatus, doctus*, quoiqu'il y en ait quelques-uns de ceux-ci qui sont actifs; savoir, ceux des verbes déponens, comme *locutus*. Mais il y en a encore qui ajoutent à cette signification passive, *que cela doit être, qu'il faut que cela soit,* qui sont les participes en *dus ; amandus, qui doit être aimé :* quoique quelquefois cette dernière signification se perde presque toute.

Ce qu'il y a de propre au participe des verbes actifs, c'est qu'il signifie l'action du verbe, comme elle est dans le verbe, c'est-à-dire, dans le cours de l'action même; au lieu que les noms verbaux, qui signifient aussi des actions, les signifient plutôt dans l'habitude, que non pas dans l'acte. D'où vient que les participes ont le même régime que le verbe, *amans Deum ;* au lieu que les noms verbaux n'ont le régime que des noms, *amator Dei.* Et le participe même rentre dans ce dernier régime des noms, lorsqu'il signifie plus l'habitude que l'acte du verbe, parce qu'alors il a la nature d'un simple nom verbal, comme, *amans virtutis.*

CHAPITRE XXI.

Des Gérondifs et Supins.

Nous venons de voir qu'ôtant l'affirmation aux verbes, on fait des participes actifs et passifs, qui sont des noms adjectifs, retenant le régime du verbe, au moins dans l'actif.

Mais il s'en fait aussi en latin deux noms substantifs ; l'un en *dum,* appelé gérondif, qui a divers cas, *dum, di, do, amandum, amandi, amando,* mais qui n'a qu'un genre et un nombre ; en quoi il diffère du participe en *dus, amandus, amanda, amandum.*

Et un autre en *um,* appelé supin, qui a aussi deux cas, *um, u, amatum, amatu,* mais qui n'a point non plus de diversité ni de genre, ni de nombre, en quoi il diffère du participe en *us, amatus, amata, amatum.*

Je sais bien que les Grammairiens sont très-empêchés à expliquer la nature du gérondif, et que de très-habiles ont cru que c'étoit un adjectif passif, qui avoit pour substantif l'infinitif du verbe ; de sorte qu'ils prétendent, par exemple, que *tempus est legendi libros* ou *librorum* (car l'un et l'autre se dit) est comme s'il y avoit, *tempus est legendi*, τȣ̃ *legere*, *libros*, vel *librorum*, en sorte qu'il y ait deux oraisons ; savoir, *tempus legendi*, τȣ̃ *legere*, qui est de l'adjectif et du substantif, comme s'il y avoit *legendæ lectionis* ; et *legere libros*, qui est du nom verbal qui gouverne alors le cas de son verbe, ou qui, comme substantif, gouverne le génitif, lorsque l'on dit *librorum* pour *libros*. Mais, tout considéré, je ne vois point que ce tour soit nécessaire.

Car 1. comme ils disent de *legere*, que c'est un nom verbal substantif, qui, comme tel, peut régir, ou le génitif, ou même l'accusatif, ainsi que les anciens disoient, *curatio hanc rem : Quid tibi hanc tactio est?* Plaut. je dis la même chose de *legendum*; que c'est un nom verbal substantif, aussi bien que *legere*, et qui par conséquent peut faire tout ce qu'ils attribuent à *legere*.

2. On n'a aucun fondement de dire qu'un mot est sous-entendu, lorsqu'il n'est jamais exprimé, et qu'on ne le peut même exprimer sans que cela paroisse absurde : or, jamais on n'a vu d'infinitif joint à son gérondif, et si on disoit, *legendum est legere*, cela paroîtroit tout-à-fait absurde : donc, etc.

3. Si *legendum* gérondif étoit un adjectif passif, il ne seroit point différent du participe *legendus*. Pourquoi donc les anciens, qui savoient leur langue, ont-ils distingué les gérondifs des participes ?

Je crois donc que le gérondif est un nom substantif, qu'il est toujours actif, et qu'il ne diffère de l'infinitif considéré comme nom, que parce qu'il ajoute à la signification de l'action du verbe, une autre de nécessité, ou de devoir, comme qui diroit, l'action qui se doit faire. Ce qu'il semble qu'on ait voulu marquer par ce mot de *gérondif*, qui est pris de *gerere*, faire : d'où vient que *pugnandum est* est la même chose que *pugnare oportet* ; et notre langue qui n'a point ce gérondif, le rend par l'infinitif et un mot qui signifie devoir, *il faut combattre*.

Mais comme les mots ne conservent pas toujours toute la force pour laquelle ils ont été inventés, ce gérondif en *dum* perd souvent celle d'*oportet*, et ne conserve que celle de l'action du verbe. *Quis talia fando temperet à lachrymis ?* c'est-à-dire, *in fando* ou *in fari talia*.

Pour ce qui est du supin, je suis d'accord avec ces mêmes Grammairiens, que c'est un nom substantif qui est passif, au lieu que le gérondif, selon mon sentiment, est toujours actif ; et ainsi on peut voir ce qui en a été dit dans la Nouvelle Méthode pour la langue latine.

CHAPITRE XXII.

Des Verbes auxiliaires des langues vulgaires.

Avant que de finir les verbes, il semble nécessaire de dire un mot d'une chose qui, étant commune à toutes les langues vulgaires de l'Europe, mérite d'être traitée dans la Grammaire générale; et je suis bien aise aussi d'en parler pour faire voir un échantillon de la Grammaire françoise.

C'est l'usage de certains verbes, qu'on appelle *Auxiliaires,* parce qu'ils servent aux autres pour former divers temps, avec le participe prétérit de chaque verbe.

Il y en a deux, qui sont communs à toutes ces langues, *Être* et *Avoir.* Quelques-unes en ont encore d'autres, comme les Allemands *Werden,* devenir, ou *Wollen,* vouloir, dont le présent, étant joint à l'infinitif de chaque verbe, en fait le futur. Mais il suffira de parler des deux principaux, *être* et *avoir.*

ÊTRE.

Pour le verbe *être,* nous avons dit qu'il formoit tous les passifs, avec le participe du verbe actif, qui se prend alors passivement, *je suis aimé, j'é-*

tois aimé, etc. dont la raison est bien facile à rendre, parce que nous avons dit que tous les verbes, hors le substantif, signifient l'affirmation avec un certain attribut qui est affirmé. D'où il s'ensuit que le verbe passif, comme *amor*, signifie l'affirmation de l'amour passif; et par conséquent *aimé* signifiant cet amour passif, il est clair qu'y joignant le verbe substantif, qui marque l'affirmation, *je suis aimé, vous êtes aimé*, doit signifier la même chose qu'*amor, amaris*, en latin. Et les Latins même se servent du verbe *sum* comme auxiliaire dans tous les prétérits passifs, et tous les temps qui en dépendent, *amatus sum, amatus eram*, etc. comme aussi les Grecs en la plupart des verbes.

Mais ce même verbe *être* est souvent auxiliaire d'une autre manière plus irrégulière, dont nous parlerons après avoir expliqué le verbe.

Avoir.

L'autre verbe auxiliaire, *avoir*, est bien plus étrange, et il est assez difficile d'en donner la raison.

Nous avons déja dit que tous les verbes, dans les langues vulgaires, ont deux prétérits; l'un indéfini, qu'on peut appeler aoriste, et l'autre défini. Le premier se forme comme un autre temps; *j'aimai, je sentis, je vis*.

Mais l'autre ne se forme que par le participe prétérit, *aimé*, *senti*, *vu*, et le verbe *avoir*, *j'ai aimé*, *j'ai senti*, *j'ai vu*.

Et non-seulement ce prétérit, mais tous les autres temps qui, en latin, se forment du prétérit, comme d'*amavi*, *amaveram*, *amaverim*, *amavissem*, *amavero*, *amavisse*; *j'ai aimé*, *j'avois aimé*, *j'aurois aimé*, *j'eusse aimé*, *j'aurai aimé*, *avoir aimé*.

Et le verbe même *avoir* n'a ces sortes de temps que par lui-même, comme auxiliaire, et son participe *eu*; *j'ai eu*, *j'avois eu*, *j'eusse eu*, *j'aurois eu*. Mais le prétérit *j'avois eu*, ni le futur *j'aurai eu*, ne sont pas auxiliaires des autres verbes : car on dit bien, *si-tôt que j'ai eu dîné*, *quand j'eusse eu* ou *j'aurois eu dîné*; mais on ne dit pas, *j'avois eu dîné*, ni *j'aurai eu dîné*, mais seulement *j'avois dîné*, *j'aurai dîné*, etc.

Le verbe *être*, de même, prend ces mêmes temps, d'*avoir*, et de son participe *été*; *j'ai été*, *j'avois été*, etc.

En quoi notre langue est différente des autres, les Allemands, les Italiens et les Espagnols faisant le verbe *être* auxiliaire à lui-même dans ces temps-là; car ils disent, *sono stato*, *je suis été*; ce qu'imitent les Walons, qui parlent mal françois.

Or, comment les temps du verbe *avoir* servent

à en former d'autres en d'autres verbes, on l'apprendra dans cette table.

Temps du verbe AVOIR. Avoir, ayant, eu.		Temps qu'ils forment dans les autres verbes étant auxiliaires.	
Présent.	J'ai. j'aie.	Prétérit parfait.	1. J'ai dîné. 2. quoique j'aie dîné.
Imparfait.	j'avois. j'eusse. j'aurois.	Plus-que-parfait	1. j'avois dîné. 2. si j'eusse dîné. 3. quand j'aurois dîné. 4. quand j'eus dîné, *indéfini*. 5. quand j'ai eu dîné, *défini*. 6. quand j'eusse ou j'aurois eu dîné, *conditionnel*.
Aoriste.	j'eus.		
Prétérit parfait simple.	j'ai eu.		
Prétérit conditionnel.	j'eusse eu. j'aurois eu.		
Futur.	j'aurai.	Futur parfait ou du subjonctif.	quand j'aurai dîné.
Infinitif présent.	avoir.	Infinitif du prétérit.	après avoir dîné.
Participe présent.	ayant.	Partic. prétérit.	ayant dîné.

Mais si cette façon de parler, de toutes les langues vulgaires, qui paroît être venue des Allemands, est assez étrange en elle-même, elle ne l'est pas moins dans la construction avec les noms qui se joignent à ces prétérits formés par ces verbes auxiliaires et le participe.

Car 1°. le nominatif du verbe ne cause aucun changement dans le participe; c'est pourquoi l'on dit aussi bien au pluriel qu'au singulier, et au masculin qu'au féminin, *il a aimé, ils ont aimé, elle a aimé, elles ont aimé*, et non point, *ils ont aimés, elle a aimée, elles ont aimées*.

2°. L'accusatif que régit ce prétérit, ne cause point aussi le changement dans le participe lorsqu'il le suit, comme c'est le plus ordinaire : c'est pourquoi il faut dire, *il a aimé Dieu, il a aimé l'Eglise, il a aimé les livres, il a aimé les sciences;* et non point, *il a aimée l'Eglise,* ou *aimés les livres,* ou *aimées les sciences.*

3°. Mais quand cet accusatif précède le verbe auxiliaire (ce qui n'arrive guère en prose que dans l'accusatif du relatif ou du pronom) ou même quand il est après le verbe auxiliaire, mais avant le participe (ce qui n'arrive guère qu'en vers), alors le participe se doit accorder en genre et en nombre avec cet accusatif. Ainsi il faut dire, *la lettre que j'ai écrite, les livres que j'ai lus, les sciences que j'ai apprises :* car *que* est pour *laquelle* dans le premier exemple, pour *lesquels* dans le second, et pour *lesquelles* dans le troisième. Et de même : *J'ai écrit la lettre, et je l'ai envoyée,* etc. *j'ai acheté des livres, et je les ai lus.* On dit de même en vers : *Dieu dont nul de nos maux n'a les grâces bornées,* et non pas *borné,* parce que l'accusatif *grâces* précède le participe, quoiqu'il suive le verbe auxiliaire.

Il y a néanmoins une exception de cette règle, selon M. de Vaugelas, qui est que le participe demeure indéclinable, encore qu'il soit après le verbe auxiliaire et son accusatif, lorsqu'il précède son nominatif; comme, *la peine que m'a donné cette affaire ; les soins que m'a donné ce procès*, et semblables.

Il n'est pas aisé de rendre raison de ces façons de parler : voilà ce qui m'en est venu dans l'esprit pour le françois, que je considère ici principalement.

Tous les verbes de notre langue ont deux participes ; l'un en *ant*, et l'autre en *é, i, u*, selon les diverses conjugaisons, sans parler des irréguliers, *aimant, aimé ; écrivant, écrit ; rendant, rendu*.

Or on peut considérer deux choses dans les participes ; l'une, d'être vrais noms adjectifs, susceptibles de genres, de nombres et de cas ; l'autre, d'avoir, quand ils sont actifs, le même régime que le verbe : *amans virtutem*. Quand la première condition manque, on appelle les participes *gérondifs ;* comme, *amandum est virtutem :* quand la seconde manque, on dit alors que les participes actifs sont plutôt des noms verbaux que des participes.

Cela étant supposé, je dis que nos deux participes *aimant* et *aimé*, en tant qu'ils ont le même régime que le verbe, sont plutôt des gérondifs que des participes : car M. de Vaugelas a déja remarqué que le participe en *ant*, lorsqu'il a le régime du verbe, n'a point de féminin, et qu'on ne dit point, par exemple, *j'ai vu une femme lisante l'Ecriture*, mais *lisant l'Ecriture*. Que si on le met quelquefois au plurier, *j'ai vu des hommes lisans l'Ecriture*, je crois que cela est venu d'une faute dont on ne s'est pas aperçu, à cause que le son de *lisant* et de *lisans* est presque toujours le même, le *t* ni l'*s* ne se prononçant point d'ordinaire. Et je pense aussi que *lisant l'Ecriture*, est pour *en lisant l'Ecriture*, *in τω legere scripturam*; de sorte que ce gérondif en *ant* signifie l'action du verbe, de même que l'infinitif.

Or je crois qu'on doit dire la même chose de l'autre participe *aimé* ; savoir, que quand il régit le cas du verbe, il est gérondif, et incapable de divers genres et de divers nombres, et qu'alors il est actif, et ne diffère du participe, ou plutôt du gérondif en *ant*, qu'en deux choses; l'une, en ce que le gérondif en *ant* est du présent, et le gérondif en *é, i, u*, du passé; l'autre, en ce que le gérondif en *ant* subsiste tout seul, ou plutôt en sous-entendant la particule *en*, au lieu que l'autre est toujours accompagné du verbe auxiliaire *avoir*, ou de celui d'*être*, qui tient sa place en quelques rencontres, comme nous le dirons plus bas : *J'ai aimé Dieu*, etc.

Mais ce dernier participe, outre son usage d'être gérondif actif, en a un autre, qui est d'être participe passif, et alors il a les deux genres et les deux nombres, selon lesquels il s'accorde avec le substantif, et n'a point de régime : et c'est selon cet usage qu'il fait tous les temps passifs avec le verbe *être* ; *il est aimé, elle est aimée; ils sont aimés, elles sont aimées.*

Ainsi, pour résoudre la difficulté proposée, je dis que dans ces façons de parler, *j'ai aimé la chasse, j'ai aimé les livres, j'ai aimé les sciences*, la raison pourquoi on ne dit point *j'ai aimée la chasse, j'ai aimés les livres*, c'est qu'alors le mot *aimé*, ayant le régime du verbe, est gérondif, et n'a point de genre ni de nombre.

Mais dans ces autres façons de parler, *la chasse qu'il a* AIMÉE, *les ennemis qu'il a* VAINCUS, ou, *il a défait les ennemis, il les a* VAINCUS, les mots *aimée, vaincus*, ne sont pas considérés alors comme gouvernant quelque chose, mais comme étant régis eux-mêmes par le verbe *avoir*, comme qui diroit, *quam habeo amatam, quos habeo victos:* et c'est pourquoi étant pris alors pour des participes passifs qui ont des genres et des nombres, il les faut accorder en genre et en nombre avec les noms substantifs, ou les pronoms auxquels ils se rapportent.

Et ce qui confirme cette raison, est que, lors même que le relatif ou le pronom que régit le prétérit du verbe, le précède, si ce prétérit gouverne encore une autre chose après soi, il redevient gérondif et indéclinable. Car au lieu qu'il faut dire :

Cette ville que le commerce a enrichie, il faut dire : *Cette ville que le commerce a rendu puissante*, et non pas *rendue puissante ;* parce qu'alors *rendu* régit *puissante*, et ainsi est gérondif. Et quant à l'exception dont nous avons parlé ci-dessus, *page* 374, *la peine que m'a donné cette affaire*, etc. il semble qu'elle n'est venue que de ce qu'étant accoutumés à faire le participe gérondif et indéclinable, lorsqu'il régit quelque chose, et qu'il régit ordinairement les noms qui le suivent, on a considéré ici *affaire* comme si c'étoit l'accusatif de *donné*, quoiqu'il en soit le nominatif, parce qu'il est à la place que cet accusatif tient ordinairement en notre langue, qui n'aime rien tant que la netteté dans le discours et la disposition naturelle des mots dans ses expressions. Ceci se confirmera encore par ce que nous allons dire de quelques rencontres où le verbe auxiliaire *être* prend la place de celui d'*avoir*.

Deux rencontres où le Verbe auxiliaire être *prend la place de celui d'*avoir.

La première est dans tous les verbes actifs, avec le réciproque *se*, qui marque que l'action a pour sujet ou pour objet celui même qui agit, *se tuer, se voir, se connoître :* car alors le prétérit et les autres temps qui en dépendent, se forment non avec le verbe *avoir*, mais avec le verbe *être ; il s'est tué*, et non pas *il s'a tué : il s'est vu, il s'est connu*. Il est difficile de deviner d'où est venu cet usage; car les Allemands ne l'ont point, se servant en cette rencontre du verbe *avoir*, comme à l'ordinaire, quoique ce soit d'eux, apparemment, que soit venu l'usage des verbes auxiliaires pour le prétérit actif. On peut dire néanmoins que, l'action et la passion se trouvant alors dans le même sujet, on a voulu se servir du verbe *être*, qui marque plus la passion, que du verbe *avoir*, qui n'eût marqué que l'action; et que c'est comme si on disoit: *Il est tué par soi-même*.

Mais il faut remarquer que, quand le participe, comme *tué, vu, connu*, ne se rapporte qu'au réciproque *se*, encore même qu'étant redoublé, il le précède et le suive, comme quand on dit *Caton s'est tué soi-même;* alors ce participe s'accorde en genre et en nombre avec les personnes ou les choses dont on parle: *Caton s'est tué soi-même, Lucrèce s'est tuée soi-même, les Saguntins se sont tués eux-mêmes.*

Mais si ce participe régit quelque chose de différent du réciproque, comme quand je dis, *Œdipe s'est crevé les yeux;* alors le participe ayant ce régime, devient gérondif actif, et n'a plus de genre, ni de nombre; de sorte qu'il faut dire :

Cette femme s'est crevé les yeux.

Elle s'est fait peindre.
Elle s'est rendu la maîtresse.
Elle s'est rendu catholique.

Je sais bien que ces deux derniers exemples sont contestés par M. de Vaugelas, ou plutôt par Malherbe, dont il avoue néanmoins que le sentiment en cela n'est pas reçu de tout le monde. Mais la raison qu'ils en rendent, me fait juger qu'ils se trompent, et donne lieu de résoudre d'autres façons de parler où il y a plus de difficulté.

Ils prétendent donc qu'il faut distinguer quand les participes sont actifs, et quand ils sont passifs; ce qui est vrai : et ils disent que, quand ils sont passifs, ils sont indéclinables; ce qui est encore vrai. Mais je ne vois pas que dans ces exemples, *elle s'est rendu* ou *rendue la maîtresse, nous nous sommes rendu* ou *rendus maîtres*, on puisse dire que ce participe *rendu* est passif, étant visible au contraire qu'il est actif, et que ce qui semble les avoir trompés, est qu'il est vrai que ces participes sont passifs, quand ils sont joints avec le verbe *être* ; comme quand on dit, *il a été rendu maître:* mais ce n'est que quand le verbe *être* est mis pour lui-même, et non pas quand il est mis pour celui d'*avoir*, comme nous avons montré qu'il se mettoit avec le pronom réciproque *se*.

Ainsi l'observation de Malherbe ne peut avoir lieu que dans d'autres façons de parler, où la signification du participe, quoiqu'avec le pronom réciproque *se*, semble tout-à-fait passive; comme quand on dit, *elle s'est trouvé* ou *trouvée morte;* et alors il semble que la raison voudroit que le participe fût déclinable, sans s'amuser à cette autre observation de Malherbe, qui est de regarder si ce participe est suivi d'un nom ou d'un autre participe : car Malherbe veut qu'il soit indéclinable quand il est suivi d'un autre participe, et qu'ainsi il faille dire, *elle s'est trouvé morte;* et déclinable quand il est suivi d'un nom, à quoi je ne vois guère de fondement.

Mais ce que l'on pourroit remarquer, c'est qu'il semble qu'il soit souvent douteux dans ces façons de parler par le réciproque, si le participe est actif ou passif; comme quand on dit, *elle s'est trouvé* ou *trouvée malade : elle s'est trouvé* ou *trouvée guérie.* Car cela peut avoir deux sens; l'un, qu'elle a été trouvée malade ou guérie par d'autres; et l'autre, qu'elle se soit trouvé malade ou guérie elle-même. Dans le premier sens, le participe seroit passif, et par conséquent déclinable; dans le second, il seroit actif, et par conséquent indéclinable; et l'on ne peut pas douter de cette remarque, puisque lorsque la phrase détermine assez le sens, elle détermine aussi la construction. On dit, par exemple : *Quand le médecin est venu, cette femme s'est trouvée morte*, et non pas *trouvé*, parce que c'est-à-dire qu'elle a été trouvée morte par le médecin, et par ceux qui étoient présens, et non pas qu'elle a trouvé elle-même qu'elle étoit morte. Mais si je dis au contraire: *Madame s'est trouvé mal ce matin*, il faut dire *trouvé*, et non point *trouvée*, parce qu'il est clair que l'on veut dire que c'est elle-même qui a trouvé et senti qu'elle étoit mal, et que partant la phrase est active dans le sens : ce qui revient à la règle générale que nous avons donnée, qui est de ne rendre le participe gérondif et indéclinable que quand il régit, et toujours déclinable quand il ne régit point.

Je sais bien qu'il n'y a encore rien de fort arrêté dans notre langue, touchant ces dernières façons de parler; mais je ne vois rien qui soit plus utile, ce me semble, pour les fixer, que de s'arrêter à cette considération de régime, au moins dans toutes les rencontres où l'usage n'est pas entièrement déterminé et assuré.

L'autre rencontre où le verbe *être* forme les prétérits au lieu d'*avoir*, est en quelques verbes intransitifs, c'est-à-dire, dont l'action ne passe point hors de celui qui agit, comme *aller, partir, sortir, monter, descendre, arriver, retourner*. Car on dit, *il est allé, il est parti, il est sorti, il est monté, il est descendu, il est arrivé, il est retourné*, et non pas, *il a allé, il a parti*, etc. D'où vient aussi qu'alors le participe s'accorde en nombre et en genre avec le nominatif du verbe : *Cette femme est allée à Paris*, *elles sont allées*, *ils sont allés*, etc.

Mais lorsque quelques-uns de ces verbes d'intransitifs deviennent transitifs et proprement actifs, qui est lorsqu'on y joint quelque mot qu'ils doivent régir, ils reprennent le verbe *avoir* ; et le participe étant gérondif, ne change plus de genre, ni de nombre. Ainsi l'on doit dire : *Cette femme a monté la montagne*, et non pas *est monté*, ou *est montée*, ou *a montée*. Que si l'on dit quelquefois, *il est sorti le royaume*, c'est par une ellipse ; car c'est pour *hors le royaume*.

CHAPITRE XXIII.

Des Conjonctions et Interjections.

La seconde sorte de mots qui signifient la forme de nos pensées, et non pas proprement les objets de nos pensées, sont les conjonctions, comme *et, non, vel, si, ergò*, et, non, ou, si, donc. Car si on y fait bien réflexion, on verra que ces particules ne signifient que l'opération même de notre esprit, qui joint ou disjoint les choses, qui les nie, qui les considère absolument, ou avec condition. Par exemple, il n'y a point d'objet dans le monde hors de notre esprit, qui réponde à la particule *non :* mais il est clair qu'elle ne marque autre chose que le jugement que nous faisons qu'une chose n'est pas une autre.

De même *ne*, qui est en latin la particule de l'interrogation, *aïs-ne?* dites-vous ? n'a point d'objet hors de notre esprit, mais marque seulement le mouvement de notre ame, par lequel nous souhaitons de savoir une chose.

Et c'est ce qui fait que je n'ai point parlé du pronom interrogatif, *quis, quœ, quid?* parce que ce n'est autre chose qu'un pronom, auquel est jointe la signification de *ne :* c'est-à-dire, qui, outre qu'il tient la place d'un nom, comme les autres pronoms, marque de plus ce mouvement de notre ame qui veut savoir une chose, et qui demande d'en être instruite. C'est pourquoi nous voyons que l'on se sert de diverses choses pour marquer ce mouvement. Quelquefois cela ne se connoît que par l'inflexion de la voix, dont l'écriture avertit par une petite marque qu'on appelle la marque de l'interrogation, et que l'on figure ainsi (?).

En françois nous signifions la même chose, en mettant les pronoms, *je, vous, il, ce,* après les personnes des verbes; au lieu que dans les façons de parler ordinaires, ils sont avant. Car si je dis, *j'aime, vous aimez, il aime, c'est,* cela signifie l'affirmation ; mais si je dis, *aimé-je ? aimez-vous? aime-t-il ? est-ce ?* cela signifie l'interrogation : d'où il s'ensuit, pour le marquer en passant, qu'il faut dire, *sens-je, lis-je ?* et non pas, *senté-je, lisé-je ?* parce qu'il faut toujours prendre la personne que vous voulez employer, qui est ici la première, *je sens, je lis,* et transporter son pronom pour en faire un interrogant.

Et il faut prendre garde que lorsque la première personne du verbe finit par un *e* féminin, comme *j'aime, je pense,* alors cet *e* féminin se change en masculin dans l'interrogation, à cause de *je* qui le suit, et dont l'*e* est encore féminin, parce que notre langue n'admet jamais deux *e* féminins de suite à la fin des mots. Ainsi il faut dire *aimé-je, pensé-je, manqué-je ?* et au contraire il faut dire, *aimes-tu, pense-t-il, manque-t-il ?* et semblables.

Des Interjections.

Les interjections sont des mots qui ne signifient aussi rien hors de nous ; mais ce sont seulement des voix plus naturelles qu'artificielles, qui marquent les mouvemens de notre ame, comme, *ah! ô! heu! hélas !* etc.

CHAPITRE XXIV.

De la Syntaxe, ou Construction des Mots ensemble.

Il reste à dire un mot de la syntaxe, ou construction des mots ensemble, dont il ne sera pas difficile de donner des notions générales, suivant les principes que nous avons établis.

La construction des mots se distingue généralement en celle de convenance, quand les mots doivent convenir ensemble, et en celle de régime, quand l'un des deux cause une variation dans l'autre.

La première, pour la plus grande partie, est la même dans toutes les langues, parce que c'est une suite naturelle de ce qui est en usage presque partout, pour mieux distinguer le discours.

Ainsi la distinction des deux nombres, singulier et pluriel, a obligé d'accorder le substantif avec l'adjectif en nombre, c'est-à-dire, de mettre l'un au singulier ou au pluriel, quand l'autre y est ; car le substantif étant le sujet qui est marqué confusément, quoique directement, par l'adjectif, si le mot substantif marque plusieurs, il y a plusieurs sujets de la forme marquée par l'adjectif, et par conséquent il doit être au pluriel; *homines docti*, hommes doctes.

La distinction du féminin et du masculin a obligé de même de mettre en même genre le substantif et l'adjectif, ou l'un et l'autre quelquefois au neutre, dans les langues qui en ont; car ce n'est que pour cela qu'on a inventé les genres.

Les verbes, de même, doivent avoir la convenance des nombres et des personnes avec les noms et les pronoms.

Que s'il se rencontre quelque chose de contraire en apparence à ces règles, c'est par figure, c'est-à-dire, en sous-entendant quelque mot, ou en considérant les pensées plutôt que les mots mêmes, comme nous le dirons ci-après.

La syntaxe de régime, au contraire, est presque toute arbitraire, et par cette raison se trouve très-différente dans toutes les langues : car les unes font les régimes par les cas ; les autres, au lieu de cas, ne se servent que de petites particules qui en tiennent lieu, et qui ne marquent même que peu de ces cas; comme en françois et en espagnol on n'a que *de* et *à* qui marquent le génitif et le datif; les Italiens y ajoutent *da* pour l'ablatif. Les autres cas n'ont point de particules, mais le simple article, qui même n'y est pas toujours.

On peut voir sur ce sujet ce que nous avons dit ci-dessus des prépositions et des cas.

Mais il est bon de remarquer quelques maximes générales, qui sont de grand usage dans toutes les langues.

La première, qu'il n'y a jamais de nominatif qui n'ait rapport à quelque verbe exprimé ou sous-entendu, parce que l'on ne parle pas seulement pour marquer ce que l'on conçoit, mais pour exprimer ce que l'on pense de ce que l'on conçoit, ce qui se marque par le verbe.

La deuxième, qu'il n'y a point aussi de verbe qui n'ait son nominatif exprimé ou sous-entendu, parce que le propre du verbe étant d'affirmer, il faut qu'il y ait quelque chose dont on affirme, ce qui est le sujet ou le nominatif du verbe, quoique devant les infinitifs il soit à l'accusatif : *scio Petrum esse doctum.*

La troisième, qu'il n'y peut avoir d'adjectif qui n'ait rapport à un substantif, parce que l'adjectif marque confusément un substantif, qui est le sujet de la forme qui est marquée distinctement par cet adjectif : *Doctus, savant,* a rapport à quelqu'un qui soit savant.

La quatrième, qu'il n'y a jamais de génitif dans le discours, qui ne soit gouverné d'un autre nom ;

parce que ce cas marquant toujours ce qui est comme le possesseur, il faut qu'il soit gouverné de la chose possédée. C'est pourquoi ni en grec, ni en latin, aucun verbe ne gouverne proprement le génitif, comme on l'a fait voir dans les Nouvelles Méthodes pour ces langues. Cette règle peut être plus difficilement appliquée aux langues vulgaires, parce que la particule *de*, qui est la marque du génitif, se met souvent pour la préposition *ex* ou *de*.

La cinquième, que le régime des verbes est souvent pris de diverses espèces de rapports enfermés dans les cas, suivant le caprice de l'usage; ce qui ne change pas le rapport spécifique à chaque cas, mais fait voir que l'usage en a pu choisir tel ou tel à sa fantaisie.

Ainsi l'on dit en latin *juvare aliquem*, et l'on dit, *opitulari aliqui*, quoique ce soit deux verbes d'aider, parce qu'il a plu aux Latins de regarder le régime du premier verbe, comme le terme où passe son action, et celui du second comme un cas d'attribution, à laquelle l'action du verbe avoit rapport.

Ainsi l'on dit en françois, *servir quelqu'un*, et *servir à quelque chose*.

Ainsi, en espagnol, la plupart des verbes actifs gouvernent indifféremment le datif ou l'accusatif.

Ainsi un même verbe peut recevoir divers régimes, sur-tout en y mêlant celui des prépositions, comme *præstare alicui*, ou *aliquem*, surpasser quelqu'un. Ainsi l'on dit, par exemple, *eripere morti aliquem*, ou *mortem alicui*, ou *aliquem à morte* ; et semblables.

Quelquefois même ces divers régimes ont la force de changer le sens de l'expression, selon que l'usage de la langue l'a autorisé : car, par exemple, en latin *cavere alicui*, est veiller à sa conservation, et *cavere aliquem*, est se donner de garde de lui; en quoi il faut toujours consulter l'usage dans toutes les langues.

Des figures de construction.

CE que nous avons dit ci-dessus de la syntaxe, suffit pour en comprendre l'ordre naturel, lorsque toutes les parties du discours sont simplement exprimées, qu'il n'y a aucun mot de trop ni de trop peu, et qu'il est conforme à l'expression naturelle de nos pensées.

Mais parce que les hommes suivent souvent plus

le sens de leurs pensées, que les mots dont ils se servent pour les exprimer, et que souvent, pour abréger, ils retranchent quelque chose du discours, ou bien que, regardant à la grace, ils y laissent quelque mot qui semble superflu, ou qu'ils en renversent l'ordre naturel; de-là est venu qu'ils ont introduit quatre façons de parler, qu'on nomme *figurées*, et qui sont comme autant d'irrégularités dans la Grammaire, quoiqu'elles soient quelquefois des perfections et des beautés dans la langue.

Celle qui s'acccorde plus avec nos pensées, qu'avec les mots du discours, s'appelle Syllepse, ou *Conception*; comme quand je dis, *il est six heures :* car, selon les mots, il faudroit dire, *elles sont six heures*, comme on le disoit même autrefois, et comme on dit encore, ils sont six, huit, dix, quinze hommes, etc. Mais parce que ce que l'on prétend n'est que de marquer un temps précis, et une seule de ces heures, savoir, la sixième, ma pensée qui se jette sur celle-là, sans regarder aux mots, fait que je dis, *il est six heures*, plutôt, qu'*elles sont six heures*.

Et cette figure fait quelquefois des irrégularités contre les genres; comme *ubi est scelus qui me perdidit ?* contre les nombres, comme, *turba ruunt ;* contre les deux ensemble, comme, *pars mersi tenuére ratem,* et semblables.

Celle qui retranche quelque chose du discours, s'appelle Ellypse, ou *Défaut;* car quelquefois on sous-entend le verbe, ce qui est très-ordinaire en hébreu, où le verbe substantif est presque toujours sous-entendu ; quelquefois le nominatif, comme *pluit,* pour *Deus,* ou *natura pluit;* quelquefois le substantif, dont l'adjectif est exprimé : *paucis te volo,* sup. *verbis alloqui ;* quelquefois le mot qui en gouverne un autre, comme : *est Romæ,* pour *est in urbe Romæ ;* et quelquefois celui qui est gouverné, comme *faciliùs reperias,* (sup. *homines*) *Romam proficiscantur, quàm qui Athenas.* Cic.

La façon de parler qui a quelques mots de plus qu'il ne faut, s'appelle Pléonasme, ou *Abondance:* comme, *vivere vitam, magis major,* etc.

Et celle qui renverse l'ordre naturel du discours, s'appelle Hyperbate, ou *Renversement.*

On peut voir des exemples de toutes ces figures dans les Grammaires des langues particulières, et sur-tout dans les Nouvelles Méthodes que l'on a faites pour la grecque et pour la latine, où on en a parlé assez amplement.

J'ajouterai seulement qu'il n'y a guère de langue qui use moins de ces figures que la nôtre, parce qu'elle aime particulièrement la netteté, et à exprimer les choses, autant qu'il se peut, dans l'ordre le plus naturel et le plus désembarrassé, quoiqu'en même temps elle ne cède à aucune en beauté ni en élégance.

COMMENTAIRE
DE M. DUCLOS.

PREMIÈRE PARTIE.
CHAPITRE PREMIER.

Les Grammairiens reconnoissent plus ou moins de sons dans une langue, selon qu'ils ont l'oreille plus ou moins sensible, et qu'ils sont plus ou moins capables de s'affranchir du préjugé.

Ramus avoit déja remarqué dix voyelles dans la langue françoise, et MM. de P. R. ne diffèrent de lui sur cet article, qu'en ce qu'ils ont senti que *au* n'étoit autre chose qu'un *o* écrit avec deux caractères; aigu et bref dans *Paul*, grave et long dans h*au*teur. Ce même son simple s'écrit avec trois ou quatre caractères, dont aucun n'en est le signe propre; par exemple, dans tomb*eau*, dont les trois caractères de la dernière syllabe ne font qu'un *ŏ* aigu et bref, et dans tomb*eaux*, dont les quatre derniers caractères ne représentent que le son d'un *ô* grave et long que P. R. a substitué à l'*au* de Ramus. Notre orthographe est pleine de ces combinaisons fausses et inutiles. Il est assez singulier que l'abbé *de Dangeau*, qui avoit réfléchi avec esprit sur les sons de la langue, et qui connoissoit bien la Grammaire de P. R., ait fait la même méprise que Ramus sur le son *au*, tandis que *Wallis*, un étranger, ne s'y est pas mépris. C'est que *Wallis* ne jugeoit les sons que d'oreille, et l'on n'en doit juger que de cette manière, en oubliant absolument celle dont ils s'écrivent.

MM. de P. R. n'ont pas marqué toutes les voyelles qu'ils pouvoient aisément reconnoître dans notre langue; ils n'ont rien dit des nasales. Les Latins en avoient quatre finales, qui terminent les mots *Romam*, *urbem*, *sitim*, *templum*, et autres semblables. Ils les regardoient si bien comme des voyelles, que dans les vers ils en faisoient l'élision devant la voyelle initiale du mot suivant. Ils pouvoient aussi avoir l'*o* nasal, tel que dans *bombus*, *pondus*, etc., mais il n'étoit jamais final, au lieu que les quatre autres nasales étoient initiales, médiales et finales.

Je dis qu'ils pouvoient avoir l'*o* nasal; car pour en être sûr, il faudroit qu'il y eût des mots purement latins, terminés en *om* ou *on*, faisant élision avec la voyelle initiale d'un mot suivant, et je ne connois cette terminaison que dans la négation *non*, qui ne fait pas élision. Si l'on trouve quelquefois *servom* pour *servum*, *com* pour *cum*, etc., on trouve aussi dans quelques éditions un *u* au-dessus de l'*o*, pour faire voir que ce ne sont que deux manières d'écrire le même son, ce qui ne feroit pas une nasale de plus. Nous ne sommes pas en état de juger de la prononciation des langues mortes. La lettre *m* qui suit une voyelle avec laquelle elle s'unit, est toujours la lettre caractéristique des nasales finales des Latins. A l'égard des nasales initiales et médiales, ils faisoient le même usage que nous des lettres *m* et *n*.

Nous avons quatre nasales qui se trouvent dans *ban*, *bien*, *bon*, *brun*. L'*u* nasal se prononce toujours *eun*; c'est un *eu* nasal. Il faut observer que nous ne considérons ici nos nasales que relativement au son, et non pas à l'orthographe, parce qu'une même nasale s'écrit souvent d'une manière très-différente. Par exemple, l'*a* nasal s'écrit différemment dans *an*tre et dans *em*brasser. L'*e* nasal s'écrit de cinq manières différentes, p*ain*, b*ien*, fr*ein*, f*aim*, v*in*. Notre orthographe est si vicieuse, qu'il n'y faut avoir aucun égard en parlant des sons de la langue; on ne doit consulter que l'oreille.

Plusieurs Grammairiens admettent un *i* nasal, encore le bornent-ils à la syllabe initiale et négative qui répond à l'*a privatif* des Grecs, comme *in*grat, *in*juste, *in*fidèle, etc.; mais c'est un son provincial qui n'est d'usage ni à la cour, ni à la ville. Il est vrai que l'*i* nasal s'est introduit au théâtre, mais il n'en est pas moins vicieux, puisqu'il n'est pas autorisé par le bon usage, auquel le théâtre est obligé de se conformer, comme la chaire et le barreau. On prononce assez généralement bien au théâtre; mais il ne laisse pas de s'y trouver quelques prononciations vicieuses, que certains acteurs tiennent de leur province ou d'une mauvaise tradition. L'*in* négatif n'est jamais nasal, lorsqu'il est suivi d'une voyelle; alors l'*i* est pur, et le *n* modifie la voyelle suivante. Exemple, i-nutile, i-noui, i-nattendu, etc. Lorsque le son est nasal, comme dans *in*constant, *in*grat, etc., c'est un *e* nasal pour l'oreille, quoiqu'il soit écrit avec un *i*; ainsi on doit prononcer *ain*constant, *ain*grat.

Si nous joignons nos quatre nasales aux dix voyelles reconnues par MM. de P. R., il y en aura déjà quatorze; mais puisqu'ils distinguent trois *e* et deux *o*, pourquoi n'admettoient-ils pas deux *a*, l'un grave et l'autre aigu, comme dans *pâte*, *massa farinacea*, et păte, *pes*; et deux *eu*, comme dans *jeûne*, *jejunium*, et jeŭne, *juvenis*? L'aigu et le grave diffèrent par le son, indépendamment de leur quantité. On doit encore faire à l'égard de l'*e* ouvert la même distinction du grave et de l'aigu, tels qu'ils sont dans *tête* et *tĕte*. Ainsi nous avons au moins quatre *e* différens; *e* fermé dans *bonté*, *e* ouvert grave dans *tête*, *caput*, ouvert aigu dans *tĕte*, *uber*, *e* muet dans la dernière syllabe de *tombe*. L'*e* muet n'est proprement que la voyelle *eu*, sourde et affoiblie. J'en pourrois conter un cinquième, qui est moyen entre l'*é* fermé et l'*è* ouvert bref. Tel est le second *e* de *préfère*, et le premier de *succède*; mais n'étant pas aussi sensible que les autres *e*, il ne seroit pas généralement admis. Cependant il se rencontre assez souvent, et deviendra peut-être encore plus usité qu'il ne l'est.

Je me permettrai ici une réflexion sur le penchant que nous avons à rendre notre langue molle, efféminée et monotone. Nous avons raison d'éviter la rudesse dans la prononciation, mais je crois que nous tombons trop dans le défaut opposé. Nous prononcions autrefois beaucoup plus de diphtongues qu'aujourd'hui; elles se prononçoient dans les temps des verbes, tels que j'a*vois*, j'au*rois*, et dans plusieurs noms, tels que Fran*çois*, Ang*lois*, Polon*ois*, au lieu que nous prononçons aujourd'hui j'a*vès*, j'au*rès*, Français, Ang*lès*, Polon*ès*. Cependant ces diphtongues mettoient de la force et de la variété dans la prononciation, et la sauvoient d'une espèce de monotonie qui vient, en partie, de notre multitude d'*e* muets.

La même négligence de prononciation fait que plusieurs *e* qui originairement étoient accentués, deviennent insensiblement ou muets, ou moyens. Plus un mot est manié, plus la prononciation en devient foible. On a dit autrefois roine, et non pas reine, et de nos jours Charo*lois* est devenu Charo*lès*, harn*ois* a fait harn*ès*. Ce qu'on appelle parmi nous la *société*, et ce que les anciens n'auroient appelé que *coterie*, décide aujourd'hui de la langue et des mœurs. Dès qu'un mot est quelque temps en usage chez *le peuple des gens du monde*, la prononciation s'en amollit. Si nous étions dans une relation aussi habituelle d'affaires, de guerre et de commerce avec les Suédois et les Danois qu'avec les Anglois, nous prononcerions bientôt Dan*ès* et Suéd*ès*, comme nous disons Angl*ès*. Avant que Henri III devînt roi de Pologne, on disoit les Polon*ois* ; mais ce nom ayant été fort répété dans la conversation, et dans ce temps-là, et depuis, à l'occasion des élections, la prononciation s'en est affoiblie. Cette nonchalance dans la prononciation, qui n'est pas incompatible avec l'impatience de s'exprimer, nous fait altérer jusqu'à la nature des mots, en les coupant de façon que le sens n'en est plus reconnoissable. On dit, par exemple, aujourd'hui proverbialement, en dépit de lui et de *ses dens*, au lieu de *ses aidans*. Nous avons plus qu'on ne croit de ces mots raccourcis ou altérés par l'usage.

Notre langue deviendra insensiblement plus propre pour la conversation que pour la tribune, et la conversation donne le ton à la chaire, au barreau et au théâtre ; au lieu que chez les Grecs et chez les Romains, la tribune ne s'y asservissoit pas. Une prononciation soutenue et une prosodie fixe et distincte, doivent se conserver particulièrement chez des peuples qui sont obligés de traiter publiquement des matières intéressantes pour tous les auditeurs, parce que, toutes choses égales d'ailleurs, un orateur dont la prononciation est ferme et variée, doit être entendu de plus loin qu'un autre qui n'auroit pas les mêmes avantages dans sa langue, quoiqu'il parlât d'un ton aussi élevé. Ce seroit la matière d'un examen assez philosophique, que d'observer dans le fait et de montrer par des exemples combien le caractère, les mœurs et les intérêts d'un peuple influent sur sa langue.

Pour revenir à notre sujet, nous avons donc au moins dix-sept voyelles.

â grave.	pâle.	u.	vertu.
a aigu.	păte.	eû grave.	jeûne.
ê ouvert grave.	tête.	eu aigu.	jeune.
		ou.	sou.
è ouvert aigu.	tĕte.	NASALES.	
		an.	ban, lent.
é fermé.	bonté.	en.	bien, pain,
e muet.	tombe.		frein, faim,
i.	ici.		vin.
ô grave.	côte.	on.	bon.
o aigu.	cŏte.	eun.	brun, à jeun.

Il faut remarquer que l'*i*, l'*u*, l'*ou* et l'*é* fermé sont susceptibles de différente quantité, comme toutes les autres voyelles, mais non pas de modification plus ou moins grave ; ce qui pourroit les faire nommer petites voyelles, par opposition aux grandes *a*, *è* ouvertes ; *o*, *eu*, qui, indépendamment de la quantité, peuvent être aiguës, graves et nasales. L'*e* muet est la cinquième petite voyelle.

OBSERVATIONS.

Les remarques de M. Duclos sur les différentes sortes de voyelles françoises sont pleines de sagacité et de justesse. Il se plaint de l'irrégularité de notre orthographe, et de la mollesse qu'une certaine classe de la société a introduite dans la langue, en adoucissant trop la prononciation de quelques diphtongues. Les tentatives que l'on a faites pour réformer entièrement l'orthographe françoise, ont toujours été

inutiles. Outre qu'il est impossible de changer subitement les anciennes habitudes d'un peuple, en supposant même qu'une innovation de ce genre pût réussir, quel inconvénient n'en résulteroit-il pas? Il faudroit brûler tous les anciens livres, ou si l'on vouloit les conserver, il naîtroit de la lecture des anciennes et des nouvelles éditions, une confusion qui détruiroit bientôt toutes les règles précises, et qui sur-tout augmenteroit les difficultés de l'instruction des enfans. Les réformes dans l'orthographe et la prononciation d'une langue doivent se faire avec lenteur. C'est ainsi que, vers la fin du siècle de Louis XIV, on a supprimé presque insensiblement les lettres parasites, auxquelles on a suppléé par des accens; et que, lorsque la langue s'est perfectionnée, on lui a donné plus d'harmonie, en adoucissant le son barbare des imparfaits, et en substituant souvent le son de l'*e* ouvert à la diphtongue rude du mot *loi*. Je m'étendrai davantage dans une autre note sur la réformation de l'orthographe. Quant à l'influence d'une certaine classe de la société, sur la prononciation, il faut convenir que la bonne compagnie et les personnes qui avoient la prétention de bien parler, ne pouvoient choisir de meilleur modèle que la cour. C'est par cette raison que dès l'origine de l'Académie françoise, époque à laquelle cette institution étoit dans toute sa pureté, on se fit un devoir d'admettre parmi les régulateurs de la langue, un certain nombre d'hommes qui n'avoient d'autre titre que l'avantage d'approcher du monarque. « Le bon usage, dit Vaugelas, est composé non
« pas de la pluralité, mais de l'élite des voix, et c'est véritablement
« celui que l'on nomme le maître des langues, celui qu'il faut
« suivre pour bien parler. Voici donc comme on définit le bon
« usage : *C'est la façon de parler de la plus saine partie de la
« cour, conformément à la façon d'écrire de la plus saine partie
« des auteurs du temps.* »

Il est vrai qu'à la fin du dix-huitième siècle, on a beaucoup trop abusé de la faculté d'altérer la nature des mots, et qu'on a trop regardé comme tenant au *bon ton* une certaine négligence de prononciation qui détruit l'harmonie de la langue. J'ai entendu prononcer au théâtre *mame* au lieu de *madame*. L'acteur célèbre qui se permettoit ce genre de sincopes, passoit pour un modèle de diction.

Dans quelques sociétés, on a aussi trop amolli la prononciation de certains mots, auxquels le génie de la langue, et les écrits de nos grands poëtes, prescrivent de laisser leurs anciens sons. Aussi au lieu de dire *froid* on a dit *frèt*, *drèt* au lieu de *droit*, *étrèt* au lieu d'*étroit*, *endrèt* au lieu d'*endroit*, etc. Heureusement cet abus ne s'est pas étendu plus loin que les sociétés où il avoit pris naissance. Dans toutes les réformes que l'on veut faire en prononciation, il faut se prescrire, pour règle générale, de ne jamais se permettre aucun changement qui puisse altérer l'harmonie et la diction des chefs-d'œuvres de poésie.

CHAPITRE II.

1°. Il faudroit joindre au *c* le *k* et le *q* pour répondre exactement au son du *cappa* et du *caph*, parce que le *c* s'emploie pour *s* devant l'*e* et l'*i*, au lieu que le *k* garde toujours le son qui lui est propre. Il seroit même à desirer qu'on l'employât préférablement au *q*, auquel on joint un *u* presque toujours inutile, et quelquefois nécessaire, sans que rien indique le cas de necessité. On écrit, par exemple, également *qu*arante et *qu*adrature, sans qu'il y ait rien qui désigne que dans le premier mot la première syllabe est la simple voyelle *a*, et dans le second, la diphtongue *oua*. Le *k* est la lettre dont nous faisons le moins et dont nous devrions faire le plus d'usage, attendu qu'il n'a jamais d'emploi vicieux.

On doit observer que le son du *q* est plus ou moins fort dans des mots différens. Il est plus fort dans *banqueroute* que dans *banquet*, dans *quenouille* que dans *queue*. Les Grammairiens pourroient convenir d'employer le *k* pour le son fort du *q*, *kalendes*, *kenouille*, *bankeroute*; et le *q* pour le son affoibli, *queue*, *vainqueur*.

Alors le *c* qui deviendroit inutile dans notre alphabet, et
qu'il

qu'il seroit abusif d'employer pour le son du *S*, qui a son caractère propre ; le *c*, dis-je, serviroit à rendre le son du *ch*, qui n'a point de caractère dans l'alphabet.

2°. Le *g* est aussi plus ou moins fort. Il est plus fort dans *guenon* que dans *gueule*, dans *gomme* que dans *guide*.

On pourroit employer le caractère G, pour le son du G fort, en lui donnant pour dénomination dans l'alphabet, le son qu'il a dans la dernière syllabe de *bague*. On emprunteroit du grec le *gamma* Γ pour le *g* foible, et sa dénomination dans l'alphabet seroit le son qu'il a dans *gué*, *vadum*, ou dans la seconde syllabe de *baguette*. Le caractère *j*, qu'on appelle *j* consonne, prendroit la dénomination qu'on donne vulgairement au *g*; de sorte que l'on écriroit *gomme*, Γ*uide*, *anje*, et les autres mots pareils.

Je ne dois pas dissimuler que d'habiles grammairiens, en admettant la différence sensible des différens sons du *G* et du *Q*, pensent qu'elle ne vient que des voyelles auxquelles ils s'unissent; ce que je ne crois pas. Mais si le sentiment de ces grammairiens étoit adopté, on ne pourroit pas nier du moins qu'il ne fallût fixer un caractère pour le *ch*, donner au *g*, dans l'alphabet, la dénomination de *gue*, comme on le prononce dans fi*gue*, et a l'*j* consonne celle de *je*. An*je*, son*je*, etc.

3°. Nous avons trois sons mouillés, deux forts et un foible. Les deux forts sont le *gn* dans *règne*, le *ill* dans *paille*; le mouillé foible se trouve dans *aïeul*, *païen*, *faïance*, etc. C'est dans ces mots une véritable consonne quant au son, puisqu'il ne s'entend pas seul, et qu'il ne sert qu'à modifier la voyelle suivante par un mouillé foible.

Il est aisé d'observer que les enfans et ceux dont la prononciation est foible et lâche, disent *païe* pour *paille*, *Ver-*

saïes pour *Versailles*; ce qui est précisément substituer le mouillé foible au mouillé fort. Si l'on faisoit entendre l'*i* dans *aïeul* et dans *païen*, les mots seroient alors de trois syllabes physiques; on entendroit *a-i-eul*, *pa-i-en*, au lieu qu'on n'entend que *a-ïeul*, *pa-ïen* ; car on ne doit pas oublier que nous traitons ici des sons, quels que soient les caractères qui les représentent.

Pour éviter toute équivoque, il faudroit introduire dans notre alphabet le *lambda* λ comme signe du mouillé fort. Exemple, *paλe*, *Versaλe*, *fiλe*. Le mouillé foible seroit marqué par *y*, qui, par sa forme, n'est qu'un lambda λ renversé *y*. Exemple, *payen*, *ayeul*, *fayance*. On n'abuseroit plus de *y*, tantôt pour un *i*, tantôt pour deux *ii* : on écriroit *on i va*, et non pas *on y va*; *paiis*, et encore mieux *pé-is*, et non pas *pays*; *abéie*, et non pas *abaye*.

On se serviroit du *ñ* des Espagnols pour le mouillé de *règne*, *vigne*, *agneau*, etc. qu'on écriroit *rene*, *viñe*, *añeau*; comme les Espagnols en usent en écrivant *Iñès*, *España*, qu'ils prononcent *Ignès*, *Espagna*. Ceux qui sont instruits de ces matières, savent qu'il est très-difficile de faire entendre par écrit ce qui concerne les sons d'une langue; cela seroit très-facile de vive voix, pourvu qu'on trouvât une oreille juste et un esprit libre de préjugés. Au reste, ce ne sont ici que de simples vues, car il n'y auroit qu'une compagnie littéraire qui pût avoir l'autorité nécessaire pour fixer les caractères d'une langue; autorité qui seroit encore long-temps contrariée, mais qui feroit enfin la loi.

Nous avons donc trois consonnes de plus qu'on n'en

marque dans les Grammaires ; ce qui fait vingt-deux au lieu de dix-neuf.

CONSONNES.

SEPT FOIBLES.	SEPT FORTES.
b, de *bon*.	*p*, de *pont*.
d, de *don*.	*t*, de *ton*.
g, de *gueule*.	*g*, de *guenon*.
j, de *jamais*.	*ch*, de *cheval*.
c, q, de *cuiller, queue*.	*k*, de *kalendes*.
v, de *vin*.	*f*, de *fin*.
z, de *zèle*.	*s*, de *seul*.
DEUX NASALES.	DEUX LIQUIDES.
m, de *mon*.	*l*, de *lent*.
n, de *non*.	*r*, de *rond*.

TROIS MOUILLÉES.

DEUX FORTES.

ill, de *paille* ; *gn*, de *règne*.

UNE FOIBLE.

ï tréma, de *païen, aïeul*.

UNE ASPIRÉE.

h, de *héros*.

Les dix-sept voyelles et les vingt-deux consonnes font trente-neuf sons simples dans notre langue, et si l'on y joint celui de *x*, il y aura quarante sons ; mais on doit observer que cette double consonne *x* n'est point un son simple ; ce n'est qu'une abréviation de *cs* dans *axe*, de *gz* dans *exil*, de deux *ss* dans *Auxerre*, et qui s'emploie improprement pour *s* dans *baux*, *maux*, etc. C'est un *s* fort dans *six*, un *z* dans *sixième*, et un *c* dur dans *excellent* : on s'en sert enfin d'une manière si vicieuse et si inconséquente, qu'il faudroit ou supprimer ce caractère, ou en fixer l'emploi.

L'*y grec*, dans notre orthographe actuelle, est un *i* simple, quand il fait seul un mot. Exemple : il *y* a. Il est un simple signe étymologique dans *système*. Il est *ii* double dans *pays*; c'est comme s'il y avoit *pai-is*, mais dans *payer*, *royaume*, *moyen*, etc., il est voyelle et consonne quant au son, c'est-à-dire un *i* qui s'unit a l'*a*, pour lui donner le son d'un *é*, et le second jambage est un mouillé foible; c'est comme s'il y avoit *pai-ïer*, *moi-ïen*. Il est pure consonne dans *ayeul*, *payen*, *fayance*, pour ceux qui emploient l'*y* au lieu de l'*ï tréma*, qui est aujourd'hui le seul en usage, pour ces sortes de mots qu'on écrit *aïeul, païen, faïance*, etc. L'*y grec* employé pour deux *i*, devroit, dans la typographie, être marqué de deux points *ÿ*, dont le premier jambage est un *i*, et le second un mouillé foible.

L'*i tréma*, qui est un mouillé foible dans *aïeul* et autres mots pareils, est voyelle dans *Sinaï*. Tous les Grammairiens ne conviendront peut-être pas de ce troisième son mouillé, parce qu'ils ne l'ont jamais vu écrit avec un caractère donné pour consonne; mais tous les philosophes le sentiront. Un son est tel son par sa nature, et le caractère qui le désigne est arbitraire.

On pourroit bien aussi ne pas reconnoître tous les sons que je propose; mais je doute fort qu'on en exige, et qu'il y en ait actuellement dans la langue plus que je n'en ai marqué. Il peut bien se trouver encore quelques sons mixtes, sensibles à une oreille délicate et exercée; mais ils ne sont ni assez fixés, ni assez déterminés pour être comptés. C'est pourquoi je ne fais point de subdivisions d'*e* muets plus ou moins forts, parce que, si l'on donnoit à un *e* muet plus de force qu'il n'en a ordinairement, il changeroit de nature en devenant un *eu*, comme il est aisé de le remarquer dans les finales du chant. A l'égard de l'*e* muet qui répond au *scheva* des Hébreux, et qui se fait nécessairement sentir à l'oreille, quoiqu'il ne s'écrive pas, lorsqu'il y a plusieurs consonnes de suite qui se prononcent, il ne diffère des autres que par la rapidité avec laquelle il passe. Ce n'est pas comme la différence d'un son à un autre, c'est une différence de durée, telle que d'une double croche à une noire ou une blanche.

***

M. Duclos ne se borne plus à vouloir changer l'orthographe, il propose d'introduire de nouvelles lettres. On sentira facilement quelle confusion cette innovation bien inutile jetteroit dans la langue écrite. Un exemple de cette méthode suffira pour en donner une idée : *Le réñe de Carle Kint, sélèbre par tant de batales, affoiblit l'Españe Terrière, et passa komme un sonje.* Cette phrase présente l'introduction dans l'orthographe françoise du *gamma* et du *lambda* grecs, du ñ espagnol, et un nouvel emploi du *k*, du *j*, de l'*s* et du *c* françois. Comment M. Duclos n'a-t-il pas remarqué que si cette méthode étoit suivie dans les écoles, il en résulteroit un bouleversement qui dénatureroit entièrement notre langage, et que les vains efforts que l'on feroit pour la faire adopter, donneroient encore plus de difficulté à l'enseignement de l'orthographe. On ne sauroit trop le répéter, l'usage et l'habitude sont les seuls régulateurs d'une langue, et les changemens ne doivent être proposés qu'avec beaucoup de circonspection, sur-tout quand cette langue est fixée.

M. Duclos pense qu'une compagnie littéraire pourroit avoir assez d'autorité pour fixer ainsi les caractères de la langue. Une grande erreur de la philosophie moderne a été de penser qu'il étoit facile de changer les anciennes habitudes des peuples. L'expérience a prouvé la fausseté de cette présomption. Si l'Académie françoise elle-même avoit voulu faire dans la langue écrite une révolution de ce genre, il est certain qu'elle eût échoué, et que la singularité des nouveaux signes n'eût servi qu'à jeter du ridicule sur son système.

M. de Volney, auteur d'une Grammaire arabe, avoit pensé que les caractères de cette langue présentoient trop de difficultés aux lecteurs européens, et il avoit imaginé d'y substituer des caractères grecs et romains qui répondoient à-peu-près aux vingt-neuf consonnes arabes. Cette méthode, qui rendoit plus facile l'étude d'une langue si différente de la nôtre, n'obtint aucun succès. Les étudians sentirent que ce changement, en dénaturant la langue, les mettroit dans l'impossibilité de se faire lire, et ils aimèrent mieux apprendre l'alphabet arabe, que d'adopter, avec moins de peine, une orthographe imaginaire. Cet exemple peut servir à prouver l'inutilité des systèmes grammaticaux qui s'éloignent de l'usage pratiqué par les peuples.

CHAPITRE III.

Quoique cette Grammaire soit remplie d'excellentes réflexions, on y trouve plusieurs choses qui font voir que la nature des sons de la langue n'étoit pas alors parfaitement connue, et c'est encore aujourd'hui une matière assez neuve. Je ne connois point de Grammaire, même celle-ci, qui ne soit en défaut sur le nombre et sur la nature des sons. Tout grammairien qui n'est pas né dans la Capitale, ou qui n'y a pas été élevé dès l'enfance, devroit s'abstenir de parler des sons de la langue. Lorsque je lus la Grammaire du P. Buffier, j'ignorois qu'il fût Normand, je m'en aperçus dès la première page à l'accentuation. Son ouvrage est d'ailleurs celui d'un homme d'esprit. J'en parlois un jour à M. du Marsais, qui, n'ayant pas totalement perdu l'accent de sa province, fut assez frappé de mes idées, pour m'engager à lui donner l'état des sons de notre langue, tels que je les avois observés. J'en ai fait depuis la matière de mes premières remarques sur cette Grammaire. Le libraire qui se proposoit d'en donner une nouvelle édition, me les ayant demandées, je les lui ai abandonnées avec les différentes notes que j'avois faites sur quelques chapitres de l'ouvrage, sans prétendre en avoir fait un examen complet; car je m'étois borné à des observations en marge, sur ce qui m'avoit paru de plus essentiel. Je ne comptois pas les faire jamais paroître, je n'ai cédé qu'aux sollicitations du libraire, et n'ai fait que peu d'additions à ce que j'avois écrit sur les marges et le blanc des pages de l'imprimé.

Il faut d'abord distinguer la syllabe réelle et physique de la syllabe d'usage, et la vraie diphtongue de la fausse. J'entends par syllabe d'usage, celle qui, dans nos vers, n'est comptée que pour une, quoique l'oreille soit réellement et physiquement frappée de plusieurs sons.

La syllabe étant un son complet, peut être formée ou d'une voyelle seule, ou d'une voyelle précédée d'une consonne qui la modifie. *Ami* est un mot de deux syllabes; *a* forme seul la première, et *mi* la seconde.

Pour distinguer la syllabe réelle ou physique, de la syllabe d'usage, il faut observer que toutes les fois que plusieurs consonnes de suite se font sentir dans un mot, il y a autant de syllabes réelles qu'il y a de ces consonnes qui se font entendre, quoiqu'il n'y ait point de voyelle écrite à la suite de chaque consonne : la prononciation suppléant alors un *e* muet, la syllabe devient réelle pour l'oreille, au lieu que les syllabes d'usage ne se comptent que par le nombre des voyelles qui se font entendre et qui s'écrivent. Voilà ce qui distingue la syllabe physique ou réelle de la syllabe d'usage. Par exemple, le mot *armateur* seroit en vers de trois syllabes d'usage, quoiqu'il soit de cinq syllabes réelles, parce qu'il faut suppléer un *e* muet après chaque *r*; on entend nécessairement aremateure. *Bal* est monosyllabe d'usage, et dissyllabe physique. *Amant* est dissyllabe réel et d'usage, *aimant* l'est aussi, parce que *ai* n'est là que pour *è*, et qu'on n'entend qu'une voyelle.

C'est par cette raison que dans nos vers, qui ne sont pas réductibles à la mesure du temps comme ceux des Grecs et des Latins, nous en avons tels qui sont à la fois de douze syllabes d'usage et de vingt-cinq à trente syllabes physiques.

A l'égard de la diphtongue, c'est une syllabe d'usage formée de deux voyelles, dont chacune fait une syllabe réelle, *Dieu, cieux, foi, oui, lui*. Il faut pour une diphtongue que les deux voyelles s'entendent, sans quoi ce qu'on appelle diphtongue et triphtongue n'est qu'un son simple, malgré la pluralité des lettres. Ainsi, des sept exemples cités dans cette Grammaire, il y en a deux faux: la première syllabe d'*ayant* n'est point une diphtongue; la première syllabe de ce mot est, quant au son, un *a* dans l'ancienne prononciation qui étoit *a-ïant*, ou un *è* dans l'usage actuel qui prononce *ai-ïant*. La dernière syllabe est la nasale *ant*, modifiée par le mouillé foible *ï*. A l'égard des trois voyelles du mot b*eau*, c'est le simple son *o* écrit avec trois caractères. Il n'existe point de triphtongue. Les Grammairiens n'ont pas assez distingué les vraies diphtongues des fausses, les auriculaires de celles qui ne sont qu'oculaires.

Je pourrois nommer *transitoire* le premier son de nos

diphtongues, et *reposeur* le second ; parce que le premier se prononce toujours rapidement, et qu'on ne peut faire de tenue que sur le second. C'est sans doute pour cela que la première voyelle est toujours une des petites, *i* dans *ciel*, *u* dans *nuit*, et *ou* dans *oui* ; car, quoique l'on écrive *loi*, *foi*, *moi*, avec un *o*, on n'entend que le son *ou*, comme si l'on écrivoit louè, fouè, etc. mais cette voyelle auriculaire *ou*, écrite avec deux lettres, faute d'un caractère propre, se prononce très-rapidement.

C'est encore à tort qu'on dit dans cette Grammaire, en parlant de l'union des consonnes et des voyelles, *soit qu'elles les suivent, soit qu'elles les précèdent :* cela ne pourroit se dire que de la syllabe d'usage; car dans la syllabe physique, la consonne précède toujours, et ne peut jamais suivre la voyelle qu'elle modifie ; puisque les lettres *m* et *n*, caractéristiques des nasales, ne font pas la fonction de consonnes, lorsqu'elles marquent la nasalité ; l'une ou l'autre n'est alors qu'un simple signe qui supplée au défaut d'un caractère qui nous manque pour chaque nasale.

Le dernier article du chapitre ne doit s'entendre que des syllabes d'usage, et non des réelles ; ainsi *stirps* est un monosyllabe d'usage, et il est de cinq syllabes physiques.

Puisque j'ai fait la distinction des vraies et des fausses diphtongues, il est à propos de marquer ici toutes les vraies.

Après les avoir examinées et combinées avec attention, je n'en ai remarqué que seize différentes, dont quelques-unes même se trouvent dans très-peu de mots.

DIPHTONGUES.

ia.	*diacre*, *diâble*.
ian, ient.	*viande*, *patient*.
iè, ié, iai.	*cièl*, *pié*, *biais*.
ien.	*rien*.
ieu, ieux.	*Dieu*, *cieux*.
io, iau.	*pioche*, *piautre*.
ion.	*pion*.
iou.	*Alpiou*, (terme de jeu.)
uè.	*écuelle*, *équestre*.
ui.	*lui*.
uin.	*Alcuin*, *Quinquagésime*.

  Toutes nos diphtongues, dont la voyelle transitoire est un *o*, se prononçant comme si c'étoit un *ou*, je les range dans la même classe.

oua.	*couacre*.
ouan.	*Écouan*. (le château d')
oè, oi, ouai.	*boète*, *loi*, *mois*, *ouais*. (interjection.)
oin, ouin.	*loin*, *marsouin*.
oui.	*oui*. (affirmation.)

LA distinction faite par M. Duclos des syllabes réelles et des syllabes d'usage, est très-ingénieuse. Elle a quelque rapport avec celle que M. Bauzée a adoptée. M. Duclos trouve dans le mot *armateur* trois syllabes d'usage, *ar ma teur*, et cinq syllabes réelles, puisque l'on prononce ce mot comme s'il y avoit un *scheva* ou *e* muet après la syllabe *ar* et après la syllabe *teur: aremateure*. M. Bauzée se conforme au principe posé par M. Duclos; mais il pense que l'on doit donner aux syllabes d'*usage* le nom d'*artificielles*, parce que, dit-il, *cette sorte de syllabe est une voix sensible prononcée artificiellement avec d'autres voix insensibles, en une seule émission.*

En général, ces définitions minutieuses, dans lesquelles les grammairiens montrent leur sagacité, sont plus curieuses que véritablement utiles. Les personnes les moins familiarisées avec la bonne prononciation ne se trompent jamais sur ce genre de syllabes.

La définition de MM. du Port-Royal, est beaucoup moins compliquée, et donne, à peu de chose près, les connoissances nécessaires. On pourroit y ajouter celle de l'abbé Girard, qui me paroît pleine de simplicité et de clarté : « *La syllabe, dit cet Académicien, est un son simple ou composé, prononcé avec toutes ses articulations par une seule impulsion de voix.*

En suivant cette définition, le son composé de deux sons qui se prononcent par une seule impulsion, se nomme diphtongue, du mot grec διφθόγγος *bis sonans*. M. Duclos a très-bien remarqué que l'on devoit passer rapidement sur le premier son, et n'appuyer que sur le second. C'est une règle certaine pour bien prononcer en françois ces sortes de syllabes.

Mais il n'a point parlé d'une multitude de mots douteux, où les étrangers peuvent voir également, soit une diphtongue, soit deux syllabes. Tels sont les mots *cieux*, *guerrier*, *vouliez*, et les mots *précieux*, *meurtrier*, *voudriez*. Dans les trois premiers, les sons *ieux*, *ier*, *iez*, ne forment qu'une diphtongue, dans les trois autres, les mêmes sons forment deux syllabes.

Les étrangers ne pourront parvenir à fixer leurs doutes que par la lecture des bons poëtes du siècle de Louis XIV. Racine et Boileau ont irrévocablement déterminé le nombre des syllabes des mots douteux.

CHAPITRE IV.

Il est surprenant qu'en traitant des accens, on ne parle que de ceux des Grecs, des Latins et des Hébreux, sans rien dire de l'usage qu'ils ont, ou qu'ils peuvent avoir en françois. Il me semble encore qu'on ne définit pas bien l'accent en général, par *une élévation de la voix sur l'une des syllabes du mot.* Cela ne peut se dire que de l'aigu, puisque le grave est un abaissement. D'ailleurs, pour ôter toute équivoque, j'aimerois mieux dire, du *ton* que de la *voix.* Elever ou baisser la voix, peut s'entendre de parler plus haut ou plus bas en général, sans distinction de syllabes particulières.

Il n'y a point de langue qui n'ait sa prosodie : c'est-à-dire, où l'on ne puisse sentir les accens, l'aspiration, la quantité et la ponctuation, ou les repos entre les différentes parties du discours, quoique cette prosodie puisse être plus marquée dans une langue que dans une autre. Elle doit se faire beaucoup sentir dans le chinois, s'il est vrai que les différentes inflexions d'un même mot servent à exprimer des idées différentes. Ce n'étoit pas faute d'expressions que les Grecs avoient une prosodie très-marquée ; car nous ne voyons pas que la signification d'un mot dépendît de sa prosodie, quoique cela pût se trouver dans les homonymes. Les Grecs étoient fort sensibles à l'harmonie des mots. Aristoxène parle du chant du discours, et Denis d'Halicarnasse dit que l'élévation du ton dans l'accent aigu, et l'abaissement dans le grave, étoient d'une quinte ; ainsi l'accent prosodique étoit aussi musical, sur-tout le circonflexe, où la voix, après avoir monté d'une quinte, descendoit d'une autre quinte sur la même syllabe, qui par conséquent se prononçoit deux fois.

On ne sait plus aujourd'hui quelle étoit la proportion des accens des Latins, mais on n'ignore pas qu'ils étoient fort sensibles à la prosodie : ils avoient les accens, l'aspiration, la quantité et les repos.

Nous avons aussi notre prosodie; et quoique les intervalles de nos accens ne soient pas déterminés par des règles, l'usage seul nous rend si sensibles aux lois de la prosodie, que l'oreille seroit blessée, si un orateur ou un acteur prononçoit un aigu pour un grave, une longue pour une brève, supprimoit ou ajoutoit une aspiration ; s'il disoit enfin *tempête* pour *tempête*, *āxe* pour *ăxe*, *l'Hollande* pour *la Hollande*, *le homme* pour *l'homme*, et s'il n'observoit point d'intervalles entre les différentes parties du discours. Nous avons, comme les Latins, des *irrationnelles* dans notre quantité, c'est-à-dire, des longues plus ou moins longues, et des brèves plus ou moins brèves. Mais si nous avons, comme les anciens, la prosodie dans la langue *parlée*, nous ne faisons pas absolument le même usage qu'eux des accens dans l'écriture. L'aigu ne sert qu'à marquer l'*é* fermé, *bonté*; le grave marque l'*è* ouvert, *succès*; on le met aussi sur les particules *à*, *là*, *çà*, etc. où il est absolument inutile. Ainsi ni l'aigu ni le grave ne font pas exactement la fonction d'accens, et ne désignent que la nature des *e* : le circonflexe ne la fait pas davantage, et n'est qu'un signe de quantité ; au lieu que chez les Grecs c'étoit un double accent, qui élevoit et ensuite baissoit le ton sur une même voyelle : nous le mettons ordinairement sur les voyelles qui sont longues et graves; exemples, *âge*, *fête*, *côte*, *jeûne* : on le met aussi sur les voyelles qui sont longues sans être graves ; exemples, *gîte*, *flûte*, *voûte*. Il est à remarquer que nous n'avons point de sons graves qui ne soient longs ; ce qui ne vient cependant pas de la nature du grave, car les Anglois ont des graves brefs. On a imaginé pour marquer les brèves, de redoubler la consonne qui suit la voyelle ; mais l'emploi de cette lettre oisive n'est pas fort conséquent : on la supprime quelquefois par respect pour l'étymologie, comme dans *comète* et *prophète* ; quelquefois on la redouble malgré l'étymologie, comme dans *personne*, *honneur* et *couronne* : d'autres fois on redouble la consonne après une longue, *flāmme*, *mānne*, et l'on n'en met qu'une après une brève, *dăme*, *răme*, *rĭme*, *prŭne*, etc. La superstition de l'étymologie fait dans son petit domaine autant d'inconséquences, que la superstition proprement dite en fait en matière plus grave. Notre orthographe est un assemblage de bizarreries et de contradictions.

Le moyen de marquer exactement la prosodie, seroit d'abord d'en déterminer les signes, et d'en fixer l'usage, sans jamais en faire d'emplois inutiles : il ne seroit pas même nécessaire d'imaginer de nouveaux signes.

Quant aux accens, le grave et l'aigu suffiroient, pourvu qu'on les employât toujours pour leur valeur.

A l'égard de la quantité, le circonflexe ne se mettroit que sur les longues décidées ; de façon que toutes les voyelles qui n'auroient pas ce signe, seroient censées brèves ou moyennes. On pourroit même, en simplifiant, se borner à marquer d'un circonflexe les longues qui ne sont pas graves, puisque tous nos sons graves étant longs, l'accent grave suffiroit pour la double fonction de marquer à la fois la gravité et la longueur. Ainsi on écriroit *àge*, *fète*, *còte*, *jèune*, et *gîte*, *flûte*, *voûte*, etc.

L'*é* fermé conserveroit l'accent aigu par-tout où il n'est

pas long; il ne seroit pas même besoin de substituer le circonflexe à l'aigu sur l'*é* fermé final au pluriel. Pour ne pas se tromper à la quantité, il suffit de retenir pour règle générale que cet *é* fermé au pluriel est toujours long; exemples, les bont*és*, les beaut*és*, etc.

Les sons ouverts brefs (ce qui n'a lieu que pour des *e* tels que dans *père, mère, frère,* dans la première syllabe de *netteté, fermeté,* etc.) pourroient se marquer d'un accent perpendiculaire.

Il ne resteroit plus qu'à supprimer l'aspiration *H* par-tout où la voyelle n'est pas aspirée, comme les Italiens l'ont fait. Leur orthographe est la plus raisonnable de toutes.

Cependant, quelque soin qu'on prît de noter notre prosodie, outre le désagrément de voir une impression hérissée de signes, je doute fort que cela fût d'une grande utilité. Il y a des choses qui ne s'apprennent que par l'usage ; elles sont purement organiques, et donnent si peu de prise à l'esprit, qu'il seroit impossible de les saisir par la théorie seule, qui même est fautive dans les auteurs qui en ont traité expressément. Je sens même que ce que j'écris ici est très-difficile à faire entendre, et qu'il seroit très-clair, si je m'exprimois de vive voix.

Les grammairiens, s'ils veulent être de bonne foi, conviendront qu'ils se conduisent plus par l'usage que par leurs règles, que je connois peut-être comme eux, et il s'en faut bien qu'ils aient présent à l'esprit tout ce qu'ils ont écrit sur la Grammaire; quoiqu'il soit utile que ces règles, c'est-à-dire, les observations sur l'usage, soient rédigées, écrites et consignées dans des méthodes analogiques. Peu de règles, beaucoup de réflexions, et encore plus d'usage, c'est la clef de tous les arts. Tous les signes prosodiques des anciens, supposé que l'emploi en fût bien fixé, ne valoient pas encore l'usage.

On ne doit pas confondre l'accent oratoire avec l'accent prosodique. L'accent oratoire influe moins sur chaque syllabe d'un mot, par rapport aux autres syllabes, que sur la phrase entière par rapport au sens et au sentiment : il modifie la substance même du discours, sans altérer sensiblement l'accent prosodique. La prosodie particulière des mots d'une phrase interrogative, ne diffère pas de la prosodie d'une phrase affirmative, quoique l'accent oratoire soit très-différent dans l'une et dans l'autre. Nous marquons dans l'écriture l'interrogation et la surprise; mais combien avons-nous de mouvemens de l'ame, et par conséquent d'inflexions oratoires, qui n'ont point de signes écrits, et que l'intelligence et le sentiment peuvent seuls faire saisir ! Telles sont les inflexions qui marquent la colère, le mépris, l'ironie, etc, etc. L'accent oratoire est le principe et la base de la déclamation.

M. Duclos se plaint avec raison de ce que MM. du Port-Royal n'ont point parlé de l'usage que les *accens* ont et peuvent avoir en françois. Les moyens qu'il propose pour marquer exactement notre prosodie, sont presque impossibles dans une langue fixée depuis long-temps. L'usage de la bonne compagnie supplée très-bien à ce qui peut nous manquer sous ce rapport.

Chez les Grecs, le mot *prosodie* répondoit parfaitement à celui d'*accent*. Προσῳδία est composé de deux mots Προς qui répond au mot latin *ad*, et d'ᾠδή, qui se traduit par *cantus*. De ces deux mots, *ad cantus*, les Romains ont formé *accentus*, d'où nous avons tiré notre mot d'*accent*.

Les Grammairiens modernes ont partagé la *prosodie*, dont ils ont fait un terme général, en trois parties, les *accens*, l'*aspiration* et la *quantité*.

quantité. L'abbé d'Olivet observe très-bien qu'aucun langage ne peut être uniforme dans ses sons. Une telle monotonie seroit insupportable à l'oreille la moins délicate. Les cris même des animaux éprouvent une certaine variation de tons. L'académicien en conclut que les peuples les plus sauvages ont leur prosodie. Mais il y a cette différence entre les langues barbares et les langues perfectionnées, que les premières n'ont aucune régularité dans leur accent, et que les secondes ont plus ou moins de règles fixes. L'abbé d'Olivet trouve les premières traces de notre *prosodie* dans les poésies en vers mesurés de Marc-Claude Butet, qui parurent en 1561. Plusieurs poëtes du même temps cultivèrent ce genre de poésie qui a été abandonné jusqu'à l'époque récente où M. Turgot a essayé, sans succès, de faire des vers françois non rimés d'après les règles prosodiques des Grecs et des Latins.

Outre l'*accent prosodique* et l'*accent oratoire* que M. Duclos définit très-bien, on compte encore l'*accent musical* et l'*accent provincial*. L'accent musical consiste, ainsi que les deux premiers, à élever ou à baisser la voix. Mais il a cette différence sur-tout avec l'accent oratoire, que ses opérations sont assujetties à des intervalles certains, et que l'on ne peut s'écarter des mesures sans enfreindre les lois de la musique. Je n'ai pas besoin de m'étendre sur l'*accent provincial*. Il tient à la prononciation vicieuse des provinces éloignées de la capitale. Quand on a dit que pour bien parler françois il ne falloit pas avoir d'*accent*, on n'a pas voulu faire entendre, observe l'abbé d'Olivet, qu'il falloit être monotone, on a seulement voulu dire qu'il ne faut pas avoir l'accent de telle ou telle province ; car chaque province a le sien.

Il existe dans l'*accent oratoire* un art dont MM. Duclos et d'Olivet n'ont point parlé, c'est celui d'employer heureusement ce que l'on appelle les *mots de valeur*. Dans toute espèce de phrase, et presque toujours dans un seul vers, il se trouve un mot sur lequel il est nécessaire d'appuyer. C'est le moyen infaillible de bien graver dans l'esprit de l'auditeur l'idée que l'on exprime. Les constructions latines étoient très-propres à remplir cet objet. L'orateur avoit presque toujours soin de mettre à la fin de la phrase le mot qui devoit produire le plus d'effet. On en voit un exemple dans cette phrase de Quinte-Curce : « *Darius tanti modo exercitûs rex, qui triumphantis magis, quam dimicantis more, curru sublimis inierat prœlium; per loca, quœ prope immensis agminibus compleverat, jam inania, ex ingenti solitudine vasta, fugiebat.* » Le mot *fugiebat* est celui qui produit le plus d'effet dans cette phrase par le contraste qu'il fait avec la fortune passée de Darius.

Les aspirations ne sont point l'objet du chapitre de la Grammaire générale. Quant à la *quantité*, on sait qu'elle est très-douteuse dans la langue françoise. L'abbé d'Olivet a cherché à fixer celle d'un grand nombre de mots.

CHAPITRE V.

MESSIEURS de P. R. après avoir exposé dans ce chapitre les meilleurs principes typographiques, ne sont arrêtés que par le scrupule sur les étymologies; mais ils proposent du moins un correctif qui fait voir que les caractères superflus devroient être ou supprimés, ou distingués. Il est vrai qu'on ajoute aussitôt : *Ce qui ne soit dit que pour exemple.* Il semble qu'on ne puisse proposer la vérité qu'avec timidité et réserve.

On est étonné de trouver à la fois tant de raison et de préjugés. Celui des étymologies est bien fort, puisqu'il fait regarder comme un avantage ce qui est un véritable défaut, car enfin les caractères n'ont été inventés que pour représenter les sons. C'étoit l'usage qu'en faisoient nos anciens : quand le respect pour eux nous fait croire que nous les imitons, nous faisons précisément le contraire de ce qu'ils faisoient. Ils peignoient leurs sons : si un mot eût alors été composé d'autres sons qu'il ne l'étoit, ils auroient employé d'autres caractères. Ne conservons donc pas les mêmes pour des sons qui sont devenus différens. Si l'on emploie quelquefois les mêmes sons dans la langue *parlée*, pour exprimer des idées différentes, le sens et la suite des mots suffisent pour ôter l'équivoque des homonymes. L'intelligence ne feroit-elle pas pour la langue *écrite* ce qu'elle fait pour la langue *parlée* ? Par exemple, si l'on écrivoit champ de *campus*, comme chant de *cantus*, en confondroit-on plutôt la signification dans un écrit que dans le discours ? L'esprit seroit-il là-dessus en défaut ? N'avons-nous pas même des homonymes dont l'orthographe est pareille ? cependant on n'en confond pas le sens. Tels sont les mots *son, sonus; son, furfur; son, suus*, et plusieurs autres.

L'usage, dit-on, est le maître de la langue ; ainsi il doit décider également de la parole et de l'écriture. Je ferai ici une distinction. Dans les choses purement arbitraires, on doit suivre l'usage, qui équivaut alors à la raison : ainsi l'usage est le maître de la langue *parlée*. Il peut se faire que ce qui s'appelle aujourd'hui un livre, s'appelle dans la suite un arbre ; que vert signifie un jour la couleur rouge, et rouge la couleur verte, parce qu'il n'y a rien dans la nature ni dans la raison qui détermine un objet à être désigné par un son plutôt que par un autre : l'usage qui varie là-dessus n'est point vicieux, puisqu'il n'est point inconséquent, quoiqu'il soit inconstant. Mais il n'en est pas ainsi de l'écriture : tant qu'une convention subsiste, elle doit s'observer. L'usage doit être conséquent dans l'emploi d'un signe dont l'établissement étoit arbitraire : il est inconséquent et en contradiction, quand il donne à des caractères assemblés une valeur différente de celle qu'il leur a donnée, et qu'il leur conserve dans leur dénomination; à moins que ce ne soit une combinaison nécessaire de caractères, pour en représenter un dont on manque. Par exemple, on unit un *e* et un *u* pour exprimer le son *eu* dans *feu;* un *o* et un *u* pour rendre le son *ou* dans *cou.* Ces voyelles *eu* et *ou* n'ayant point de caractères propres, la combinaison qui se fait de deux lettres ne forme alors qu'un seul signe. Mais on peut dire que l'usage est vicieux, lorsqu'il fait des combinaisons inutiles de lettres qui perdent leur son, pour exprimer des sons qui ont des caractères propres. On emploie, par exemple, pour exprimer le son *è*, les combinaisons *ai, ei, oi, oient,* dans les mots *vrai, j'ai, peine, connoître, faisoient.* Dans ce dernier mot *ai* ne désignent qu'un *e* muet, et les cinq lettres *oient* un *e* ouvert grave. Nous avons cependant, avec le secours des accens, tous les *e* qui nous sont nécessaires, sans recourir à de fausses combinaisons. On peut donc entreprendre de corriger l'usage, du moins par degrés, et non pas en le heurtant de front, quoique la raison en eût le droit; mais la raison même s'en interdit l'exercice trop éclatant, parce qu'en matière d'usage, ce n'est que par des ménagemens qu'on parvient au succès. Il faut plus d'égards que de mépris, pour les préjugés qu'on veut guérir.

Le corps d'une nation a seul droit sur la langue *parlée*, et les écrivains ont droit sur la langue *écrite. Le peuple,* disoit Varron, *n'est pas le maître de l'écriture comme de la parole.*

En effet, les écrivains ont le droit, ou plutôt sont dans l'obligation de corriger ce qu'ils ont corrompu. C'est une vaine ostentation d'érudition qui a gâté l'orthographe : ce sont des savans et non pas des philosophes qui l'ont altérée;

le peuple n'y a eu aucune part. L'orthographe des femmes, que les savans trouvent si ridicule, est à plusieurs égards moins déraisonnable que la leur. Quelques-unes veulent apprendre l'orthographe des savans; il vaudroit bien mieux que les savans adoptassent une partie de celle des femmes, en y corrigeant ce qu'une demi-éducation y a mis de défectueux, c'est-à-dire, de savant. Pour connoître qui doit décider d'un usage, il faut voir qui en est l'auteur.

C'est un peuple en corps qui fait une langue; c'est par le concours d'une infinité de besoins, d'idées, et de causes physiques et morales, variées et combinées durant une succession de siècles, sans qu'il soit possible de reconnoître l'époque des changemens, des altérations ou des progrès. Souvent le caprice décide; quelquefois c'est la métaphysique la plus subtile, qui échappe à la réflexion et à la connoissance de ceux même qui en sont les auteurs. Un peuple est donc le maître absolu de la langue *parlée*, et c'est un empire qu'il exerce sans s'en apercevoir.

L'écriture (je parle de celle des sons) n'est pas née, comme le langage, par une progression lente et insensible : elle a été bien des siècles avant de naître; mais elle est née tout-à-coup, comme la lumière. Suivons sommairement l'ordre de nos connoissances en cette matière.

Les hommes ayant senti l'avantage de se communiquer leurs idées dans l'absence, n'imaginèrent rien de mieux que de tâcher de peindre les objets. Voilà, dit-on, l'origine de l'écriture figurative. Mais, outre qu'il n'est guère vraisemblable que dans cette enfance de l'esprit, les arts fussent assez perfectionnés pour que l'on fût en état de peindre les objets au point de les faire bien reconnoître, quand même on se seroit borné à peindre une partie pour un tout, on n'en auroit pas été plus avancé. Il est impossible de parler des objets les plus matériels, sans y joindre des idées qui ne sont pas susceptibles d'images, et qui n'ont d'existence que dans l'esprit; ne fût-ce que l'assertion ou la négation de ce qu'on voudroit assurer ou nier d'un sujet. Il fallut donc inventer des signes, qui, par un rapport d'institution, fussent attachés à ces idées. Telle fut l'écriture hiéroglyphique qu'on joignit à l'écriture figurative, si toutefois celle-ci a jamais pu exister qu'en projet, pour donner naissance à l'autre. On reconnut bientôt que, si les hiéroglyphes étoient de nécessité pour les idées intellectuelles, il étoit aussi simple et plus facile d'employer des signes de convention pour désigner les objets matériels : et quand il y auroit eu quelque rapport de figure entre le caractère hiéroglyphique et l'objet dont il étoit le signe, il ne pouvoit pas être considéré comme figuratif. Par exemple, il n'y a pas un caractère astronomique qui pût réveiller par lui-même l'idée de l'objet dont il porte le nom, quoiqu'on ait affecté dans quelques-uns un peu d'imitation. Ce sont de purs hiéroglyphes.

L'écriture hiéroglyphique se trouva établie, mais sûrement fort bornée dans son usage, et à portée d'un très-petit nombre d'hommes. Chaque jour le besoin de communiquer une idée nouvelle, ou un nouveau rapport d'idée, faisoit convenir d'un signe nouveau : c'étoit un art qui n'avoit point de bornes ; et il a fallu une longue suite de siècles, avant qu'on fût en état de se communiquer les idées les plus usuelles. Telle est aujourd'hui l'écriture des Chinois, qui répond aux idées et non pas aux sons : tels sont parmi nous les signes algébriques et les chiffres arabes.

L'écriture étoit dans cet état, et n'avoit pas le moindre rapport avec l'écriture actuelle, lorsqu'un génie heureux et profond sentit que le discours, quelque varié et quelqu'étendu qu'il puisse être pour les idées, n'est pourtant composé que d'un assez petit nombre de sons, et qu'il ne s'agissoit que de leur donner à chacun un caractère représentatif.

Si l'on y réfléchit, on verra que cet art, ayant une fois été conçu, dut être formé presqu'en même temps ; et c'est ce qui relève la gloire de l'inventeur. En effet, après avoir eu le génie d'apercevoir que les mots d'une langue pouvoient se décomposer, et que tous les sons dont les paroles sont formées pouvoient se distinguer, l'énumération dut en être bientôt faite. Il étoit bien plus facile de compter tous les sons d'une langue, que de découvrir qu'ils pouvoient se compter. L'un est un coup de génie, l'autre un simple effet de l'attention. Peut-être n'y a-t-il jamais eu d'alphabet complet que celui de l'inventeur de l'écriture. Il est bien vraisemblable que s'il n'y eut pas alors autant de caractères qu'il nous en faudroit aujourd'hui, c'est que la langue de l'inventeur n'en exigeoit pas davantage. L'orthographe n'a donc été parfaite qu'à la naissance de l'écriture ; elle commença à s'altérer lorsque, pour des sons nouveaux ou nouvellement aperçus, on fit des combinaisons des caractères connus, au lieu d'en instituer de nouveaux ; mais il n'y eut plus rien de fixe, lorsqu'on fit des emplois différens, ou des combinaisons inutiles, et par conséquent vicieuses, pour des sons qui avoient leurs caractères propres. Telle est la source de la corruption de l'orthographe. Voilà ce qui rend aujourd'hui l'art de la lecture si difficile, que, si on ne l'apprenoit pas de routine dans l'enfance, âge où les inconséquences de la méthode vulgaire ne se font pas encore apercevoir, on auroit beaucoup de peine à l'apprendre dans un âge avancé ; et la peine seroit d'autant plus grande, qu'on auroit l'esprit plus juste. Quiconque sait lire, sait l'art le plus difficile, s'il l'a appris par la méthode vulgaire.

Quoiqu'il y ait beaucoup de réalité dans le tableau abrégé que je viens de tracer, je ne le donne cependant que pour une conjecture philosophique. L'art de l'écriture des sons, d'autant plus admirable que la pratique en est facile, trouva de l'opposition dans les savans d'Egypte, dans les prêtres *païens*. Ceux qui doivent leur considération aux ténèbres qui enveloppent leur nullité, craignent de produire leurs mystères à la lumière; ils aiment mieux être respectés qu'entendus, parce que, s'ils étoient entendus, ils ne seroient peut-être pas respectés. Les hommes de génie découvrent, inventent et publient; ils font les découvertes, et n'ont point de secrets; les gens médiocres ou intéressés en font des mystères. Cependant l'intérêt général a fait prévaloir l'écriture des sons. Cet art sert également à confondre le mensonge et à manifester la vérité : s'il a quelquefois été dangereux, il est du moins le dépôt des armes contre l'erreur, celui de la religion et des lois.

Après avoir déterminé tous les sons d'une langue, ce qu'il y auroit de plus avantageux seroit que chaque son eût son caractère qui ne pût être employé que pour le son auquel il auroit été destiné, et jamais inutilement. Il n'y a peut-être pas une langue qui ait cet avantage; et les deux langues dont les livres sont les plus recherchés, la françoise et l'angloise, sont celles dont l'orthographe est la plus vicieuse.

Il ne seroit peut-être pas si difficile qu'on se l'imagine, de faire adopter par le public un alphabet complet et régulier; il y auroit très-peu de choses à introduire pour les caractères, quand la valeur et l'emploi en seroient fixés. L'objection de la prétendue difficulté qu'il y auroit à lire les livres anciens, est une chimère : nous les lisons, quoiqu'il y ait aussi loin de leur orthographe à la nôtre, que de la nôtre à une qui seroit raisonnable. 1º. Tous les livres d'usage se réimpriment continuellement. 2º. Il n'y auroit point d'innovation pour les livres écrits dans les langues mortes. 3.º. Ceux que leur profession oblige de lire les anciens livres, y seroient bientôt stylés.

On objecte encore qu'un empereur n'a pas eu l'autorité d'introduire un caractère nouveau (le Digamma ou V consonne). Cela prouve seulement qu'il faut que chacun se renferme dans son empire.

Des écrivains tels que Cicéron, Virgile, Horace, Tacite, etc. auroient été en cette matière plus puissans qu'un empereur. D'ailleurs, ce qui étoit alors impossible, ne le seroit pas aujourd'hui. Avant l'établissement de l'imprimerie, comment auroit-on pu faire adopter une loi en fait d'orthographe ? On ne pouvoit pas aller y contraindre chez eux tous ceux qui écrivoient.

Cependant Chilpéric a été plus heureux ou plus habile que Claude, puisqu'il a introduit quatre lettres dans l'alphabet françois. Il est vrai qu'il ne dut pas avoir beaucoup de contradictions à essuyer dans une nation toute guerrière, où il n'y avoit peut-être que ceux qui se mêloient du gouvernement qui sussent lire et écrire.

Il y a grande apparence que si la réforme de l'alphabet, au lieu d'être proposée par un particulier, l'étoit par un corps de gens de lettres, ils finiroient par la faire adopter : la révolte du préjugé céderoit insensiblement à la persévérance des philosophes, et à l'utilité que le public y reconnoîtroit bientôt pour l'éducation des enfans et l'instruction des étrangers. Cette légère partie de la nation qui est en droit ou en possession de plaisanter de tout ce qui est utile, sert quelquefois à familiariser le public avec un objet, sans influer sur le jugement qu'il en porte. Alors l'autorité qui préside aux écoles publiques pourroit concourir à la réforme en fixant une méthode d'institution.

En cette matière, les vrais législateurs sont les gens de lettres. L'autorité proprement dite ne doit et ne peut que concourir. Pourquoi la raison ne deviendroit-elle pas enfin à la mode comme autre chose ? Seroit-il possible qu'une nation reconnue pour éclairée, et accusée de légéreté, ne fût constante que dans des choses déraisonnables ? Telle est la force de la prévention et de l'habitude, que lorsque la réforme, dont la proposition paroît aujourd'hui chimérique, sera faite (car elle se fera) on ne croira pas qu'elle ait pu éprouver de la contradiction.

Quelques zélés partisans des usages qui n'ont de mérite que l'ancienneté, voudroient faire croire que les changemens qui se sont faits dans l'orthographe ont altéré la prosodie ; mais c'est exactement le contraire. Les changemens arrivés dans la prononciation obligent tôt ou tard d'en faire dans l'orthographe. Si l'on avoit écrit j'*avès*, *françès*, etc. dans le temps qu'on prononçoit encore j'*avois*, *françois*, avec une diphtongue, on pourroit croire que l'orthographe auroit occasionné le changement arrivé dans la prononciation ; mais, attendu qu'il y a plus d'un siècle que la finale de ces mots se prononce comme un *è* ouvert grave, et que l'on continue toujours de l'écrire comme une diphtongue, on ne peut pas en accuser l'orthographe. Bien loin que la prosodie suive l'orthographe, l'orthographe ne suit la prosodie que de très-loin. Nous ne sommes pas encore devenus assez raisonnables pour que le préjugé soit en droit de nous faire des reproches.

« Je crois devoir à cète ocasion rendre compte au lecteur de

« la diférence qu'il a pu remarquer entre l'ortografe du texte
« et cèle des remarques. J'ai suivi l'usage dans le texte, parce
« que je n'ai pas le droit d'y rien changer; mais dans les
« remarques j'ai un peu anticipé la réforme vers laquèle
« l'usage même tend de jour en jour. Je me suis borné au
« retranchement des lètres doubles qui ne se prononcent
« point. J'ai substitué des *f* et des *t* simples aus *ph* et aus *th*:
« l'usage le fera sans doute un jour par-tout, come il a déjà
« fait dans *fantaisie*, *fantôme*, *frénésie*, *trône*, *trésor*, et
« dans quantité d'autres mots.

« Si je fais quelques autres légers changemens, c'est tou-
« jours pour raprocher les lètres de leur destination et de
« leur valeur.

« Je n'ai pas cru devoir toucher aus fausses combinaisons
« de voyèles, tèles que les *ai*, *ei*, *oi*, etc. pour ne pas trop
« éfaroucher les ieus. Je n'ai donc pas écrit con*ê*tre au lieu de
« con*oî*tre, franç*ès* au lieu de franç*ois*, jam*ès* au lieu de jam*ais*,
« fr*èn* au lieu de fr*ein*, p*è*ne au lieu de p*ei*ne, ce qui seroit
« pourtant plus naturel. La plupart des auteurs écrivent au-
« jourd'hui *conaître*, *paraître*, *français*, etc. il est vrai que
« c'est encore une fausse combinaison pour exprimer le son
« de la voyèle *è*, mais èle est du moins sans équivoque, puis-
« que *ai* n'est jamais pris dans l'ortografe pour une difton-
« gue, au-lieu que *oi* est une diftongue dans l*oi*, r*oi*, gau-
« l*ois*, et n'est qu'un *è* ouvert grave dans con*oî*tre, par*oî*tre,
« Franç*ois* peuple, etc. Ce premier pas fait d'après un illustre
« moderne, en amènera d'autres, tels que la supression des
« consones oiseuses, aussi souvent contraires que conformes
« à l'étimologie. Par exemple, do*nn*er, ho*mm*e, ho*nn*eur
« avec double consone, quoique venus de do*n*are, ho*m*o,
« ho*n*or, et une quantité d'autres. C'est, dit-on, pour mar-
« quer les voyèles brèves. On a déjà vu dans les remarques

« sur le chapitre IV, la valeur de cète raison. Les étimolo-
« gistes prétendent encore qu'ils redoublent le *t*, après un *e*,
« pour marquer qu'il est ouvert, come dans houle*tt*e, trom-
« pe*tt*e, etc. ce qui ne les empêche pas d'écrire comète, pro-
« phète, etc. sans réduplication du *t*, quoique dans ces quatre
« mots les *è* soient absolument de la même nature, ouverts
« et brefs. On ne finiroit pas sur les inconséquences. Qu'on
« parle, si l'on veut, des étimologies ; mais quelque sistême
« d'ortografe qu'on adopte, du moins devroit-on être con-
« séquent. Je n'ai rien changé à la manière d'écrire les nasa-
« les, quelque déraisonnable que notre ortografe soit sur cet
« article. En éfet, les nasales n'ayant point de caractères
« simples qui en soient les signes, on a u recours à la combi-
« naison d'une voyèle avec *m* ou *n*; mais on auroit au moins
« dû employer pour chaque nasale la voyèle avec laquèle èle
« a le plus de raport ; se servir, par exemple, de l'*an* pour
« l'*a* nasal, de l'*en* pour l'*e* nasal. Cependant nous employons
« plus souvent l'*e* que l'*a* pour l'*a* nasal. Cète nasale se trouve
« trois fois dans *entendement*, sans qu'il y en ait une seule
« écrite avec l'*a*, et quoiqu'il fût plus simple d'écrire *antan-*
« *demant*. L'*e* nasal est presque toujours écrit par *i*, *ai*, *ei* ;
« f*in*, p*ain*, fr*ein*, etc. au lieu d'y employer un *e*, come dans
« l'*e* nasal de b*ien*, entret*ien*, sout*ien*, etc. Je ne manquerois
« pas de bones raisons pour autoriser les changemens que j'ai
« faits, et que je ferois encore ; mais le préjugé n'admet pas la
« raison. »

Plusieurs Grammairiens ont déja tenté la réforme de
l'orthographe ; et quoiqu'ils n'aient pas été suivis en tout, on
leur doit les changemens en bien qui se sont faits depuis
un temps. Je saisis pour faire le même essai, l'occasion
d'une Grammaire très-estimée, où l'on remarque les défauts de notre orthographe, et où l'on indique les moyens

d'y remédier. D'ailleurs, comme je l'ai fait voir, il s'en faut bien que je me sois permis tout ce que la raison autoriseroit; mais il faut aller par degrés : peut-être aurai-je des lecteurs qui ne s'apercevront pas de ce qui en choquera quelques autres. Cependant je me suis permis dans l'orthographe des remarques plus de changemens que je n'en voudrois d'abord ; mais c'est uniquement pour indiquer le but vers lequel on devroit tendre. Je me bornerois, quant à présent, à la suppression des consonnes qui ne se font point entendre dans la prononciation. Les partisans du vieil usage, qui prétendent que la réduplication des consonnes sert à marquer les voyèles brèves, se détromperoient, en lisant quelque livre que ce fût, s'ils y faisoient attention. Je dois bien connoître l'orthographe du Dictionnaire de l'Académie, dont j'ai été, en qualité de secrétaire, le principal éditeur, et je ne crains point d'avancer qu'il s'y trouve au moins autant de brèves, sans réduplication de consonnes, qu'avec cette superfluité. Si l'on soutient ce prétendu principe d'orthographe, il faut avouer que tous les dictionnaires le contredisent à chaque page. Ceux qui en doutent peuvent aisément s'en éclaircir. M. du Marsais a supprimé dans son ouvrage sur les Tropes, la réduplication des consonnes oiseuses, et plusieurs écrivains ont tenté davantage. J'avoue (car il ne faut rien dissimuler) que la réformation de notre orthographe n'a été proposée que par des philosophes; il me semble que cela ne devroit pas absolument en décrier le projet. On pouroit presque en même temps borner le caractère x à son emploi d'abréviation de cs, tel que dans Alexandre, et de gz, comme dans exil; mais on écriroit heureus, fâcheus, etc. puisqu'on est déja obligé de substituer la lettre s dans les féminins heureuse, fâcheuse, etc

On pourra trouver extraordinaire que j'écrive il a u, *ha-*

buit, avec un *u* seul, sans *e*, mais n'écrit-on pas il a, *habet*, avec un *a* seul ? Il seroit d'autant plus à propos de supprimer l'*e*, comme on l'a déja fait dans il a *pu*, il a *vu*, il a *su*, que j'ai entendu des personnes, d'ailleurs très-instruites, prononcer il a *éu*. Je ne prétends pas au surplus donner mon sentiment pour règle ; mais on doit faire une distinction entre un changement subit d'orthographe qui embarrasseroit les lecteurs, et une réforme raisonnable, dont les gens de lettres s'appercevroient seuls, sans être arrêtés dans leur lecture.

CE chapitre est le seul dans lequel MM. du Port-Royal aient indiqué des changemens pour l'orthographe, encore ne les ont-ils proposés qu'avec une réserve blâmée à tort par M. Duclos. MM. du Port-Royal ont marqué, ainsi que le plan de leur ouvrage le leur prescrivoit, les principes généraux que l'on auroit dû adopter pour une langue écrite, si les combinaisons du raisonnement avoient pu entrer plus facilement dans l'écriture que dans le langage. Mais ils ont reconnu en même temps les difficultés insurmontables que l'on éprouveroit pour changer les usages reçus, et les inconvéniens qui résulteroient d'un changement, à supposer qu'il pût jamais s'effectuer. M. Duclos leur reproche d'avoir fait sentir l'utilité des mots qui s'écrivent d'une manière particulière, à raison de leur étymologie. Ainsi l'Académicien voudroit que l'on écrivît *champ*, *campus*, comme *chant*, *cantus*, parce que ces deux mots se prononcent de la même manière. Il donne, pour raison de cette opinion, que le sens de la phrase doit expliquer celui du mot dans la langue écrite, comme il l'explique dans la langue parlée. Je pense que M. Duclos se trompe en confondant ainsi les deux facultés que l'homme possède pour exprimer ses idées. En lisant un livre, nous nous bornons absolument à ce qui est écrit, nous ne voyons pas l'auteur de ce livre, nous n'entendons point les divers accens de sa voix, nous ne pouvons lui demander l'explication des mots que nous ne comprenons pas. Nous avons donc besoin que l'orthographe nous épargne les homonymes, et nous facilite par l'étymologie, l'intelligence des mots douteux. Lorsque nous conversons avec quelqu'un, notre position est bien différente. Ses gestes, sa prononciation, le jeu de ses traits, nous expliquent ce qu'il dit; et si ses pensées ne sont pas rendues assez clairement, nous avons la ressource de lui faire des questions sur ce que nous n'entendons pas. M. Duclos est dans l'erreur lorsqu'il veut assimiler la langue écrite à la langue parlée. Il est étonnant qu'un esprit aussi juste que le sien ait pu recourir à de semblables sophismes, pour un changement d'orthographe qui ne seroit, sous d'autres rapports, d'aucune utilité.

M. Duclos, après avoir confondu les effets de la langue écrite et de la langue parlée, relativement aux mots dans lesquels l'étymologie influe sur l'orthographe, fait une distinction entre ces deux langues, relativement à l'ascendant que l'usage peut avoir sur l'une et sur l'autre. La pensée de Varron pouvoit avoir quelque justesse avant l'invention de l'imprimerie, quoique l'autorité d'un empereur n'ait point été forte pour introduire une consonne dans la langue romaine. Mais depuis que toutes les classes de la société savent lire et écrire, depuis que la langue écrite est presque aussi répandue que la langue parlée, il seroit impossible de forcer tous ceux qui écrivent à changer leur orthographe, et tous ceux qui lisent à faire une nouvelle étude de la lecture.

La grande raison que les grammairiens novateurs font valoir en faveur de leurs systèmes, porte sur la difficulté d'enseigner la lecture d'une langue dont l'orthographe est irrégulière. L'expérience journalière suffit pour répondre à cette objection. Plusieurs personnes ont eu tant de facilité à apprendre à lire, qu'elles ne se souviennent pas même de s'être livrées à cette étude dans leur enfance.

M. Duclos a prévu l'observation que l'on pourroit lui faire sur les livres qui remplissent aujourd'hui nos bibliothèques, et qu'il faudroit abandonner si les lettres de la langue et l'orthographe étoient changées. Il répond légèrement que tous les livres d'usage se réimpriment continuellement, et que les hommes que leur profession oblige à lire les anciens livres y *seroient bientôt stylés*. On ne *style* point aussi facilement les hommes à redevenir *écoliers* que le pense M. Duclos. Je le répète, il ne résulteroit des innovations grammaticales, qu'une horrible confusion et un grand dégoût pour des études arides qui se trouveroient alors doublées.

M. Duclos, à l'exemple des philosophes qui ne raisonnent que d'après des hypothèses, a fait un petit *roman* sur l'origine de l'écriture. Il est malheureux que les faits qu'il suppose ne s'accordent point avec les traditions grecques, qui disent expressément que les lettres ont été apportées dans la Grèce par les Phéniciens, et que les différens dialectes de cette langue, qui remontent à la plus haute antiquité, soient en contradiction avec l'opinion que *l'art de l'écriture, une fois conçu, dut être formé presque en même temps*.

Au reste, l'Académicien ne donne pas une bien favorable idée des nouveaux systèmes grammaticaux, en *disant que la réformation de notre orthographe n'a été proposée que par des philosophes*. Les fautes que la philosophie moderne a faites dans tout ce qu'elle a voulu réformer, sont la mesure du désordre qu'elle auroit introduit dans la Grammaire françoise, si elle avoit pu réussir à bouleverser l'orthographe de Pascal et de Racine.

Cependant M. Duclos avoit pensé qu'il étoit impossible de faire sur-le-champ une réforme complète dans l'orthographe françoise. Dans la nouvelle orthographe qu'il avoit adoptée, il n'avoit point rectifié toutes les irrégularités; il s'étoit borné à un petit nombre de changemens qui ne laissent pas néanmoins de dénaturer entièrement l'orthographe françoise. Pour mettre le lecteur à portée d'en juger, j'ai fait conserver l'orthographe de M. Duclos, dans la partie de sa note, où il en fait l'apologie. J'ai voulu qu'on pût juger de la force de ses raisons, par l'exemple que l'on auroit en même temps sous les yeux.

M. Bauzée qui s'étoit aussi exagéré les difficultés de l'enseignement de la lecture, vouloit que l'on changeât entièrement l'alphabet. Il proposoit de former les voyelles de traits arrondis, et les consones de traits droits. Ce changement, qui passe un peu une simple réforme, est encore plus hardi que les idées de M. Duclos. Heureusement ce système ne fut regardé que comme le fruit des méditations oisives d'un homme qui consacra toute sa vie au travail minutieux de peser des mots et des syllabes.

Mais il est une autre espèce d'innovation qui jamais n'a pu être desirée par un homme de lettres, et qui cependant a été proposée sérieusement par M. Duclos, l'un des quarante de l'Académie françoise. C'est de ne plus suivre aucune règle fixe en écrivant. L'orthographe des femmes lui paroît préférable à celle des savans; et il voudroit que ceux-ci adoptassent l'orthographe des femmes, en écartant encore *ce qu'une demi-éducation y a mis de défectueux, c'est-à-dire de savant*. Je suis dispensé de faire aucune réflexion sur ce singulier passage de M. Duclos; je ne l'aurois pas même relevé, si je n'avois voulu faire voir jusqu'à quel point l'esprit prétendu philosophique peut égarer les hommes les plus sensés.

Il résulte de tout ceci, que l'on s'est beaucoup abusé sur les progrès que l'on a crú que la Grammaire avoit faits depuis le siècle de Louis XIV. J'ai dit, dans l'ouvrage qui précède la *Grammaire de Port-Royal*, que, depuis cette époque, presque toutes les spéculations grammaticales n'avoient servi qu'à jeter de la confusion dans le langage, et à embrouiller les choses les plus claires. Je ne laisserois aucun doute sur la vérité de cette opinion, si je voulois offrir aux lecteurs l'analyse de toutes les méthodes et Grammaires générales qui ont paru pendant le dix-huitième siècle.

CHAPITRE VI.

Tout ce chapitre est excellent, et ne souffre ni exception ni réplique. Il est étonnant que l'autorité de P. R. sur-tout dans ce temps-là, et qui depuis a été appuyée de l'expérience, n'ait pas encore fait triompher la raison, des absurdités de la méthode vulgaire. C'est d'après la réflexion de P. R. que le Bureau Typographique a donné aux lettres leur dénomination la plus naturelle; *fe*, *he*, *ke*, *le*, *me*, *ne*, *re*, *se*, *ze*, *ve*, *je*, et l'abréviation *cse*, *gze*; et non pas *èfe*, *ache*, *ka*, *èle*, *ème*, *ène*, *ère*, *esse*, *zède*, *i* et *u* consonnes, *icse*. Cette méthode déja admise dans la dernière édition du *Dictionnaire de l'Académie*, et pratiquée dans les meilleures écoles, l'emportera tôt ou tard sur l'ancienne par l'avantage qu'on ne pourra pas enfin s'empêcher d'y reconnoître; mais il faudra du temps, parce que cela est raisonnable.

SECONDE PARTIE.

CHAPITRE PREMIER.

Messieurs de P. R. établissent dans ce chapitre les vrais fondemens sur lesquels porte la métaphysique des langues. Tous les grammairiens qui s'en sont écartés, ou qui ont voulu les déguiser, sont tombés dans l'erreur ou dans l'obscurité. M. du Marsais, en adoptant le principe de P. R. a eu raison d'en rectifier l'application au sujet des vues de l'esprit. En effet, MM. de P. R. après avoir si bien distingué les mots qui signifient *les objets des pensées*, d'avec ceux qui marquent *la manière de nos pensées*, ne devoient pas mettre dans la première classe, *l'article*, *la préposition*, ni même *l'adverbe*. *L'article et la préposition* appartiennent à la seconde; et *l'adverbe* contenant une préposition et un nom, pourroit, sous différens aspects, se rappeler à l'une et à l'autre classe.

Tous les grammairiens modernes ont cherché à étendre la définition si claire que MM. du Port-Royal donnent ici des opérations de notre esprit. En y mêlant la nouvelle métaphysique, on n'a fait qu'obscurcir ce qui étoit lumineux. L'abbé de Pont, l'abbé Cochet, l'abbé Girard, l'abbé Terrasson et M. Bauzée ont prétendu que MM. du Port-Royal avoient omis les pensées qui nous viennent du *sentiment*. M. Bauzée a, sur cette prétendue découverte, formé un système métaphysique dont je donnerai une légère idée. Il trouve deux espèces de parties d'oraison : « Les premières sont les « signes naturels des sentimens, les autres sont les signes arbi-« traires des idées; celles-là constituent le langage du *cœur*, « elles sont *affectives*; celles-ci appartiennent au langage de l'es-« prit, elles sont *discursives*. » On sentira facilement que cette division n'a aucune utilité. Elle manque de justesse, en ce qu'il n'y a aucune de nos pensées qui ne tiennent en même temps et de la faculté de sentir et de celle de juger. En effet, dans les actions où nous sommes emportés par les sensations les plus fortes, il s'opère toujours en nous-mêmes un jugement dont nous ne nous rendons pas compte; et dans les actions où nous avons employé tous les calculs de notre raison, il se mêle également une sensation qui échappe à nos réflexions.

M. Duclos n'a point eu l'orgueil de réformer la définition de MM. du Port-Royal. Il la regarde comme contenant *les vrais fondemens sur lesquels repose la métaphysique des langues*.

Il adopte également la distinction des mots, comme *objets de nos pensées*, et comme *exprimant la manière de nos pensées*. Mais il pense que MM. du Port-Royal se sont trompés en plaçant l'article, la préposition et l'adverbe dans la première classe. Il partage en cela l'opinion de M. Dumarsais, le meilleur des grammairiens modernes, qui, malgré l'extrême justesse de son esprit, n'a pu se préserver entièrement du goût novateur et sophistique du dix-huitième siècle.

M. Duclos ne donne aucune raison pour appuyer son opinion. Il me semble nécessaire d'éclaircir cette question importante par un exemple, et de montrer ensuite, par de courtes réflexions, quelle doit être la place des mots dont il s'agit dans la grande division gramaticale.

Exemple : *L'homme, né pour penser, est véritablement l'ouvrage le plus parfait du Créateur.* Il suffit d'examiner les six premiers mots, où se trouvent un article, une préposition, et un adverbe.

L'article *le*, placé devant le substantif, en est inséparable ; il sert, ainsi qu'on le verra par la suite, à donner de la netteté au discours, et à prévenir les fausses interprétations, avantage que n'avoit point la langue latine. Ces deux mots, *le* et *homme*, qui, de quelque manière que l'on combine cette phrase, ne peuvent manquer d'être unis, appartiennent bien certainement à *l'objet* de la pensée. M. Dumarsais, en faisant une distinction plus subtile que juste, pense que l'on doit séparer ces *objets* de nos pensées, d'avec les différentes vues sous lesquelles l'esprit considère les *objets*. C'est pourquoi les mots qui ne marquent point des choses, n'ont d'autre destination que de faire connoître les *vues de l'esprit*. Cette distinction paroît avoir convaincu M. Duclos ; mais on peut observer que les *vues de l'esprit* s'expliquent par la réunion de tous les mots d'une phrase, et que les mots qui marquent des choses, concourent à cette opération, aussi bien que ceux qui n'en marquent pas. La distinction de M. Dumarsais me semble donc peu juste ; elle ne peut servir qu'à multiplier les difficultés ; celle de MM. de Port-Royal au contraire est lumineuse, et ne peut donner lieu à aucune objection.

La préposition *pour* sert à marquer le rapport de la cause finale. Si je dis : *L'homme est né pour penser*, ou *l'homme n'est pas né pour penser*, il est clair que dans ma première proposition, *est né* forme *une manière de penser* affirmative, et que, dans la seconde, *n'est pas né*, forme une *manière de penser* négative. Le sujet de ces propositions, et le rapport indiqué par la préposition *pour*, sont donc les objets de mes deux pensées.

Par la même raison, l'adverbe, toujours composé d'une préposition et d'un nom, marque un rapport, et doit être considéré comme *objet* de la pensée. Ainsi donc, la phrase que j'ai donnée pour exemple, *est véritablement*, remplace est *avec vérité*.

CHAPITRE V.

L'INSTITUTION ou la distinction des genres est une chose purement arbitraire, qui n'est nullement fondée en raison, qui ne paroît pas avoir le moindre avantage, et qui a beaucoup d'inconvéniens.

Les Grecs et les Latins en avoient trois; nous n'en avons que deux, et les Anglois n'en ont point dans les noms; ce qui, pour la facilité d'apprendre leur langue, est un avantage: mais ils en ont trois au pronom de la troisième personne; *he* pour le masculin, *she* pour le féminin, des êtres animés; et *it*, neutre pour tous les êtres inanimés. Les genres sont utiles, dit-on, pour distinguer de quel sexe est le sujet dont on parle : on auroit donc dû les borner à l'homme et aux animaux ; encore une particule distinctive auroit-elle suffi; mais on n'auroit jamais dû l'appliquer universellement à tous les êtres. Il y a là-dedans une déraison, dont l'habitude seule nous empêche d'être révoltés.

Nous perdons par-là une sorte de variété qui se trouveroit dans la terminaison des adjectifs, au lieu qu'en les féminisant, nous augmentons encore le nombre de nos *e* muets. Mais un plus grand inconvénient des genres, c'est de rendre une langue très-difficile à apprendre. C'est une occasion continuelle d'erreurs pour les étrangers et pour beaucoup de naturels d'un pays. On ne peut se guider que par la mémoire dans l'emploi des genres, le raisonnement n'y étant pour rien. Aussi voyons-nous des étrangers de beaucoup d'esprit, et très-instruits de notre syntaxe, qui parleroient très-correctement, sans les fautes contre les genres. Voilà ce qui les rend quelquefois si ridicules devant les sots, qui sont incapables de discerner ce qui est de raison d'avec ce qui n'est que d'un usage arbitraire et capricieux. Les gens d'esprit sont ceux qui ont le plus de mémoire dans les choses qui sont du ressort du raisonnement, et qui en ont souvent le moins dans les autres.

C'est ici une observation purement spéculative, car il ne s'agit pas d'un abus qu'on puisse corriger; mais il me semble qu'on doit en faire la remarque dans une Grammaire philosophique.

Les grammairiens modernes ont voulu rendre raison de toutes les irrégularités de la Grammaire; et cette prétention d'expliquer, par des analogies, des règles absolument arbitraires, a multiplié les définitions inutiles et les distinctions sophistiques.

M. Dumarsais reconnoît qu'il n'existe point une idée accessoire de sexes, ni dans la valeur des noms inanimés, ni dans les termes abstraits, ni dans les noms des êtres spirituels. Il pense qu'il n'y a de genre que dans les noms des animaux, dont la conformation extérieure est différente, et dont l'espèce est visiblement divisée en deux classes. Selon lui, le genre attaché à tous les autres substantifs n'est que le fruit de l'habitude et de l'usage. Jusque-là, le grammairien ne s'écarte point de la route tracée par MM. de Port-Royal; mais il me semble que sa distinction des substantifs animés et des substantifs inanimés, sous le rapport des genres, manque de justesse.

M. Dumarsais croit que dans les noms des animaux à figure distinctive, l'adjectif *obéit*, c'est-à-dire, que la nécessité lui fait prendre la terminaison de l'un ou de l'autre genre où se trouve classé le substantif. Il pense, au contraire, que dans les noms des êtres inanimés, l'adjectif *donne le ton* au substantif, c'est-à-dire, que ces noms n'ayant aucun genre par eux-mêmes, la dénomination de masculin ou de féminin que l'on donne alors au substantif, ne se tire que de la terminaison masculine ou féminine de l'adjectif.

Cette opinion sur les substantifs inanimés, a quelque chose de spécieux, parce qu'en effet ces substantifs n'ont aucun genre par eux-mêmes. Mais, de ce que l'adjectif marque le genre de l'être inanimé, il ne s'ensuit pas qu'il le lui donne. En effet, lorsqu'un nom est reçu dans une langue, l'usage décide bientôt quel doit être son genre. Alors le même usage prescrit de donner à tous les adjectifs qui lui sont attachés, le genre de ce nom. Dans cette circonstance, la première opération grammaticale agit sur le nom substantif, et réagit ensuite sur l'adjectif. Il est donc de règle générale que l'adjectif *obéisse* toujours au substantif.

CHAPITRE VI.

Les cas n'ayant été imaginés que pour marquer les différentes vues de l'esprit, ou les divers rapports des objets entre eux ; pour qu'une langue fût en état de les exprimer tous par des cas, il faudroit que les mots eussent autant de terminaisons différentes qu'il y a de ces rapports. Or il n'y a vraisemblablement jamais eu de langue qui eût le nombre nécessaire de ces terminaisons. Ce ne seroit d'ailleurs qu'une surcharge pour la mémoire, qui n'auroit aucun avantage qu'on ne se procure d'une manière plus simple. La dénomination des cas est prise de quelqu'un de leurs usages. Nous avons peu de cas en françois : nous nommons l'objet de notre pensée ; et les rapports sont marqués par des prépositions, ou par la place du mot.

Plusieurs grammairiens se sont servis improprement du nom de cas. Comme les premières Grammaires ont été faites pour le latin et le grec, nos Grammaires françoises ne se sont que trop ressenties des syntaxes grecque ou latine. On dit, par exemple, que *de* marque le génitif, quoique cette préposition exprime les rapports que l'usage seul lui a assignés, souvent très-différens les uns des autres, sans qu'on puisse dire qu'ils répondent aux cas des Latins, puisqu'il y a beaucoup de circonstances où les Latins, pour rendre le sens de notre *de*, mettent des *nominatifs*, des *accusatifs*, des *ablatifs* ou des *adjectifs*. Exemples. La ville de Rome, *Urbs Roma*. L'amour de Dieu, en parlant de celui que nous lui devons, *amor erga Deum*. Un temple de marbre ; *templum de marmore*. Un vase d'or, *vas aureum*.

Les cas sont nécessaires dans les langues *transpositives*, où les inversions sont très-fréquentes, telles que la grecque et la latine. Il faut absolument, dans ces inversions, que les noms qui expriment les mêmes idées, comme λόγος, λόγου, λόγω, λόγον, λόγε ; *sermo, sermonis, sermoni, sermonem, sermone* (Discours), aient des terminaisons différentes, pour faire connoître au lecteur et à l'auditeur, les différens rapports sous lesquels l'objet est envisagé. Le françois et les langues qui, dans leur construction, suivent l'ordre analytique, n'ont pas besoin de cas ; mais elles ne sont pas aussi favorables à l'harmonie mécanique du discours, que le latin et le grec, qui pouvoient transposer les mots, en varier l'arrangement, choisir le plus agréable à l'oreille, et quelquefois le plus convenable à la passion. Il s'en faut pourtant bien qu'aucune langue ait tous les cas propres à marquer tous les rapports, cela seroit presque infini ; mais elles y suppléent par les prépositions.

Nous n'avons de cas en françois que pour les pronoms personnels, *je*, *me*, *moi*, *tu*, *té*, *toi*, *il*, *elle*, *nous*, *vous* *eux*, et les relatifs *qui*, *que*; encore tous ces cas ont-ils leurs places fixées, de manière que l'un ne peut être employé pour l'autre. Aussi avons-nous peu d'inversions, et si simples, que l'esprit saisit facilement les rapports, et y trouve souvent plus d'élégance.

Rhode, *des Ottomans* ce redoutable écueil,
De tous ses défenseurs devenu le cercueil.
A l'injuste Athalie ils se sont tous vendus.
D'un pas majestueux, à côté de sa mere,
Le jeune Eliacin s'avance.
Comment *en un plomb vil* l'or pur s'est-il changé !
Quel sera l'ordre affreux qu'*apporte* un tel ministre ?

Tout ce qui est ici en italique est transposé. Ces inversions sont très-fréquentes en vers, et se trouvent quelquefois en prose, mais elles n'embarrassent assurément pas l'esprit.

Plusieurs savans prétendent que les inversions latines ou grecques nuisoient à la clarté, ou du moins exigeoient de la part des auditeurs une attention pénible, parce que, disent-ils, le verbe régissant étant presque toujours le dernier mot de la phrase, on ne comprenoit rien qu'on ne l'eût entendue toute entière. Mais cela est commun à toutes les langues, à celles mêmes telles que la nôtre, dont la construction suit l'ordre analytique. Il est absolument nécessaire, pour qu'une proposition soit comprise, que la mémoire en réunisse et en présente à l'esprit tous les termes à la fois. Qu'on essaie de s'arrêter à la moitié ou aux trois-quarts de quelque phrase que ce soit de notre langue, on verra que le sens ne se développe qu'au moment où l'esprit en saisit tous les termes. Témoin, sans multiplier les exemples, les dernières phrases qu'on vient de lire, et toutes celles qu'on voudra observer.

M. Duclos continue de suivre la méthode de M. Dumarsais, en distinguant les *vues de l'esprit*, de l'objet des pensées. J'ai, dans une des notes précédentes, cherché à prouver que le système de Port-Royal étoit préférable.

MM. de Port - Royal conviennent que les langues modernes n'ont, à la rigueur, point de cas ; mais ils pensent qu'il est utile, pour la construction, de donner aux rapports indiqués par des prépositions, qui répondent aux cas des langues grecque et latine, le même ordre que les cas ont dans ces deux langues. Ainsi, lorsqu'on étudiera une langue moderne, il sera plus avantageux de décliner les noms, suivant le mode prescrit par les anciennes Grammaires, que de chercher, dans des règles abstraites, les rapports indiqués par les prépositions.

Il est vrai, comme l'observe M. Duclos, qu'aucune langue n'indique, par des *cas*, tous les rapports. Le latin n'en marque que six ; mais ces six rapports sont ceux qui se présentent le plus souvent dans le discours ; ils ont plus d'extension qu'ils n'en annoncent au premier coup-d'œil. On pourra s'en convaincre si l'on réfléchit à tous les rapports marqués par le seul ablatif. Quelques langues ont un plus grand nombre de cas que la langue latine ; l'arménien en a dix ; le lapon, quatorze.

Quoique MM. du Port-Royal aient parfaitement défini chacun des *cas*, comme on ne sauroit jeter trop de lumière sur cette partie obscure de la Grammaire, je vais ajouter quelques notions puisées dans les supplémens de l'abbé Froment.

Le *nominatif* a été appelé *rectus* par les anciens grammairiens, parce qu'il ne détourne pas le nom des vues de son institution. Tous les autres cas dépendent de lui, puisqu'il gouverne *directement* toute les construction du discours.

Le vocatif est un cas par lequel on appelle ou on apostrophe une personne, on parle à quelqu'un ou on s'adresse à une chose, comme si c'étoit une personne. Cette définition, qui est de l'abbé Régnier, est peut-être plus juste que celle du Port-Royal, parce que, comme l'observe cet abbé, on peut fort bien nommer une personne ou une chose sans lui parler, sans s'adresser à elle, sans l'appeler; mais on ne peut pas appeler, apostropher une personne ou une chose sans la nommer, c'est-à-dire, sans la désigner ou par un nom, ou par un pronom, ou par un équivalent exprimé ou sous-entendu. MM. du Port-Royal ont mis le vocatif immédiatement après le nominatif, parce qu'ils ont de l'affinité entr'eux, et parce que tous deux régissent le verbe. M. Guéroult, dans son excellente *Méthode Latine*, a suivi le même ordre.

Le *génitif*, genitus, *produit*, *engendré*, exprime le rapport d'une chose dont la détermination tire son origine ou sa dépendance d'une autre chose.

Le *datif*, datus, *donné*, signifie le rapport d'une chose à laquelle on attribue, on donne une autre chose.

L'*accusatif*, se nomme ainsi, parce que l'on *accuse* quel est le terme d'une action, ou le complément d'un rapport.

L'*ablatif*, ablatus, *ôté*, *enlevé*, marque séparation, division, privation, dérivation, ou transport d'une chose à une autre, par le moyen des prépositions.

Il m'a semblé nécessaire de joindre ces définitions à celles de MM. du Port-Royal, parce qu'elles ont l'avantage d'être tirées de l'étymologie des mots; ce qui les rend plus faciles à entendre et à retenir.

CHAPITRE VII.

Les premiers grammairiens n'ont seulement pas soupçonné qu'il y eût la moindre difficulté sur la nature de l'article; ils ont cru simplement qu'il ne servoit qu'à marquer les genres. Une seconde classe de grammairiens plus éclairés, à la tête desquels je mets MM. de P. R. du moins pour la date, en voulant éclaircir la question, n'ont fait que marquer la difficulté, sans la résoudre. Je n'ai trouvé la matière approfondie que par M. du Marsais. (*V.* le mot Article dans l'*Encyclopédie*.) Mais ce qu'il en a dit est un morceau de philosophie qui pourroit n'être pas à l'usage de tous les lecteurs, et n'a peut-être ni toute la précision, ni toute la clarté possible.

Pour me renfermer dans des limites plus proportionnées à l'étendue de cette Grammaire qu'à celle de la matière, j'observerai d'abord que ces divisions d'articles, défini, indéfini, indéterminé, n'ont servi qu'à jeter de la confusion sur la nature de l'article.

Je ne prétends pas dire qu'un mot ne puisse être pris dans un sens indéfini, c'est-à-dire, dans sa signification vague et générale; mais, loin qu'il y ait un article pour la marquer, il faut alors le supprimer. On dit, par exemple, qu'un homme a été traité avec honneur. Comme il ne s'agit pas de spécifier l'honneur particulier qu'on lui a rendu, on n'y met point d'article, *honneur* est pris indéfiniment. *Avec honneur*, ne veut dire qu'*honorablement ; honneur* est le complément d'*avec*, et *avec honneur* est le complément de *traité*. Il en est ainsi de tous les adverbes qui modifient un verbe.

Il n'y a qu'une seule espèce d'article, qui est *le* pour le masculin, dont on fait *la* pour le féminin, et *les* pour le pluriel des deux genres. *Le* bien, *la* vertu, *l'*injustice; *les* biens, *les* vertus, *les* injustices L'article tire un nom d'une signification vague, pour lui en donner une précise et déterminée, soit singulière, soit plurielle.

On pourroit appeler l'article un *prénom*, parce que ne signifiant rien par lui-même, il se met avant tous les noms pris substantivement, à moins qu'il n'y ait un autre prépositif qui détermine le sujet dont on parle, et fait la fonction de l'article ; tels sont, *tout*, *chaque*, *nul*, *quelque*, *certain*, *ce*, *mon*, *ton*, *son*, *un*, *deux*, *trois*, et tous les autres nombres cardinaux. Tous ces adjectifs métaphysiques déterminent les noms communs, qui peuvent être considérés universellement, particulièrement, singulièrement, collectivement ou distributivement. *Tout homme* marque distributivement l'universalité des hommes; c'est les prendre chacun en particulier. *Les hommes* marquent l'universalité collective: ce qu'on dit des hommes en général est censé dit de chaque individu ; c'est toujours une proposition universelle. *Quelques hommes* marquent des individus particuliers ; c'est le sujet d'une proposition particulière. *Le Roi*, fait le sujet d'une proposition singulière. *Le peuple*, *l'armée*, *la nation*, sont des collections considérées comme autant d'individus particuliers.

La destination de l'article est donc de déterminer et individualiser le nom commun ou appellatif dont il est le prépositif, et de substantifier les adjectifs, comme *le vrai*, *le juste*, *le beau*, etc. qui, par le moyen de l'article, deviennent des substantifs. C'est ainsi qu'on supprime l'article des substantifs qu'on veut employer adjectivement. Exemple : *le grammairien* doit être philosophe, sans quoi il n'est pas *grammairien*. Comme sujet de la proposition, *grammairien* est substantif; mais comme attribut, il devient adjectif, ainsi que philosophe, qui, étant substantif de sa nature, est pris ici adjectivement.

On ne met point d'article avant les noms propres, du moins en françois, parce que le nom propre ne peut marquer par lui-même qu'un individu. Socrate, Louis, Charles, etc.

A l'égard de ce que les grammairiens disent des articles indéfinis, indéterminés, partitifs, moyens, il est aisé de voir, ou que ce ne sont point des articles, ou que c'est l'article tel que nous venons de le marquer.

Un homme m'a dit. Un marque l'unité numérique, *un certain*, *quidam*, puisque le même tour de phrase s'employoit par les Latins, qui n'avoient point d'article : *Fortè unam aspicio adolescentulam*, Ter. *Unam* est pour *quamdam*. *Un* n'est en françois que ce qu'il est en latin, où l'on disoit *uni* et *unæ*, comme nous disons *les uns*.

Des n'est point l'article pluriel indéfini de *un*; c'est la préposition *de* unie par contraction avec l'article *les*, pour signifier un sens partitif individuel. Ainsi *des savans m'ont dit*, est la même chose que *certains*, *quelques*, *quelques-uns de les*, ou *d'entre les savans m'ont dit*. *Des* n'est donc pas le nominatif pluriel de *un*, comme le disent MM. de P. R. le vrai nominatif est sous-entendu.

Quand on dit, la justice *de* Dieu : *de* n'est nullement un article ; c'est une préposition qui sert à marquer le rapport *d'appartenance*, et qui répond ici au génitif des Latins, *justitia Dei* : *de* n'est donc qu'une préposition comme toutes les autres qui servent à marquer différens rapports.

Un palais *de* Roi: *de* n'est point ici un article; c'est une *préposition extractive*, qui, avec son complément *Roi*, équivaut à un adjectif. *De Roi* veut dire *royal*: *Palatium regium*. Un temple *de marbre*; *de marbre* équivaut à un adjectif: *Templum marmoreum*, ou *de marmore*. *De* ne peut jamais être un article; c'est toujours une préposition servant à marquer un rapport quelconque.

Il faut distinguer le qualificatif adjectif d'espèce ou de sorte, du qualificatif individuel. Exemple. Un salon de marbre, *de marbre* est un qualificatif spécifique adjectif; au lieu que si l'on dit un salon du marbre qu'on a fait venir d'Egypte, *du marbre* est un qualificatif individuel; c'est pourquoi on y joint l'article avec la préposition, *du* est pour *de le*.

On voit par les applications que nous venons de faire, qu'il n'y a qu'un article proprement dit, et que les autres particules que l'on qualifie d'articles, sont de toute autre nature; mais il y a plusieurs mots qui font la fonction d'articles, tels que les nombres cardinaux, les adjectifs possessifs, enfin tout ce qui détermine suffisamment un objet.

Quelques grammairiens ont pris la précaution de prévenir qu'ils se servoient du mot *article* pour suivre le langage ordinaire des grammairiens. Mais quand il s'agit de discuter des questions déja assez subtiles par elles-mêmes, on doit sur-tout éviter les termes équivoques; il faut en employer de précis, dût-on les faire. Les hommes ne sont que trop *nominaux*: quand leur oreille est frappée d'un mot qu'ils connoissent, ils croient comprendre, quoique souvent ils ne comprennent rien.

Pour éclaircir d'autant plus la question concernant l'article, examinons son origine, suivons-en l'usage, et com-

parons

parons enfin ses avantages avec ses inconvéniens. L'article tire son origine du pronom *ille*, que les Latins employoient souvent pour donner plus de force au discours. *Illa rerum domina fortuna, Catonem illum sapientem*, Cic. *Ille ego.* Virg.

Quoique ce pronom démonstratif et métaphysique réponde plus aujourd'hui à notre *ce* qu'à notre *le*, notre premier article *ly* ou *li*, qu'on trouve si souvent pour *le* dans Ville-Hardouin, étoit démonstratif dans son origine; mais à force d'être employé, il ne fut plus qu'un pronom explétif. *Ly*, et ensuite *le*, devint insensiblement le prénom inséparable de tous les substantifs; de façon qu'en se joignant à un adjectif seul, il le fait prendre substantivement, comme nous venons de le voir. Les Italiens mettent l'article même aux noms propres, ainsi qu'en usoient les Grecs.

Il ne s'agit donc plus d'examiner si nous pouvons employer ou supprimer l'article dans le discours, puisqu'il est établi par l'usage, et qu'en fait de langue, l'usage est la loi; mais de savoir si, philosophiquement parlant, l'article est nécessaire? S'il n'est qu'utile? Dans quelles occasions il l'est? S'il y en a où il est absolument inutile pour le sens, et s'il a des inconvéniens?

Je répondrai à ces différentes questions, en commençant par la dernière, et en rétrogradant, parce que la solution de la première dépend de l'éclaircissement des autres.

L'article se répète si souvent dans le discours, qu'il doit naturellement le rendre un peu languissant; c'est un inconvénient, si l'article est inutile : mais, pour peu qu'il contribue à la clarté, on doit sacrifier les agrémens matériels d'une langue au sens et à la précision.

Il faut avouer qu'il y a beaucoup d'occasions où l'article

pourroit être supprimé, sans que la clarté en souffrît; ce n'est que la force de l'habitude qui feroit trouver bisarres et sauvages certaines phrases dont il seroit ôté, puisque dans celles où l'usage l'a supprimé, nous ne sommes pas frappés de sa suppression, et le discours n'en paroît que plus vif, sans en être moins clair. Tel est le pouvoir de l'habitude, que nous trouverions languissante cette phrase, *la pauvreté n'est pas un vice*, en comparaison du tour proverbial, *pauvreté n'est pas vice*. Si nous étions familiarisés avec une infinité d'autres phrases sans articles, nous ne nous apercevrions pas même de sa suppression. Le latin n'a le tour si vif, que par le défaut d'articles dans les noms, et la suppression des pronoms personnels dans les verbes, où ces pronoms ne sont pas en régime. *Vincere* scis, *Annibal; victoriâ uti* nescis. Cette phrase latine, sans pronom personnel, sans article, sans préposition, est plus vive que la traduction : *tu* sais vaincre, Annibal; *tu* ne sais pas user *de la* victoire.

Il y a d'ailleurs beaucoup de bisarrerie dans l'emploi de l'article. On le supprime devant presque tous les noms de villes, et on le met devant ceux de royaume et de provinces, quoiqu'on ne l'y conserve pas dans tous les rapports. On dit l'Angleterre, avec l'article ; et je viens d'Angleterre, sans article.

Si le caprice a décidé de l'emploi de l'article dans plusieurs circonstances, il faut convenir qu'il y en a où il détermine le sens avec une précision qui ne s'y trouveroit plus, si on le supprimoit. Je me bornerai à peu d'exemples ; mais je les choisirai assez différens et assez sensibles, pour que l'application que j'en ferai achève de développer la nature de l'article.

Exemples.
- Charles est *fils de Louis*.
- Charles est *un fils de Louis*.
- Charles est *le fils de Louis*.

Dans la première phrase on apprend quelle est la qualité de Charles ; mais on ne voit pas s'il la partage avec d'autres individus.

Dans la seconde, je vois que Charles a un ou plusieurs frères.

Et dans la troisième, je connois que Charles est fils unique.

Dans le premier exemple, *fils* est un adjectif qui peut être commun à plusieurs individus : car tout ce qui qualifie un sujet est adjectif.

Dans le second, *un* est un adjectif numérique qui suppose pluralité, et dont le mot *fils* détermine l'espèce.

Dans le troisième, *le fils* marque un individu singulier. Il y a dans le second exemple *unité*, qui marque un nombre quelconque ; et dans le troisième, *unicité*, qui exclut la pluralité.

Exemples.
- Êtes-vous *reine* ?
- Êtes-vous *une reine* ?
- Êtes-vous *la reine* ?

Dans les deux premières questions, *Reine* est adjectif ; la seule différence est que la première ne fait que supposer pluralité d'individus, que la seconde énonce expressément. Dans la troisième, *Reine* est un substantif individuel, qui exclut tout autre individu spécifique de reine dans le lieu où l'on parle.

Exemple. { *Le riche Luculle.*
{ *Luculle le riche.*

Dans le premier exemple, je vois que, *Luculle* est qualifié de *riche*. Le nom propre substantif *Luculle* et l'adjectif *riche* ne marquent, par le rapport d'identité, qu'un seul et même individu.

Dans le second, l'adjectif *riche* ayant l'article pour prépositif, devient un substantif individuel, et le nom propre *Luculle* cesse d'en être un; il devient un nom spécifique appellatif, qui marque qu'il y a plus d'un *Luculle*. *Luculle le riche* est comme *le riche* d'entre *les Luculles*.

Les paroles que Satan adresse à Jésus-Christ : *Si filius es Dei,* peuvent se traduire également en françois par celles-ci : *Si vous êtes fils de Dieu*, ou *si vous êtes le fils de Dieu*, parce que le latin n'ayant point d'article, la phrase peut ici présenter les deux sens. Il n'en seroit pas ainsi dans une traduction faite d'après le grec qui avoit l'article, dont il faisoit le même usage que nous (1). Par conséquent les versets 3 et 6 du chap. IV de S. Mathieu, et le verset 3 du chap. IV de S. Luc, devroient se traduire : *Si vous êtes fils de Dieu*; mais le verset 9 de S. Luc doit être traduit : *Si vous êtes le fils de Dieu*, attendu que dans ce verset l'article précède le nom, ὁ υἱός, le fils, ce qui répond à l'*Unigenitus*, dans la question de Satan.

---

(1) *Voyez* la Mét. de P. R. et le Traité de la conformité du langage françois, avec le grec, par Henri Etienne.

Il est certain que dans les phrases que nous venons de voir, l'article est nécessaire, et met de la précision dans le discours. Il ne faut pourtant pas s'imaginer que les Latins eussent été fort embarrassés à rendre ces idées avec clarté et sans article. Dans ces occasions, leur phrase eût peut-être été un peu plus longue que la nôtre; mais dans une infinité d'autres phrases, combien n'ont-ils pas plus de concision que nous, sans avoir moins de clarté!

On dit que les Latins étoient réduits à rendre par une phrase générale, ces trois-ci : *Donnez-moi le pain, donnez-moi un pain, donnez-moi du pain.* Mais n'auroient-ils pas pu dire? *Da mihi istum panem, unum panem, de pane.* Quand ils disoient simplement, *da mihi panem*, les circonstances déterminoient assez le sens; comme il n'y a que le lieu, ou telle autre circonstance, qui détermine Louis XV, quand nous disons *le roi*.

Ce n'est pas que je croie notre langue inférieure à aucune autre, soit morte, soit vivante. Si l'on prétend que le latin étoit, par la vivacité des ellipses et par la variété des inversions, plus propre à l'éloquence, le françois le seroit plus à la philosophie, par l'ordre et la simplicité de sa syntaxe. Les tours éloquens pourroient quelquefois l'être aux dépens d'une certaine justesse. L'*à-peu-près* suffiroit en éloquence et en poésie, pourvu qu'il y eût de la chaleur et des images, parce qu'il s'agit plus de toucher, d'émouvoir et de persuader, que de démontrer et de convaincre; mais la philosophie veut de la précision.

Cependant les langues des peuples policés par les lettres, les sciences et les arts, ont leurs avantages respectifs dans toutes les matières. S'il est vrai qu'il n'y ait point de traduction exacte qui égale l'original, c'est qu'il n'y a point de langues *parallèles*, même entre les modernes. Qu'il me soit permis de suivre cette figure : s'il s'agit d'aligner dans une traduction une langue moderne sur une ancienne, le traducteur trouve à chaque pas des angles qui ne sont guère correspondans. Il s'ensuit que la langue la plus favorable est celle dans laquelle on pense et l'on sent le mieux. La supériorité d'une langue pourroit bien n'être que la supériorité de ceux qui savent l'employer. L'avantage le plus réel vient de la richesse, de l'abondance des termes, enfin, du nombre des signes d'idées : ainsi cette question ne seroit qu'une affaire de calcul.

De tout ce qui vient d'être dit sur l'article, on peut conclure qu'il sert très-souvent à la précision, quoiqu'il y ait des occasions où il n'est que d'une nécessité d'usage : c'est sans doute ce qui a fait dire un peu trop légérement par Jule Scaliger, en parlant de l'article, *otiosum loquacissimæ gentis instrumentum*.

Je finirai ce qui concerne l'article par l'examen d'une question sur laquelle l'Académie a souvent été consultée ; c'est au sujet du *pronom suppléant le* et *la*, que je distingue fort de l'article. On demande à une femme : Êtes-vous *mariée* ? Elle doit répondre : Je *le* suis, et non pas, je *la* suis. Si la question est faite à plusieurs, la réponse est encore : Nous *le* sommes, et non pas, nous *les* sommes. Mais si la question s'adressoit à une femme entre plusieurs autres, en lui demandant : Êtes-vous *la mariée, la nouvelle mariée ?* la réponse seroit : Je *la* suis ; êtes-vous *nouvellement mariée ?* je *le* suis. Le pronom suppléant *le* répond à toute phrase pareille, quelqu'étendue qu'elle eût. Exemple. On a cru long-temps que l'ascension de l'eau dans les pompes, venoit de l'horreur du vide ; on ne *le* croit plus. *Le*, supplée toute la proposition ; ce qui l'a fait nommer pronom *suppléant*.

Telle est la règle fixe ; mais je ne sache pas qu'on l'ait encore appuyée d'un principe : le voici. Toutes les fois qu'il s'agit d'adjectif, soit masculin ou féminin, singulier ou pluriel, ou d'une proposition résumée par ellipse, *le* est un pronom de tout genre et de tout nombre. S'il s'agit de substantifs, on y répond par *le*, *la*, *les*, suivant le genre et le nombre. Exemple. Vous avez vu *le* prince, je *le* verrai aussi, je verrai *lui* ; *la* princesse, je *la* verrai, je verrai *elle* ; *les* ministres, je *les* verrai, je verrai *eux*. On emploie ici les articles qui font alors la fonction de pronoms ; et le deviennent en effet par la suppression des substantifs ; car si l'on répétoit les substantifs, *le*, *la*, *les* redeviendroient articles. Tout consiste donc dans la règle sur ces pronoms, à distinguer les substantifs, les adjectifs et les ellipses.

Des grammairiens demandent pourquoi dans cette phrase : Je n'ai point vu *la* pièce nouvelle, mais je *la* verrai, ces deux *la* ne seroient pas de même nature ? C'est, répondrai-je, qu'ils n'en peuvent être. Le premier *la* est l'article, et le second un pronom, quoiqu'ils aient la même origine. Ce sont à la vérité deux homonymes, comme *mur*, *murus*, et *mûr*, *maturus*, dont l'un est substantif et l'autre adjectif. Le matériel d'un mot ne décide pas de sa nature, et malgré la parité de son et d'orthographe, les deux *la* ne se ressemblent pas plus qu'un homme mûr et une muraille. A l'égard de l'origine, elle ne décide encore de rien. *Maturitas* venant de *maturus*, ne laisse pas d'en différer. C'est, dira-t-on peut-être ici, une dispute de mots : j'y consens ; mais en fait de Grammaire et de philosophie, une question de mots est une question de choses.

Tout ce que dit M. Duclos sur la définition et l'emploi de l'article, a de la justesse et de la précision, quoique l'on puisse regretter la distinction faite par MM. du Port-Royal entre l'article défini et l'article indéfini. Si cette distinction n'a pas une vérité rigoureuse, elle sert du moins à applanir beaucoup de difficultés. Par exemple, en admettant que *un, une*, sont des articles indéfinis, et que *des*, dans un sens, est le pluriel de ces articles, comme dans *un homme, des hommes, une femme, des femmes*, on épargne à ceux qui étudient les principes généraux des langues, une multitude de distinctions subtiles qui ne servent qu'à rendre les règles plus obscures.

M. Duclos, oubliant toujours que la langue françoise est fixée, prétend qu'en beaucoup d'occasions, l'article pourroit être supprimé. L'exemple qu'il donne est une manière de s'énoncer adoptée par l'usage. Mais M. Duclos auroit dû remarquer qu'elle ne peut être admise que dans le langage familier. On peut dire en conversation : *Pauvreté n'est pas vice ;* en style noble, il faudroit : *La pauvreté n'est pas un vice*. L'académicien auroit aussi dû réfléchir au danger de donner de semblables exemples. Il est certain que si l'on se décidoit à les suivre et à les appliquer contre l'usage, la langue françoise seroit bientôt dénaturée. En un très-court espace de temps, les chefs-d'œuvres paroîtroient écrits dans un langage étranger; la clarté, la noble régularité de notre langue s'altéreroient ; et les novateurs ne se borneroient pas à faire les réformes proposées par M. Duclos.

L'abbé d'Olivet observe que l'article, pris séparément, ne signifie rien. Il cite, à ce sujet, une comparaison d'Appollonius d'Alexandrie, qui est aussi juste qu'ingénieuse: « Il y a cette diffé-
« rence entre la consonne et la voyelle, que celle-ci, sans aucun
« secours étranger, fait entendre un son distinct; au lieu que la
« consonne a besoin de l'autre pour pouvoir être articulée. A la
« voyelle, il faut comparer le nom, le verbe, l'adverbe et le
« participe, qui, par eux-mêmes, offrent à l'esprit une idée pré-

« cise; mais à la consonne, il faut comparer l'article, la conjonc-
« tion et la préposition, tous mots qui, pour être significatifs, doi-
« vent être accompagnés d'autres mots. »

CHAPITRE VIII.

Les grammairiens n'ont pas assez distingué la nature des pronoms, qui n'ont été inventés que pour tenir la place des noms, en rappeler l'idée et en éviter la répétition trop fréquente. *Mon, ton, son*, ne sont point des pronoms, puisqu'ils ne se mettent pas à la place des noms, mais avec les noms mêmes. Ce sont des adjectifs qu'on peut appeler *possessifs*, quant à leur signification, et *pronominaux*, quant à leur origine. *Le mien, le tien, le sien*, semblent être de vrais pronoms. Exemple : Je défends *son* ami, qu'il défende *le mien*; ami est sous-entendu en parlant du *mien*. Si le substantif étoit exprimé, le mot *mien* deviendroit alors adjectif possessif, suivant l'ancien langage, un *mien* ami; au lieu que le substantif *ami* étant supprimé, *mien*, précédé de l'article, est pris substantivement, et peut être regardé comme pronom. Si l'on admet ce principe, *notre* et *votre* seront adjectifs ou pronoms, suivant leur emploi. Comme adjectifs, ils se mettent toujours avec et avant le nom, sont des deux genres quant à la chose possédée, marquent pluralité quant aux possesseurs, et la première syllabe est brève. *Nŏtre* bien, *nŏtre* patrie ; *vŏtre* pays, *vŏtre* nation, en parlant à plusieurs. Si l'on supprime le substantif, *notre* et *votre* prennent l'article qui marque le genre, deviennent pronoms, et la première syllabe est longue. Exemple. Voici *nōtre* emploi et *le vōtre* ; *nōtre* place et *la vōtre*. Comme adjectifs, ils ont pour pluriel *nos* et *vos*, qui sont des deux genres; *nos* biens, *vos* richesses. Comme pronoms, *notre* et *votre* au pluriel, sont précédés de l'article *les* des deux genres. Exemple. Voici *nos* droits, voilà *les vôtres*; voici *nos* raisons, voyons *les vôtres*. Si l'on énonçoit les substantifs dans les derniers membres des deux phrases, les pronoms redeviendroient adjectifs, suivant l'ancien langage les droits *nôtres*.

Leur peut être considéré sous trois aspects. Comme pronom personnel du pluriel de *lui*, il signifie *à eux, à elles*, et l'on n'écrit ni ne prononce *leurs* avec *s*. Exemple. *Ils* ou *elles* m'ont écrit, je *leur* ai répondu.

Comme adjectif possessif, *leur* s'emploie au singulier et au pluriel; *leur* bien, *leurs* biens.

Comme pronom possessif, il est précédé de l'article, et susceptible de genre et de nombre : *le leur*, *la leur*, *les leurs*.

L'usage seul peut instruire de l'emploi des mots; mais les grammairiens sont obligés à plus de précision. On doit définir et qualifier les mots suivant leur valeur, et non pas sur leur son matériel. S'il faut éviter les divisions inutiles, qui chargeroient la mémoire sans éclairer l'esprit, on ne doit pas du moins confondre les espèces différentes. Il est important de distinguer entre les mots d'une langue, ceux qui marquent des substances réelles ou abstraites, les vrais pronoms, les qualificatifs, les adjectifs physiques ou métaphysiques; les mots qui, sans donner aucune notion précise de substance ou de mode, ne sont qu'une désignation, une indication, et n'excitent qu'une idée d'existence, tels que *celui, celle, ceci, cela*, etc., que les circonstances seules déterminent, et qui ne sont que des termes métaphysiques, propres à marquer de simples concepts, et les différentes vues de l'esprit.

Les grammairiens peuvent avoir différens systèmes sur la nature et le nombre des pronoms. Peut-être, philosophiquement parlant, n'y a-t-il de vrai pronom que celui de la troisième personne, *il*, *elle*, *eux*, *elles ;* car celui de la première marque uniquement celle qui parle, et celui de la seconde celle à qui l'on parle ; indication assez superflue, puisqu'il est impossible de s'y méprendre. Le latin et le grec en usoient rarement, et ne se faisoient pas moins entendre ; au lieu que le pronom de la troisième personne est absolument nécessaire dans toutes les langues, sans quoi on seroit obligé à une répétition insupportable de nom. Mais il ne s'agit pas aujourd'hui de changer la nomenclature ; entreprise inutile, peut-être impossible, et dont le succès n'opéreroit, pour l'art d'écrire, aucun avantage.

On doit adopter pour la dénomination des mots, *mon*, *ton*, *son*, l'expression *d'adjectif possessif*, puisque ces mots se placent toujours avec le nom substantif, et ne peuvent, par conséquent être appelés pronoms. C'est ce que MM. du Port-Royal insinuent à la fin de leur huitième chapitre. Mais on s'égareroit si l'on suivoit la distinction proposée par M. Duclos du mot *nôtre*, adjectif possessif, lorsque l'on dit *notre ami*, et du même mot, pronom possessif, lorsqu'il est employé dans cette acception : Damis est votre ami, il est aussi le *nôtre*. Comment M. Duclos a-t-il pu penser que le même mot change ainsi de nature, suivant la place qu'il occupe dans la phrase ? Il est clair qu'il se trouve une ellipse dans la seconde pensée, et que le mot *ami* est sous-entendu : *il est aussi l'ami nôtre*.

M. Duclos considère *leur* sous trois aspects ; 1°. comme pronom personnel, lorsqu'il est le pluriel de *lui*; 2°. comme adjectif, dans cette acception : *leurs biens* ; 3°. comme pronom dans celle-ci : *le leur*.

La première distinction est très-juste ; la règle générale est de ne jamais mettre au pluriel le mot *leur*, lorsqu'il remplace le datif *à eux*, *à elles*. C'est le caractère de ce mot, lorsqu'il n'est point *adjectif possessif*.

Mais on peut appliquer aux deux autres distinctions, l'observation que j'ai faite sur le mot *nôtre*. En effet, si je dis : *J'ai perdu mon bien, mes amis m'ont secouru, et j'ai dissipé le leur;* dans la troisième partie de ma phrase, je sous-entends le substantif *bien*, et je pense ainsi : *J'ai dissipé le bien leur.*

CHAPITRE X.

Vaugelas ayant fait l'observation dont il s'agit ici, en auroit trouvé la raison, s'il l'eût cherchée : MM. de P. R. en voulant la donner, n'y ont pas mis assez de précision : le défaut vient de ce que le mot *déterminer* n'est pas défini. Ils ont senti qu'il ne vouloit pas dire *restreindre*, puisque l'article s'emploie également avec un nom commun, pris universellement, particulièrement, ou singulièrement ; *l'homme, les hommes ;* cependant ils se servent du mot d'*étendue*, qui suppose celui de *restreindre*.

Déterminer, en parlant de l'article à l'égard d'un nom appellatif, général ou commun, veut dire faire prendre ce nom substantivement et individuellement. Or l'usage ayant mis l'article à tous ses substantifs individualisés, pour qu'un substantif soit pris adjectivement dans une proposition, il n'y a qu'à supprimer l'article, sans rien mettre qui en tienne lieu.

Exemples. { L'homme est *animal*.
{ L'homme est *raisonnable*.

Animal, substantif par soi-même, mais n'ayant point l'article, est pris aussi adjectivement dans la première proposition, que *raisonnable* dans la seconde.

Par la même raison, un adjectif est pris substantivement, si l'on y met l'article. Par exemple : *Le pauvre* en sa cabane; *pauvre*, au moyen de l'article, est pris substantivement dans ce vers.

Le relatif doit toujours rappeler l'idée d'une personne ou d'une chose, d'un ou de plusieurs individus, *l'homme qui*, *les hommes qui*, et non pas l'idée d'un mode, d'un attribut, qui n'a point d'existence propre. Or tous les substantifs réels ou métaphysiques doivent avoir, pour être pris substantivement, un article, ou quelque autre prépositif, comme *tout*, *chaque*, *quelque*, *ce*, *mon*, *ton*, *son*, *un*, *deux*, *trois*, etc. qui ne se joignent qu'à des substantifs. Le relatif ne peut donc jamais se mettre qu'après un nom ayant un article, ou quelque autre prépositif. Voilà tout le secret de la règle de Vaugelas.

MM. DE PORT-ROYAL et M. Duclos expliquent très-bien la règle de Vaugelas. Ce chapitre de la Grammaire raisonnée, est un modèle de logique et de netteté. Le lecteur, après l'avoir étudié, doit se bien pénétrer de la définition que M. Duclos donne du mot *déterminer*. Elle est la clef de cette règle importante de notre langue.

MM. de Port-Royal ont omis deux exemples d'ellipses qui contiennent des prépositifs capables de suppléer à l'article. On s'exprime correctement dans cette phrase : *Le roi ne souffre point de courtisans qui lui cachent la vérité*; et dans celle-ci : *Il est toujours accompagné de gens qui ont fort mauvaise mine*. La raison de cette irrégularité apparente, est que le sens de la première phrase répond à ces mots : Le roi ne souffre *aucun* courtisan, et celui de la seconde à ceux-ci : Il est accompagné de *certaines* gens.

Vaugelas, en parlant du vocatif, où le substantif n'a pas besoin d'article pour être suivi du pronom relatif, dit que cette façon de parler ne blesse point la règle générale, parce que l'article du vocatif, *ô* est sous-entendu.

O est une interjection, non un article. MM. de Port-Royal ont beaucoup mieux rendu raison de cette règle, en disant que les vocatifs sont *déterminés* par la nature même du vocatif. En effet, lorsqu'on appelle quelqu'un, lorsqu'on lui parle, lorsqu'on l'apostrophe, on prend son nom substantivement et individuellement.

CHAPITRE XI.

Non-seulement une même préposition marque des rapports différens, ce qui paroît déja un défaut dans une langue; mais elle en marque d'opposés, ce qui paroît un vice; mais c'est aussi un avantage. Si chaque rapport d'une idée à une autre avoit sa préposition, le nombre en seroit infini, sans qu'il en résultât plus de précision. Qu'importe que la clarté naisse de la préposition seule, ou de son union avec les autres termes de la proposition ? puisqu'il faut toujours que l'esprit réunisse à la fois tous les termes d'une proposition pour la concevoir. La préposition seule ne suffit pas pour déterminer les rapports; elle ne sert alors qu'à unir les deux termes; et le rapport entre eux est marqué par l'intelligence, par le sens total de la phrase.

Par exemple, dans ces deux phrases, dont le sens est opposé, *Louis a donné à Charles*, *Louis a ôté à Charles*, la préposition *à* lie les deux termes de la proposition; mais le vrai rapport, quant à l'intelligence de la phrase, n'est pas marqué par *à*, il ne l'est que par le sens total.

A l'égard des rapports qui sont différens sans être opposés, combien la préposition *de* n'en a-t-elle pas!

1°. Elle sert à former des qualificatifs adjectifs; une étoffe *d'écarlate*. 2°. *De* est particule extractive; *du* pain, *pars aliqua panis*. 3°. *De* marque rapport d'appartenance; le livre *de* Charles. 4°. *De* s'emploie pour *pendant* ou *durant* : *de* jour, *de* nuit. 5°. Pour *touchant*, *sur* : parlons *de* cette affaire. 6°. Pour *à cause* : je suis charmé *de* sa fortune. 7°. *De* sert à former des adverbes; *de* dessein prémédité.

Il est inutile de s'étendre davantage sur l'usage des prépositions, dont le lecteur peut aisément faire l'application.

Il est vrai, comme l'observe M. Duclos, qu'il faut, pour concevoir une proposition, réunir tous les termes qui la composent. Mais il ne s'ensuit pas que les prépositions ne déterminent point les rapports.

Dans les exemples proposés : *Louis a donné à Charles, Louis a ôté à Charles*, il est certain que Louis agit sur Charles, soit qu'il lui donne quelque chose, soit qu'il l'en prive; le terme du rapport ne varie point; et la préposition seule indique ce rapport.

« La préposition, dit M. Dumarsais, supplée aux rapports qu'on
« ne sauroit marquer ni en latin, ni en françois, par la place
« des mots. »

Cette définition rentre dans le système par lequel le grammairien distingue les objets de nos pensées, des vues de notre esprit. En ne donnant à la préposition que la propriété de suppléer, on la met nécessairement dans la seconde classe de la grande division grammaticale.

Ne pourroit-on pas dire, au contraire, que, dans toutes les combinaisons de pensées, les rapports sont marqués par une préposition existante ou sous-entendue ? Dans ce cas, la préposition dont nous nous servons pour indiquer les rapports, appartient, comme le pensent MM. de Port-Royal, à l'objet de nos pensées.

Les auteurs de la Grammaire raisonnée pensent avec raison que les mots *le dedans*, *le dehors*, doivent être considérés comme des noms. Il est peut être nécessaire d'indiquer la manière d'employer mots.

En général, *le dehors* est un mot plus noble que *le dedans*. Le premier de ces mots se place élégamment dans une phrase, surtout quand il est au pluriel : on dit *les dehors heureux*, *les dehors trompeurs*. Jamais *le dedans* ne peut être adopté dans cette acception.

La seule circonstance dans laquelle *le dedans* puisse être noble, est celle où, sous un rapport local et politique, il fait contraste avec *le dehors*. Exemple: La guerre *du dehors*, les troubles *du dedans*. Crébillon a dit en parlant du sénat romain:

Redoutable au dehors, méprisable au dedans.

On ne sauroit dire élégamment *le dedans* d'une maison, *le dedans* d'une ville, il faudroit dire: *l'intérieur*.

CHAPITRE

CHAPITRE XII.

ON ne doit pas dire *la plupart de ces particules* : les adverbes ne sont point des particules, quoiqu'il y ait des particules qui sont des averbes; et la *plupart* ne dit pas assez. Tout mot qui peut être rendu par une préposition et un nom, est un adverbe, et tout adverbe peut s'y rappeler. *Constamment,* avec constance. On *y* va, on va dans lieu-là.

Particule est un terme vague, assez abusivement employé dans les Grammaires. C'est, dit-on, ce qu'il y a de plus difficile dans les langues. Oui, sans doute, pour ceux qui ne veulent ou ne peuvent définir les mots par leur nature, et se contentent de renfermer sous une même dénomination, des choses de nature fort différente. *Particule* ne signifiant que petite partie, un monosyllabe, il n'y a pas une partie d'oraison à laquelle on ne pût quelquefois l'appliquer. MM. de P. R. étoient plus que personne en état de faire toutes les distinctions possibles, mais en quelques occasions ils se sont prêtés à la foiblesse des grammairiens de leur temps ; et il y y en a encore du nôtre, qui ont besoin de pareils ménagemens.

LA méthode que propose M. Duclos pour distinguer les adverbes des particules, peut être employée avec succès. On arrive au même but en prenant pour règle de ne considérer comme adverbes que les mots de cette espèce, qui forment un sens complet.

Quelquefois, en françois, on emploie l'adjectif comme adverbe. Ainsi l'on dit : Parler *haut*, chanter *juste*, frapper *fort* au lieu de dire : Parler *hautement*, chanter *avec justesse*, frappe *fortement*.

Quelquefois aussi le même mot est en même temps adverbe et adjectif. Exemple : Je suis allé *vîte*, j'ai un cheval *vîte*. Dans la première phrase, *vîte* est adverbe, dans la seconde, adjectif. On doit remarquer que ce mot s'emploie rarement comme adjectif. Il ne pourroit trouver sa place dans le style noble.

On a déja dû remarquer plusieurs fois le ton tranchant que prend M. Duclos. MM. du Port-Royal, en fixant des règles invariables, en posant des principes lumineux, paroissent ne hasarder que des doutes timides. L'académicien, au contraire, prend un ton impératif; il emploie fréquemment le sarcasme; et il affiche le plus profond mépris pour ceux qui ne partagent pas ses opinions. Cette manière impolie, qui détruit tout le charme d'une discussion paisible, a été souvent mise en usage par les philosophes du dix-huitième siècle. Ils ne persuadoient pas, ils commandoient. Ce charlatanisme est heureusement passé de mode; et l'on a reconnu que la défiance de soi-même est le principal caractère de la justesse et de l'étendue d'un bon esprit.

CHAPITRE XVI.

Puisqu'on n'a multiplié les temps et les modes des verbes que pour mettre plus de précision dans le discours, je me permettrai une observation qui ne se trouve dans aucune Grammaire sur la distinction qu'on devroit faire, et que peu d'écrivains font du temps continu et du temps passager, lorsqu'une action est dépendante d'une autre. Il y a des occasions où le temps présent seroit préférable à l'imparfait qu'on emploie communément. Je vais me faire entendre par des exemples. *On m'a dit que le roi* étoit *parti pour Fontainebleau.* La phrase est exacte, attendu que *partir* est une action passagère. Mais je crois qu'en parlant d'une vérité, on ne s'exprimeroit pas avec assez de justesse en disant : *J'ai fait voir que Dieu* étoit *bon : que les trois angles d'un triangle* étoient *égaux à deux droits :* il faudroit *que Dieu* est, etc. *que les trois angles* sont, etc. parce que ces propositions sont des vérités constantes, et indépendantes des temps.

On emploie encore le plusqueparfait, quoique l'imparfait convînt quelquefois mieux après la conjonction *Si.* Exemples : *Je vous aurois salué, si je vous* avois *vu.* La phrase est exacte, parce qu'il s'agit d'une action passagère; mais celui qui auroit la vue assez basse, pour ne pas reconnoître les passans, diroit naturellement, si *je voyois*, et non pas, si *j'avois vu*, attendu que son état habituel est de ne pas voir. Ainsi on ne devroit pas dire : Il n'auroit pas souffert cet affront, s'il *avoit été* sensible ; il faut, s'il *étoit*, attendu que la sensibilité est une qualité permanente.

Le mot radical des verbes des langues orientales, est la troisième personne du parfait. Ainsi, au lieu de se servir de l'infinitif, pour exprimer le nom d'un verbe, on dit: *Il a parlé, il a écrit, il a marché, il a vu*, كام , كتب , ومشى , شاف.
MM. de Port-Royal pensent que cette règle est préférable à celle des langues de l'Europe, parce qu'elle a l'avantage d'exprimer tout de suite *l'affirmation*.

L'observation de M. Duclos sur l'imparfait et le plusqueparfait employés indifféremment dans les exemples qu'il cite, est juste, quoique l'usage s'oppose quelquefois à son application.

Ordinairement, dans une phrase, lorsque l'imparfait est précédé de la particule *si*, le verbe qui suit est toujours à l'imparfait du subjonctif. Exemple : *Si je jouois gros jeu, je ferois une folie*.

D'après le génie de notre langue, on emploie quelquefois, dans la même circonstance, l'imparfait de l'indicatif, en le faisant suivre par le présent de l'indicatif. Cette tournure exprime le respect que l'on a pour la personne à laquelle on s'adresse. Exemple ; dans *Bajazet*, l'esclave Zatime veut calmer la fureur de Roxane.

> Si, sans trop vous déplaire,
> Dans les justes transports, madame, où je vous vois,
> *J'osois* vous faire entendre une timide voix ;
> Bajazet, il est vrai, trop indigne de vivre,
> Aux mains de ces cruels, *mérite* qu'on le livre.

CHAPITRE XVII.

Ceux qui ont fait des Grammaires latines, se sont formé gratuitement bien des difficultés sur le *que retranché*; il suffisoit de faire la distinction des idiotismes, la différence d'un latinisme à un gallicisme.

Les Latins ne connoissoient point la règle du *que retranché*; mais, comme ils employoient un nominatif pour suppôt des modes finis, ils se servoient de l'accusatif pour suppôt du mode indéfini : lorsqu'ils y mettoient un nominatif, c'étoit à l'imitation des Grecs, qui usoient indifféremment des deux cas.

Outre la propriété qu'a l'infinitif de joindre une proposition à une autre, il faut observer que le sens exprimé par un accusatif et un infinitif, peut être le sujet ou le terme de l'action d'une proposition principale. Dans cette phrase, *magna ars non apparere artem*, l'infinitif et l'accusatif sont le sujet de la proposition.

Empêcher l'art de paroître, est un grand art.

Dans cette autre phrase, le terme de l'action d'un verbe actif est exprimé par le sens total d'un accusatif et d'un infinitif. *Credo tuos ad te scripsisse*. Littéralement, *je crois vos amis vous avoir écrit;* et dans le tour françois, *je crois que vos amis vous ont écrit*.

L'infinitif, au lieu du *que*, n'est pas rare en françois, et il est quelquefois plus élégant. On dit plutôt, *il prétend réussir dans son entreprise*, que, *il prétend qu'il réussira*.

M. Duclos a fait plusieurs remarques sur les chapitres des gérondifs et des participes de la Grammaire générale. Tous les doutes ayant été levés par les bons auteurs de Grammaires françoises, et principalement par M. de Wailly, j'ai pensé qu'il étoit inutile de reproduire le système de M. Duclos, qui ne serviroit peut-être qu'à embrouiller cette matière, déja très-obscure. J'ai cru aussi qu'une discussion étendue sur les participes françois, devoit plutôt trouver place dans une Grammaire particulière, que dans une Grammaire générale.

FIN.

www.ingramcontent.com/pod-product-compliance
Lightning Source LLC
Chambersburg PA
CBHW071621230426
43669CB00012B/2024